週末は雨です
酸性雨濃度ＰＨ３・６
週末は外出を控え、暖かい家で音楽を聴いたり読書をして過ごしましょう

孤独な人の心の病が増加しています
犬や猫などの小動物を積極的に飼いましょう

幸福省健康増進局提案
第2話「CODE NAME 〝R〟」より

ULTRA SEVEN X
15年目の証言録

八木毅 編

はじめに

八木毅

見慣れた街、見慣れた風景、見慣れた人々……しかし、どこか異質で不気味な雰囲気を漂わせる大都会の喧騒。そこは、われわれの住む世界とは異なる世界。その世界では街中に張り巡らされたモニターが政府の意図を伝え、さまざまな情報をも与え大衆を引っ張る高度に情報化された管理社会。ここは宇宙生命体の地球侵略が人知れず既に完了した世界で、『ウルトラセブン』から分岐した世界です。『ULTRASEVEN X』は〝近未来〟に起きる『ウルトラセブン』の〝並行世界〟を舞台にした作品です。

『SEVEN X』はSFです。本来の意味でSFです。ですから作劇的にも技術的にも実験で挑戦でした。新しいことに挑むときはいつでも大変なことですが、でも、『SEVEN X』には素晴らしいキャスト、スタッフ、関係者が結集していましたから、われわれは大いに実験的にクリエイティブに製作することができました。われわれは新しい表現を試みました。『SEVEN X』はすべてが冒険だったのです。

作品づくりにおける冒険とは必然です。失敗する可能性もある危険な行為でありながら、同時にクリエイティブで革新的なことで、それが作品づくりの本来の姿です。これは円谷英二監督の流れにいる私にとっては当然なことでした。なぜなら円谷英二監督が求めたことは無限に拡がるイマジネーションの映像化でしたから。そのために円谷英二監督は常に新しい表現を探求していましたから。私は、その円谷英二イズムを円谷プロ時代に上司や先輩である監督がたから学びました。それを、そっくりとやってみたのが『ＵＬＴＲＡＳＥＶＥＮ Ｘ』であります。だから、われわれは冒険しました。作品づくりにおいて慣習にとらわれない冒険とは楽しいものです。自由に未来へ向かって歩み出す。だからこそそれは楽しい制作となり、それは充実した場所で、結果的にわれわれはこの『ＵＬＴＲＡＳＥＶＥＮ Ｘ』を成し遂げることができました。

この本は、そんな『ＵＬＴＲＡＳＥＶＥＮ Ｘ』の冒険の記録です。そのとき、何があったのか。これはそれぞれその場にいた人間だけが語れるリアルな歴史です。『ＳＥＶＥＮ Ｘ』の先輩や仲間たちと、この本で再会して語り合いとても楽しい時間を過ごしました。15年の時間を飛び越えてわれわれは『ＳＥＶＥＮ Ｘ』の世界にいました。それは素晴らしい時間でした。

最後になりましたが円谷プロのご担当・監修の皆さま、そして立東舎の敏腕編集者山口一光さんに心より感謝申し上げます。この本のカバーアートは私のディレクションで旧円谷ＣＧチームの島田友晴さん、早川哲司さんが今回のために作った15年目の新ビジュアルです。これを作りながら、あらためて『ＳＥＶＥＮ Ｘ』チームは最高だなと思いました。

それでは15年目の『ＵＬＴＲＡＳＥＶＥＮ Ｘ』を、どうぞ、存分にお楽しみください。すべてはＮＥＷ ＷＯＲＬＤへと続きます。

CONTENTS

PART 1

キャスト編

010 与座重理久
闇があって未知な部分を背負った主人公というのは一発で入りました

032 加賀美早紀
素直な気持ちで、台本通りに操られようみたいな感じで

044 脇崎智史
僕の今のアクションは『SEVEN X』が原点です

058 伴アンリ
この作品に出られたことは私の人生にとっては「光栄」です

PART 2

監督編

074
八木毅
あらためて見返してみたけど、やっぱりとても冒険しているね

090
鈴木健二
撮っているときはやりたいことを全部できた

104
梶研吾
一撃必殺は、セブンXの強さをとにかく強調したいという意図から

116
小中和哉+長谷川圭一
やろうとしていてできなかったことを積極的に入れていった

PART 3

脚本家編

152
小林雄次
ダンとアンヌの再会は最初からやろうと思っていました

168
太田愛
『SEVEN X』を見ないと人生の損ですよ

184
福田卓郎
なぜかまた名刺を出す宇宙人が出てきてしまった（笑）

196
金子二郎
『SEVEN X』では「自分らしさ」を出せました

210
林壮太郎
他者との共存みたいなテーマは僕の中にもずっとあるみたいです

PART 4

スタッフ・アクター編

220
表有希子
若手は若手で頑張っていたけど、ベテラン勢のフォローもあった

232
内田哲也
曲がりなりにも独特の世界観は作れたという自負はあるかな

250
齊藤高広
そのときの感覚でいろいろな足し算・引き算の繰り返しだった

264
島貫育子＋高橋義仁＋佐藤才輔
スクリプターと撮照が明かす現場の日々

278
小池達朗＋新上博巳
スーツアクターの実力がそのヒーローの実力であってはいけない

294
早川哲司＋上田和彦＋小嶋律史＋島田友晴
歴史ある円谷CGチームの経験を生かした集大成

PART 5 ウルトラセブン編

320 ひし美ゆり子
2人が白い服を着て笑い合っているあの一瞬はハッピーなのよね

332 森次晃嗣
本家本元のダンとアンヌが最後に出て画面的にも締めているのかな

コラム
130 全話解説

PART 1 キャスト編

ERIKU YOZA
与座重理久

SAKI KAGAMI
加賀美早紀

TOMOHITO WAKIZAKI
脇崎智史

ANRI BAN
伴アンリ

与座重理久

Eriku Yoza｜Actor

闇があって未知な部分を背負った主人公というのは一発で入りました

『ULTRASEVEN X』の主人公、ジンを演じたのは与座重理久氏。記憶をなくし、ウルトラセブンXに変身するという難易度の高い役を無理なくこなし、本作のミステリアスな雰囲気を一層盛り上げている。従来のウルトラマンシリーズでは抜擢されなかったであろう、長身・長髪で影のあるルックスも個性的である。現在は台湾で活躍中の与座氏に、オンラインでお話を伺った。

「きっと受からないだろう」という気持ちで受けたオーディション

与座　昨日も夜中、また第1話から全部『ULTRASEVEN X』を見直しましたよ。それでいろいろ思い出しました。

八木　じゃあ予習はバッチリということで（笑）。でも、あらためて見るとかっこいいよね。みんなすごく画になるし、雰囲気もいいしさ、久しぶりに見ても面白いと思った。まあ今日は難しい話をするというよりも、当時のことを楽しく話してくれたらと思います。あとはやっぱり人によって視点が違うから、主役という立場であの場所にいた視点で当時のことを話してくれたらと思います。

与座　はい、よろしくお願いいたします。

八木　重理久と最初に会ったのはオーディションのときだよね。たぶん円谷プロから「オーディションに来ませんか」というお誘いがあったと思うんだけど、その辺りから教えてもらえますか？

与座　当時は事務所を移ったばっかりで。それまではVシネマの作品を多くやっていたんですけど、事務所を移って最初のオーディションが『SEVEN X』だったんですね。マネージャーと話していたら、「重理久、こんなのがきたけどどう？」って。でも僕は、ヒーローものではいつも最後までは行くけど受かったことがなかったんです。最終の3人とかまでは行くんですけど、最終オーディションでいつも「カラーがちょっとヒーローっぽくないね」と言われていて。だから「たぶん僕は向いてないと思いますよ。行かなくてもいいと思います」って返したんですね。そうしたら「まあまあ、とりあえず行くだけ行ってみようよ」ということだったので、事務所を移って一発目の仕事でもあるので「じゃあ行ってみましょうか」と。正直なところ、やる気もなかったかもしれないですね（笑）。「どうせ受からない」みたいな、そういう気持ちが自分の中であったんで。でも今の自分そのままの自然体で行こうと思って、受けに行ったんです。

八木　それはもう当時のマネージャーに大感謝ですね。

与座　本当にそうですね。

八木　やっぱりいろいろな局面で、偶然が重なってこういうことになるんだよね。

与座　あのとき背中を押してくれなかったらオーディションに行くこともなかったですから感謝しています。

八木　それでオーディションに来て、そのときはどうでしたか？

与座　やっぱりみんながヒーローとしてイメージしているような、そういう俳優さんがたくさん来ていたのを覚えています。だから「ああ、やっぱりこういう人たちがヒーローをやるんだろうな」と思いながら周りを見ていました。なんか場違いなところに来ているんじゃないかなみたいなことは、自分の中ではちょっとありましたね。

八木　でも僕は重理久が入ってきたときに「お！」って思ったんだよね。こういう人を探していたんだよって。背が高くて、髪の毛も長くて……まあ髪の毛が長いのは『ウルトラ』の主役のタイプではないんだけど（笑）。でも『SEVEN X』という新しい作品の主役を探すに当たって、どういう人がいいんだろうなって思いながらオーディションをしていたから、重理久が入って来た瞬間に「あ、これかも！」って。もちろん、髪の毛の長い人を探そうと思ったわけではなくてね（笑）。ただ、イメージを固めるまでその直感が正しいかどうかっていうのは分からないし、イメージって作品のいろいろな要素を見ていく中で作り上げていくものだから即決ではなかったけど。でもあの個性が印象的だった。

与座　髪の毛は1年くらいずっと伸ばしっぱなしだったんですよ。マネージャーの人に「切って行った方がいいですかね？」って聞いたら、「いや～、そのまま行ったら？」という感じで。「今回はそのままの雰囲気で行こうか」って。

八木　自然体ということで。

与座　「きっと受からないだろう」という気持ちがあったから、逆にオーディションもそんなに緊張せず自然体の自分でいられたのかもしれないですね。

八木　その感じがよかったのかもね。ジンというキャラクターに合っていたというか。まあそこは誤解だったのかもしれないけど（笑）、結果的にはよかったっていう。

与座　本当にタイミングだったのかもしれないですね。

ケイは本当にすごくいいバディでした

八木　オーディションではエレアとの芝居とかケイとの芝居をやったと思うけどなにか覚えている？

与座　うーん、あんまり細かくは覚えてないです。ただ淡々と、「これやってくれる？」っていうのを自分なりに考えてやったと思うんですけど。ただ最終オーディションのときは脇崎（智史）、トムと一緒だったんで。「ああ、これは間違いなく彼がなるだろうな」とは思っていました。

八木　メイキングを見ると脇崎くんと一緒にいて、「2人で一緒に受かったらいいね」なんて話していたっていうことだったけど。ちなみに最終オーディションで彼と一緒だったっていうのは、僕がそうしたんだよね。これは2人を並べて見たかったから。だから最終オーディションの重理久とトムの組っていうのは、ここから主役を選ぶというもので、その確認だった。

与座　ペアみたいなものは他にも何組かいたんですか？

八木　いることはいたけど、あの段階では僕はもう2人に決めていた。ただ、どっちをジンにしてどっちをケイにするかということでは2つの方向性があって、これはどちらでも成立したとは思う。でも結果的にわれわれが作ったものは重理久がジンの場合ということ。仮にトムがジンだった場合はウルトラセブンXというキャラクターも変わってくるし、もうちょっとストレートな世界だったかもしれないし、直線的な世界になったかもしれない。だから立ち上げの時点で、自分たちが作ろうとしている『SEVEN X』はどっちだろうということを考えていて、「2人一緒に見たい」ということで来てもらったんだよね。それでオーディションが終わったらすぐ、2人ともキャスティングしたいからすぐ電話してくれって言って。そこで決まった。

与座　びっくりしたんですけど、オーディションが終わって20分後くらいには連絡がきましたから。

八木　他の作品が入っちゃったら困るし、決める場合は早くしないといけない。このときはメイン監督だしシリーズ構成だったけどもちろん1人だけで決めるわけにいかないから、表（有希子）プロデューサーやCBCの岡崎（剛之／企画）さん、岩佐（芳弘）プロデューサー、電通の山西（太平）プロデューサーといった人たちと「今回はこういう風にしたい」という話をして了解を得て。それでキャスティングの小島（文夫）さんに「こうなりましたからご連絡してください」というところまでが20分ということで、実際は10分とか15分で決めたと思うんだよね。

与座　帰り道、電車を降りて歩きだしたら電話がかかってきて、「決まったよ～」って。だからわけが分からなくて「なにが決まったんですか?」って聞いたら、「いや、さっきのオーディション」「ああ、そうなんですか～。で、なにに決まったんですか?」「主役だよ～」というやり取りがあったんです（笑）。そのときは信じられなくて、駅前で叫んだ記憶がありますね。

八木　それは叫ぶよね。

与座　しかも、初めてオーディションというものに受かった作品だったんです。だから一生忘れないと思います。

八木　最初に脚本とかコンセプトがあるから、やっぱりそれに合うとか合わないとかがある。それが今回はぴったり合ったし、求めているものを一緒に作ることができると思った。でもオーディションで初めて受かったのが『SEVEN X』だったらわれわれもうれしいけど、重理久は絶対に当たりと思ったよ。そしてトムにはバディとしてケイをやってほしいから、もちろん同時に電話しているんだよね。

与座　実際、本当にすごくいいバディでした。関係性もよかったですし、すごく息が合いました。僕はあんまり共演者と仲良くなることってないんですけど、トムとは現場のときも休みの日もいつも一緒にいた記憶がありますね。

八木　なかなかないかっこいい組み合わせだし、タイプが同じじゃないじゃない。だからとてもいい相棒だよね。

与座　久々に作品を見ても、いいキャスティングだったんじゃないかなって思いましたね（笑）。

八木　2人で自画自賛しているみたいだけど、本当にいいキャスティングだったと思います。エージェントとしてはこれにエスが加わるじゃない？　彼女を入れた3人の雰囲気もよかったね。キャスティングってもちろんそれぞれも重要なんだけど、並べてみたときも重要で。エスと並んだときも雰囲気がいいから、キャスティングはハマったなっていう感じです。

ヒーローじゃないヒーローというイメージを持った

八木　実際に撮影が始まる前にはいろいろ準備があったと思うけど、最初に『SEVEN X』はこういうものだっていう説明をしたじゃない。『SEVEN X』ではこういうことをやろうとしていて、ジンというのはこういうキャラクターで、一緒に作っていこうと思うって。その後は脚本を読んでもらったのかな。そういう流れの中で、役とか世界観のことはどう感じていた？

与座　今までとは違うヒーロー観というか、そもそもヒーローというのかどうか……。

八木　確かにヒーローという言葉は使っていなかったと思う。

与座　そうですよね。ヒーローじゃないヒーローというイメージを持ったので、僕の中では役を作りやすかったかもしれないです。いかにもヒーロー然としている役だと、逆に作り過ぎちゃったり、自然じゃなくなっていたかもしれないですし。八木さんからは、映画の『ブレードランナー』（82）とか『マトリックス』（99）みたいなイメージの要素が入っているという話をされたこともあっていろいろ考えましたね。それで脚本を読んだときに「なるほどそういうことか」と思ったんですけど、役を作る上では、闇があって未知な部分を背負った主人公というのは一発で入りました。

八木　あのときはヒーローものをやろうとしていなかったし、『ブレードランナー』とか『マトリックス』、『アルファヴィル』（65）、あとは海外のテレビシリーズの話をしたかもしれない。だから洋画の雰囲気というか……夜を舞台にした異世界で謎があって、その謎に迷い込んだ男の話なんだけど、ミステリアスな感じも欲しい。そのときになぜ重理久を選んだかという話もしたと思うんだけど、今までのウルトラマンシリーズとは違う新しいものを作りたいからであって、それを一緒にやっていこうっていうようなことだったよね。

与座　ドラマに救世主として赤い巨人が出てきて、それにはウルトラセブンXという名前が付いているだけで、実際には『ウルトラ』とは全く違う世界観の作品だというのはすごく感じました。だから楽しかったですね。

八木　『ウルトラセブン』（67－68）自体がかなりトガっていて、SF的なことも含めていろいろやっている作品じゃない。その「SFである」というところは受け継いでいて。ただし『セブン』自体は、大人になって見ても面白いものをということで作っているけど、実際にはやっぱり家族で見る、子どもが見ることを前提に作っている作品。でも『SEVEN X』は深夜の放送というのが決まっている作品だったし、スポンサーが玩具会社ではないから、視聴者として子どものことをあまり考えなくていい。これはもちろん、子どもを馬鹿にして言っているわけじゃないんだけどね。で、そこで残るのはやっぱりSFの要素とかミステリーの要素で、ジンというのは「自分が誰なのか？」というのを探している男だから、それは「自分は何者であるのか？」という哲学的な問いでもある。そんな役を一緒に作っていきましょうと言いながら脚本を渡したりしたけど、前例がないから作り上げていくのは大変だったと思う。

与座　第1話、第2話……ってある程度順を追って撮っていったじゃないですか。そのときに監督によって演出の仕方がみんな違うので、監督が変わると「こんなこともやってみてくれない？」「こんな風にしてくれない？」というオーダーをいただくんですね。それを自分の「こういう感じでいこう」っていうのとすり合わせて、うまい着地をするように挑戦させてもらったという感じがしますね。反射的には「ここはそんな演技とか芝居にはしない方がいいんじゃないか?」と思ったりもするんですけど、それぞれの監督にいろいろ考えがあったと思うので。だから固まらず、ジンという人格は変わらないけど、元は人間だったという部分をいろいろ引き出してもらったんじゃないでしょうか。いつまでもただ単に謎めいているだけの芝居ばかりではなくて、もともとは人間だったんだっていう一面を描いてもらえたというか。そういうところでは、八木さん以外に3人の監督がいらっしゃって、皆さん演出の仕方が違ったので面白かったです。そして最後はまた八木さんで、そこで完全に戻った感じですね。

八木　いろいろな監督が入ってくるから、「まずはジンのキャラクターは自分で守る」という話もしたよね。その上で各監督に幅を付けてもらって、最後は自分で最終回を撮る。そこはもう思いっきりやるという感じで。12本しかなかったけど、一緒にジンを作り上げていったっていう感じはあるよね。

与座　でも他に3人の監督が入るっていうのは最初から決まっていたんですか?　自分で全部撮りたいっていうのはなかったんですか?

八木　もちろん撮りたかったけど、やっぱりスケジュール的に難しかったんだよね。テレビ放送だから、当時は12本をまとめて撮るというのはちょっと難しかった。先行して撮影を始められればよかったんだけど、やっぱり間に合わないということで。でも他の演出家が入ることで幅が広がるというメリットもあるからね。もし全部自分で作るんだったら、核心に迫っていた記憶を失う前のジンはいろいろ危険な潜入捜査をやっていたはずだから、そういう話を入れたかったかな。まあ2クールあればそういう話も入れられたんだろうけど。

与座　エレアと一緒にいろいろ暴いたから湖に落ちるわけじゃないですか。で、沈んでいって、エレアが祈ることで生き返ったっていう設定ですよね。

八木　そこに至るまでにどういう捜査をしていたかは描いていないじゃない？　もう少し長いシリーズだったら、ジンがなにをやっていたかを描きたかった。そこがサスペンスになっているわけだからね。

与座　でも、結果はよかったんじゃないですか？

八木　いま話したのはあったかもしれないもう1つの可能性の未来で、これはケイとジンが逆だったかもしれないというのと同じこと。ただ、ベストな形が今のこの『SEVEN X』だと思っているよ。

最初のシーンを撮るまではずっと不安な気持ちがありました

八木　思わず最後までいってしまったけど（笑）、話を戻しましょう。撮影に入るまでに小池（達朗）さんのアクションの練習を受けたと思うけど、あれはどうだった？　というのも一部吹き替えを使うことはあったけれども、基本は全部みんなやっているじゃない。

与座　そうですね。アクロバット以外はほとんどやっています。何回か稽古をやったんですけど、今まで僕がやっていたアクションとかとは全く違うのですごく厳しかったです。自分の中ではある程度できるつもりでいたんですけど、小池さんの持っている『SEVEN X』に対するアクションの殺陣とかイメージが全く違っていていつも怒られてばっかりでした。だから最初は「厳しいなあ、この人とうまくできるかな」って思いましたね。なにをやっても今まで習ってきたことを全部否定されたので、「アメリカってこんな感じなのかな？」なんて思ったりもしましたね。でも結果としては小池さんともめちゃめちゃ仲良くやらせてもらって、すごくいい殺陣を付けてもらって。アクション監督として撮られたものの上がりを見ると、やっぱりすごくかっこよかったですし。

八木 そんなに厳しかったというのはいま初めて聞いたけど、やっぱり結果がすべてというか。出来上がりはみんな動いていてすごかったよね。

与座 あらためて見ても「あれ、こんなことやっていたかな?」っていうくらいで、なんてかっこいいアクションをしていたのかと思いました。若かったからできたのかなって(笑)。

八木 僕は小池さんにアクションを委ねていて、やって見せてもらうでしょう。だから「みんなすごいな、こんなにできて」って思っていた(笑)。できないとカットを割るんだけど、あんまり割らないで撮れているし。

与座 本当にアクションはかっこいいなと思いましたね。ワイヤーアクションなんかも、「ここはワイヤー入れようか?」みたいな感じでパパっと入れていましたし。普通だったら全部準備しているのに「なんでこれ持ってきてないの?」みたいなことになりがちなんですけど(笑)。「今あるんだったらそれ使おう」みたいな感じで、現場で急にアクションのときにワイヤーを入れて回してみたりするのですごいなって思いました。あと、『SEVEN X』の前の作品で何回も一緒に共演したことのあるアクションスタントマンの方たちが何人か現場にいらしたので、その点はすごく安心でしたね。

八木 一緒にやったことのある人がいたんだ。

与座 小池さんのスタッフの人たちで何人かいたんですよ。信頼関係があったので僕は安心でしたね。

八木 アクションって受ける人が結構重要で、実際には当てない中でも信頼関係はすごく大事だよね。じゃあアクションの練習をして、読み合わせをして、クランクインしていくでしょう。ジンとして芝居をしていく流れの中で、撮影が始まった最初のころのことでなにか覚えている?

与座 ファーストカットは第2話の、東宝ビルトのシーンですよね。ケイが撃とうとして「止めろ!」っていう、あのシーン（第2話「CODE NAME〝R〟」）がファーストカットというのはものすごく覚えています。あそこで何回もテストをやって、キャラクター作りとか、どんな風に演じるかとか、ケイとの関係性とかはだいぶ固まったような気がします。

八木　それまでもビルトのD5とかD6という広い大部屋で読み合わせなんかはやっていたけど、やっぱり本番のあのテンションでキャラクター性とかが作られていく。衣装を着てメイクもして、ライティングもされていて、フォグも焚かれている。そこに扉を開けてバーンと入っていくわけだからやっぱり読み合わせとは違うよね。

与座　それこそあのシーンを撮るまでは「本当にこの話はあるのかな？」という不安があって（笑）。途中で「やっぱりなかった」と言われるんじゃないかとか、降ろされるんじゃないかとか、いつもそういう気持ちでいましたね。最初のシーンを撮るまではずっと不安な気持ちがありました。

八木　降ろされるなんてことはあり得ないけど、あのシーンは何度もやったよね。もちろんそれは芝居が悪かったとかそういうことではないけど、現場に来た緊張感の中でいろいろできていく。それはキャストだけじゃなくて、全スタッフがあそこで決まっていくわけだよね。最初から最後まで通しで何度もリハーサルして。ライティングとかもそうだし、カメラの動きもあのときに途中で変えたじゃない？　撮影1カット目はすごい引きのナメからワンカットで寄っていってほしいんですって。普通ではあり得ないような奥のポジションから僕がカメラの動きをやって、芝居に合わせて2人に近づいて行ってみせた。それでカメラマンの（高橋）義仁さんや照明の（佐藤）才輔さん、スタッフたちも理解してくれて。『SEVEN X』はこういうトーンでいくっていうのは、あれでみんな共通認識を持てたんじゃないかな。2人の芝居もあそこで固まって、「これはいけるな！」って感じたしね。

与座　何度もやっていく中でみんなが一体になったんでしょうね。僕としては初日は「ああ、始まったんだ」っていう実感と、あとは責任ですよね。主人公として最後までしっかりやりきるぞっていうのと、座長としてどうやったら現場の雰囲気をよくして最後までいけるかなっていうところ。そういうことを考えながら「ようし！」っていう意気込みはすごかったと思いますね（笑）。

八木　座長の意識はすごくあったよね。引っ張ってくっていう重理久の意識はすごくよかったと思うんだ。

与座　やっぱり現場の雰囲気、スタッフとの雰囲気とかも大事ですから。みんなが一体感を持てるような環境も自分である程度は作っていかなきゃいけないこともあっただろうし、その点ではいい現場で終わったかなって思いますね。みんなの一体感がすごかったので。

八木　重理久はキャストの代表としてすごく前向きというか協力的で。やっぱり役者が一生懸命やっているとスタッフは乗るんだよね。あとメイキングを見ていたら、暑い日にアイスクリームを差し入れしていて、1本1本をみんなに配っていた。暑い日に主役がアイスを持って来てくれるというだけでも、これはチームワークという意味では大きいじゃない。

与座　もしかしたらそのときはピリピリしていたのかもしれないですね（笑）。「ちょっとアイスで冷やしましょうか？」みたいな気持ちもあったかもしれないです。

八木　みんなもそういうメッセージは分かるし、主役の気持ちはうれしいしということで。

各監督の演出で思い出すこと

八木　では各演出家の印象を聞いていきましょうか。まずは八木組の次の鈴木健二監督はいかがでした？

与座　鈴木さんって結構厳しかったんですよ。あとカメラマンの新井（毅）さんもガツガツ言ってくるタイプだったなあと思います。あのころはエージェント同士がすごく仲良くなっていたので、現場ではよく冗談を言ったりしていて。だから顔を見ると笑っちゃうというか、真剣な顔をして芝居をしてると笑っちゃったりして。それがツボに入っちゃう時期があったんです。もちろん僕らは一生懸命やっているんですけど、たぶん撮っている人にはそういうのが見えていたんでしょうね。「なにやってんだよ!」みたいに、よく怒られた記憶があります(笑)。それで結構いい緊張感がそこで少し戻ってきたような……。鈴木組はそういう現場だったと思います。

八木　鈴木さんは飄々とした感じだけど、東宝で大きいものから小さいものまでずっとやってこられたプロだから。アクションでもどこまで要求できるかっていう基準がはっきりしている人ですね。だから、そういうところは厳しかったんでしょう。

与座　それと新井さんはカメラを見ているから、たぶんちょっとした俺たちの表情の違いで「これ、もう1回やった方がいいよ」みたいなことがあって。結構、締めてもらったと思いますね。ダラケているじゃないですけど、芝居とかもちょっと馴れ合いになってきちゃって緊張感が薄れているところを、鈴木監督とカメラマンの新井さんにバシッと戻してもらったような記憶があります。

八木　2人とも優しいけど、その辺はビシッとやったんでしょうね。

与座　それで切り替わった部分はあります。次の梶(研吾)さんはなんかいつも変なカメラ位置で遊び心もあって(笑)。「ちょっとここに立って」という感じで、「ん?　これはなにを撮りたいのかな?」って思っていました。構成は梶さんの頭の中でできていて、「ここに立って、こっち向いてしゃべって」と言われるんですけど、毎回「それでいいの?」と感じていました。それで撮ってみると、「ああ、なるほど」と。カメラアングルとかレンズの使い方とかで、また違うテイストの画ができるのかっていうのを学びましたね。

ジン（与座重理久）。彼は自分の運命を受け入れエレアの願いをかなえた。彼はこの世界の救世主。これは与座重理久の最初に撮影した変身カットでのスチール。第2話「CODE NAME“R”」

八木　アングルとか芝居はすごく遊んでいたよね。

与座　梶さんのときだけは、他の監督とは違う演出をされたのかなって思います。バーでのタカオ（唐橋充）とのシーンもそうですよね。あのバーのときも、「人間なんだから、前は人間だったんだから」ということで。記憶をなくす前は普通に恋人がいて、バーにも行っていたという話ですよね。それこそ固まりかけていた役、設定をほぐしてもらえたのかなっていうのはあります。梶さんはタカオの話と歌を歌うナタルの話ですけど、キャスティングされている人を見ると梶さんの女性の好みが分かりますよね（笑）。そこにさらにバーテンダーで及川奈央ちゃんを入れてきたっていう。面白かったです。あと梶さんは、仕事が終わったあととかも仲良くしてくれて、ご飯を食べに行ったりとかもよくしました。しばらくお会いはしていないですけど、なんかつながっているんですよね。

八木　では小中（和哉）さんは？

与座　昔から『ウルトラ』作品を結構撮られている監督ですよね。だから真面目で『ウルトラマン』や特撮が大好きな人だなっていう印象で、カチッとしてブレない方でした。自分の世界があって、今までずっと特撮をやってきた人としての思い入れがあるんだなっていうのを感じましたね。

八木　すごく誠実な人なんです。『ウルトラ』のテレビシリーズでは最初が『ウルトラマンダイナ』（97－98）で、僕がセカンド助監督のときに一緒に仕事をしていて。その後に『ウルトラマンコスモス』（01－02）で小中さんが本編、僕が特撮という作品もあった。だから『ULTRASEVEN X』からさかのぼると10年くらい前からやられている。

与座　小中さんのときはいっぱい話したかもしれないですね。小中さんには小中さんの考えがあって「こういう演出したいんだ」とおっしゃって、僕は僕で「こういうキャラクターで、今までの話の流れでこういう感じでやってきたんですけど」って。そんな感じで現場ですごく話し合った記憶がありますね。でもすごく柔軟に「それだったらそっちでやってみよう」とか「それは絶対違うからこうしてくれ」って、納得するまで説明してくれて。自分が分かっていない部分とか、ホン（脚本）を読みきれていなかった部分とかもすごく時間をかけて説得して導いてくれたなっていうのは覚えています。

八木　小中さんはソフトで丁寧だよね

与座　特に怒ることもなくすごく優しくて。ホンのことについて現場でいろいろ話しましたね。

現場でジンが「セリフを変えたいんです」って言った

八木　最終回に向かうに当たっていろいろ話し合って作ってくれたわけだね。それでついに最終回になるんだけど、12本の短い間とはいえなにか思いなどはありましたか？

与座　八木さんが現場に戻って来てついにクライマックスに突入するという覚悟と同時に、八木組に戻った安心感がありました。今までの総まとめをぶつけるのに、1~2話から途中が空いて、今まで自分たちがやってきたものを最後に八木さんにぶつけようっていう感じで。見てもらいたいし、安心感もあったし。

八木　短い間だけどみんなかっこよくなっていたし、キャラクターが人間的に成長していたなと思っていた。

与座　それを見てもらいたいっていう気持ちはみんな持っていたと思うし、あとはもうクライマックスに向けて突き進んでいこう！っていう気持ちでしたね。

八木　「RED MOON」が間に入るけどあれはミステリアスな話で、みんなにはちょっと押さえた芝居をしてもらっている。あのときはみんなキャラクターをつかんでいて、とてもしっとりしたいい芝居をしてくれたよね。一方で最終2話だと廃墟でみんなが銃を突きつけ合うところがあって、あの辺はすごいハイテンションで緊張感がある。

与座　いい緊張感の中でケイが「ははは、冗談だよ」って言うセリフがあるんですけど、あれで僕はNGを出したんですよね。「なに笑ってるんだよ！」ってなっちゃって（笑）。あのときは自分も涙が出るくらいの感情だったので、「なんでこのいいときにお前は笑ってんの？」って思って。しかもいつものトムの感じで笑われたから……。そうしたら実は自分がNGだったっていう。

八木　まあ、飛ぶくらいみんな入り込んでいたということで。

与座　あの瞬間はすごく入っていましたね。クライマックスだし、一緒に芝居をしてきたみんなとの絆とか、こういう気持ちで真剣に芝居をできることとか、いろいろあってこみ上げている中での芝居だったので。その後の台本の部分は飛んじゃっていたかもしれないですね。

八木　みんなが作ったキャラクターがあそこである種の到達点を迎えて人間関係がすべて収束していく。八木組って普段から何テイクもやらないんだけど、スイスイいい感じで撮っていたよね。

与座　すごくいいシーンだったなと思います。そのあとにセブンXに変身して1回倒されるわけですけど、あの現場のときは「もう最後かあ」という気持ちが強かったような気がします。今回変身したら終わりだ、みたいな。

八木　そのあとに4人がまたそろうんだけど、現場でジンが「セリフを変えたいんです」って言ったじゃない？「みんなに感謝を伝えたい」って。

与座　「今までたった1人で戦ってきたのね」と言われて、「いや、彼のおかげさ。彼の名はウルトラセブン」って返すんですけど、「みんながいてくれたから」というのを足したんですよね。よく覚えていますね。

八木　それは覚えているよ。「このままじゃなくて、ケイとエスとエレアも戦っていたことへの感謝を伝えたい。なにかありませんか？」ってジンが言って。確かにそれはそうだよなって思ったから、その場で書いて撮ったんだよね。

与座　「みんながいてくれたから。ありがとう」という言葉を加えたんですよね。

八木　脚本を見ると現場で書き直しているんだよね。ラストシーンってすごく重要なところでしょう。だからもちろん脚本はちゃんと作ってあるんだけど、重理久もジンというキャラクターを作ってきたわけだから。その重理久が作ってきたジンが、ここでセブンだけじゃなく一緒に戦ったエージェントにも感謝を伝えたいと思った。

与座　本当に最後の最後だから感謝の言葉を入れたいっていうのを話しましたね。

八木　確か1回リハーサルをやったあとに、「ここになにか足せないですか?」っていう話になって。でもこの日は天気もよくて、いいラストシーンになっているよね。『SEVEN X』はナイターが多いんだけど、最後は明るいところで終わっている。

与座　最終的には並行世界のダンとアンヌもいて。まさかダンとアンヌが出てくるとは思いませんでしたけど(笑)。最後の設定は決まっていたんですか?

八木　こっちの世界ではジンとエレアはたぶんハッピーエンドじゃない? エレアが「この世界を救ってほしい」と強く願ったからこの話は動き始めていて、2人は死ぬはずだったけど助かっている。一方、別の世界ではアンヌは昔のセブンとは別れていて、ダンは死んで帰って行ったのかもしれない。でもこっちの世界で起きたことがあっちの世界に干渉しているとしたら、ジンとエレアが結ばれることによって、向こうはダンとアンヌが結ばれる世界になるかもしれない。だから白い服を着てもらったんだよね。あれは結婚式の衣装かもしれない。『ウルトラセブン』という名作の続編を自分で作るような権利はないしそんなことをやったつもりもないんだけど、あれも並行世界の1つだとすると、別の可能性も考えられるということで。

『SEVEN X』をやったことでブレない芯みたいなものができた

八木　では『SEVEN X』について、あらためていま思うことを教えてもらえる？

与座　やっぱり『SEVEN X』をやってから、役者としてもそうなんですけど、人として曲げられないものができました。僕らはいろんな作品を演じるわけですけど、自分の人生において『SEVEN X』をやったことでブレない芯みたいなものができた。言い方が難しいですけど、変なことをしたり悪いことをしたりとか、そういうところは自分で制御するようになりましたから。『SEVEN X』を撮影しているときにちょうど子どもができたこともありますね。そういう意味で言うと、ただニコニコしてる人じゃなくて、子どもたちの教育とかも考えるし、真剣に向き合える人間にもなれた。そんな作品に出会えたんだなっていう感覚が強いですね。しかも世界中の人が知っている作品ですから僕にとっては代表作です。「代表作はなに？」って聞かれたら、世界中の人に『ULTRASEVEN X』って言えますからすごく誇りに思っています。

八木　そして今は台湾で俳優として活躍しているわけだけど、どうして台湾に行くことになったの？

与座　もともと役者を始めたときから、30代くらいで海外に出たいっていう気持ちが自分の中ではあったんです。海外で挑戦したいという中で中国に行ったり台湾に行ったりしていて、そうやっているうちに台湾でちょうど縁があって。そこからは、いきなり1年目で映画の主人公が決まったけど頓挫しちゃったりということもあったりして、このままじゃよくない、全部辞めて日本に帰ろうかなと思ったこともありました。でも辞めないで続けていたから台湾のドラマにも出られるようになったし、オーディションにも受かるようになったんです。

八木　それはすごいことだけど、相当努力もしたんでしょう。

与座　努力っていうか、やっぱり言葉ですよね。「これ落ちたらもう辞めよう」と決めていたオーディションに受かったので、「ああ、これは神様がまだ続けろって言っているんだな」と思ったりして。八木さんにも「重理久、今回の作品が終わっても絶対に続けてね。重理久ってどこでも使えるような役者じゃないけど辞めないで」って最後に言われたのを覚えているんです。呼びやすい役者じゃないからなかなか一緒に仕事をする機会はないかもしれないけど、でもいいものを持っているから絶対に辞めないで続けてねって。その言葉はいつも自分の心にあったので辞めずにいられました。それで台湾でも少しずつ重理久という新しい日本人がいるよっていう話が広がって、呼んでもらえるようになったりして。自分の中では自信があったし、今までの経験もあるから大丈夫だとは思っていたんですけどね。それを海外の人が見て、わざわざ中国とかアメリカからも話がきたりとかするようになって、やっぱり続けてよかったなって思います。八木さんのあの言葉がなかったら辞めていたかもしれないですけど。

八木　重理久にはすごく可能性があると思っていた。でもそれだけじゃなくて、新天地で新しいことをやり遂げたっていうのはすごいよ。『SEVEN X』を一から作って、また台湾でも一からキャリアを築いているのは素晴らしい。

与座　台湾に来てからもう11年ですし、40歳を機にまた新たな境地、感覚で活動したいですね。いろいろな経験を積んだことを踏まえて、また違う場所で新しいことをやりたいなという気持ちが強いです。それは日本かもしれないし、また違う場所かもしれませんけど。

八木　特撮って伝統芸能みたいなところもあるけど、新しいことをやらないとつまらないし、僕は新しいことをやりたくて『SEVEN X』を作ったわけなんだよね。だからこそ重理久との出会いもあったということで、『SEVEN X』は僕にとっても大事な作品です。今日はありがとう。また日本か台湾、あるいはどこか別の場所で会えたらうれしいなと思います。

© 円谷プロ

この世界を救ってエレアの願いをかなえた。本栖湖でのラストシーン。エレアのもとへと戻るジン（余座重理久）。第12話「NEW WORLD」

この世界を救ってほしいという彼女の願い（祈り）はかなった。最後の戦いから戻ったジンを迎えるエレア（加賀美早紀）。第12話「NEW WORLD」

加賀美早紀

Saki Kagami | Actor

素直な気持ちで、台本通りに操られようみたいな感じで

『ULTRASEVEN X』のヒロイン、エレアはジンを見守る謎の女性であり、作品の根幹にかかわる重要な存在だ。すべてを知りながら話すことができないこの難役を演じたのは加賀美早紀氏。その抑制された演技が本作のクールさ、スタイリッシュさを支えたのは言うまでもないだろう。では実際の現場はどのようなものだったのか？　オンラインでお話を伺うことができたのでお届けしよう。

監督とはあんまり話さないようにしてた

八木　今日はよろしくお願いします。加賀美さんの部屋は『ULTRASEVEN X』の白い部屋みたいでいいね。

加賀美　私、部屋はめちゃめちゃシンプルなんですよ。

八木　素晴らしいね。ではいろいろお話をお聞きしたいと思いますが、まずは『SEVEN X』以前のことを簡単にお願いします。

加賀美　最初は『プラトニック・セックス』（01）のオーディションに受かって、それが16歳のときだったんですけど。

それからですね。で、たぶん特撮としては『SEVEN X』の前に『仮面ライダーキバ』(08-09)を撮ってると思うんですよ。それでグリーンバックだったり、山奥に行って爆発させてとかだったので、「わ、特撮ってすごいな!」って思って。本当の炎とかも使っていましたし、やっぱりこういうのって山奥に行かないとできないんだなっていうことを知ったりして。変身とかでも、中に入る専門の方がいるんだなと知ったり(笑)。だから「面白い~」って思って。

八木 じゃあそこで特撮的なことは一通り経験したっていうことだね。

加賀美 本当は前半で死ぬ予定だったんですよ。でもなんか人気が出て、結果は1年間ずっと出続けるっていうことになって。あれは楽しかったですね。メイクも自分で「こうしたい」って言って、マスカラ等なにも塗らずに白い口紅にして色素を抜いて、あとはちょっと弱々しい感じを出すために裸足にしてもらったりして。でも山奥とか岩場、洞窟ってめっちゃ寒いじゃないですか? 私は裸足だったから極寒すぎて(笑)。めちゃめちゃ大変でしたね。

八木 すごい役づくりだ。素晴らしい。

加賀美 「変に靴だけ履いてるのって違うよな?」と思って、自分から裸足でって言ったんですけどね。

八木 じゃあ役づくりを考えるみたいなところは意識的だったということで。

加賀美 やるんだったら中途半端にはやりたくないなみたいなのはあります。だから結構、意見も言わせてもらいますね。で、そのあとに『SEVEN X』のお話が来たときは謎の役だったので、どういう風に役づくりしようかなって思って。そもそも本物っていうか、最初の『ウルトラセブン』を私は知らなかったというのもあったし。逆に見ちゃうと引っ張られてしまうかなと思って見ないようにして、自分的には台本を実直にずっと読み続けて、言葉尻ひとつでも取り上げて考えて、「……」の間を考えて、ということの繰り返しでした。その中でエレアっていう1人の人間を生み出そう、その中でエレアを生きようかなと思っていましたね。

八木　実際にそうやってくれているなと思っていたけど、これはとても難しい役だよね。ジンに真実を伝えるわけにはいかないし。実は彼女はすべてを分かっていて、しかも物語のきっかけでもあるわけじゃない。最終回までいくと、この物語というのも実はエレアが世界を救ってほしいと願ったことによって動き始めたということが分かるけれども、最初からすべてが隠されている。最後まで見えない中で役を作っていくというのは、どうでしたか？

加賀美　それはめっちゃ考えましたね。でも（与座）重理久とはすごく仲良くさせてもらってたんで、「どうなるんだろうね？」とは結構しゃべってた気がする。「これってさー、どうなっていくと思う？」「いやなんか、ちょっと分かんないよねえ」みたいに、友達みたいな感じで話させてもらっていたから。「でも、もしかしたらエレアが知ってるパターンってあるかな？」「秘密を握ってて、でもなんか言えなくて？」「そのパターンを考えておいたらまた芝居も変わってくるよね」みたいな感じでも話していて。ただ、それを知っちゃってる体で芝居をすると色が変わっちゃう。だからそのまんま、分からない状態で芝居をしようって。そのまんまの素直な気持ちで、台本通りに操られようみたいな感じでやってた気がします。

八木　「最終回はこうなりますから」ということを伝えて、逆算で役づくりをしていくっていう方法もある。あとは役と一緒に物語の中でその時間を生きていくっていうのもあって、『SEVEN X』はそっちなんだよね。ジンも記憶を失っていて、要は先の情報を与えないで作品と一緒に生きていくっていうことでした。それは最終回の段階で全部分かるわけで結構難しかったと思うけど、役づくりをすごくやってくれたなと思います。ちなみに重理久とは他のパターンも考えた？　われわれとしては、例えば別の世界に生きているアンヌが見ている夢であるとか、エレアというのはアンヌの心象風景が具体化して動いているものであるとか、いろいろなパターンを考えていたわけだけど。最終的には並行世界の別の人格ということにしたけれど、結構謎があるというか展開できる話じゃない？

加賀美　でも、さすがに八木さんで夢オチはないだろうと思ってましたよ（笑）。そんなことはしないよねって。

八木　基本的に出番はいつも重理久と一緒で、４人がそろうのは最終２話だった。そういう意味でも重理久と話すことが多かったのかな。

加賀美　そうですね、重理久のイメージしかないかな。ロケバスなんかも、私が乗ったらエスとかケイが出てくという感じでしたから。

八木　じゃあ監督はどうでした？

加賀美　監督とはあんまり話さないようにしてたんですよね。話しちゃうと悩んじゃうから。だからこそ重理久だけと「どうする？」「ＯＫ、それでいこう」っていう話をしていて。他のドラマとかだったら「監督さん、ちょっとご相談なんですけど」ってバンバン話をしに行くけど、今回のは秘密結社みたいな感じだったから（笑）。いや、ここで相談したら私は余計に迷うなと思って。

八木　それは正しいと思う。途中で相談しないのはよかった。

加賀美　バグっちゃうと思って。だからあえて相談させてもらわずに独断でいかせていただきました。

八木　エレアについては非常に難しいので、いろいろな監督の解釈を聞いてしまうと混乱するからね。

吊るのは結構大騒ぎしました（笑）。大騒ぎで大暴れします

八木　加賀美さんの演じたエレアは「なにかを伝えたい」という感じだけど、しゃべりたいこともしゃべれない。そういうところで難しい演技設計だったと思うけど、第１話なんかでも目のお芝居なんかは特によかったなと思ったん

だよね。さっき加賀美さんが言ったように、映像作品ではちょっとした「……」とか、目の動き、表情なんかがすごく重要じゃない？　それはすごく難しいことだと思うけど、現場で見ていて「ああ、やってくれているな」と思っていました。

加賀美　それはうれしいですね。ひとつ思うのは、重理久に対しての恋愛感情とかキュンキュンさとかっていうよりは、「お前はヒーローなんだぞ！」っていう気持ちの方を大事にしていたというか。仲間的な感覚に重きを置きたかったから、変にいやらしく見せないようにはしてましたね。

八木　それは素晴らしい。2人はもともと恋人だしあの時点でも恋人なんだけど、大事なのは世界を救うことだからね。それはエレア個人、ジン個人を超えたことだしね。

加賀美　そうそう。だから、そこで好きだなんだとやっちゃったらただの恋愛で終わってしまうけど、ジンはヒーロー……要は仕事をしてもらわないと困るよっていうことで。エレアの女としての強さというか、そっちの方に重きを置きたかったから、変な色恋とかは見せないようにしたんですよね。それで今の時代の女性らしさみたいなものが出せてたらいいな、見せれてたらいいな、とは思いながらやってました。

八木　その通りです。そういう背景があって（最初の白い部屋で）2人で見つめ合っているわけだからね。

加賀美　たぶんそう思ってくれてるファンの方も多いから、放送後のコメントというか反応も偏らなかったのかなって思います。だからこそ、見終わったときに「かっこよかった」みたいな感じで理解してもらえたんだなっていうか。

八木　白い部屋で光の中に謎の女性が立ってこっちを見つめているというシーンは最初にあった2つのビジュアルの中の1つで、そこから物語を作っていったわけだけど。あのセットは「白い部屋にいるのは世界の救済を願っている女性」というイメージで作ってもらったんだよね。これは設定としてはもちろんあとで分かることなんだけど、加賀美さんは脚本を読んで、あの段階で理解して芝居をやってくれているからとってもよかった。だから一緒にたどり着いたって感じもするよね。あと、第1話ではグリーンバックを使ったりもしたけどどうだった？

加賀美　苦手な方もいらっしゃるじゃないですか。でも私は意外とグリーンバックは平気なんですよね。最初のころはもう訳が分かんないから「なんじゃこりゃ？」みたいな感じだったけど、やっていくうちにもうそこに見えるんです、そいつが。

八木　お芝居をしていて対象が見えてしまう。

加賀美　あとアフレコなんかも得意で。『プラトニック・セックス』で周りがうるさくて声が聞こえないときも、私は口を合わせるのめちゃめちゃ上手らしくて全部一発でハメましたからね。だから割とそういうのが得意なんだなって自分で思いました。

八木　実は『ウルトラ』も初期は全部アフレコなんだよね。現場では音を録らないであとで入れている。あれはやっぱり得意な人とそうじゃない人がいたみたい。でも、あれはもちろん得意な方がいいですよ。グリーンバックでいうと、第1話ではワイヤーで吊ったりもしたじゃない？

加賀美　吊るのは結構大騒ぎしました（笑）。大騒ぎで大暴れします。でも飛ぶのはめっちゃ楽しかったな（笑）。

八木　吊られているとやっぱり自由が利かないからやりづらいよね。

加賀美　それもありますけど、私は高いところと水中がダメなんですよ。昔、映画の撮影で水中に飛び込んで溺れかけてスタッフさんに助けられて、記憶があるのは音声さんが飛び込んできてくれたところまでということがあって。気がついたら砂利のところで、それで大泣きしてみたいな。

八木　そんな危険な目に遭っていたんだ。『SEVEN X』ではちょっとワイヤーで吊って飛んだりもしたけど、あ

幻想の白い部屋で、こちらを見つめる謎の女性。エレア（加賀美早紀）、彼女が世界の救済を祈ったので『ULTRASEVEN X』のすべてが始まったのです。第1話「DREAM」、東宝ビルト5st

れは怖かったんだね。

加賀美 でもあのときは意外と全然いけてましたね。

八木 髪の毛をひらひらさせたいから下からジェットファンを当てたりもして大掛かりだったけど、撮影したのは東宝ビルトのスタジオだったし、スタッフはみんなワイヤーワークには慣れているし、落ちた場合のために下にもマットがあったはずだしね。

加賀美 だから完全に信頼していたんだと思います。

サイズがドンピシャだった白いワンピース

八木 現場で他になにか思い出に残っていることってある?

加賀美 すごい浅い話になっちゃうんですけど、私、白いワンピースを着てたじゃないですか。あれはサイズがドンピシャ過ぎました。

八木 それは衣装部がドンピシャのものを作ったんじゃないの?(笑)。

加賀美 違うんですよ。あれはもともとあったドレスだったんです。白のワンピースでってなったときに、「じゃあ前のやつがあるから、これ着てみる?」って渡されたらまさかの私サイズで。「あ、じゃあこれにしよう」って言って一瞬で決まったんです。だから作ってもらったやつじゃないんです。

八木 あの衣装合わせに、そんないきさつがあったとは。

加賀美 衣装が一発で決まるっていうのは大感動でした。あれには一番驚きました。

八木 確かに普通はないことだよね。実際、ジンとケイは合わなくて2回やっているから。

加賀美　だから「私のために作られたのかな？」って衣装部さんに言いましたもん。

八木　それは映画の神様が微笑んだんだろうね。でもそう言ってしまうと、ジンとケイの立場がなくなっちゃうけど（笑）。

加賀美　でもスリーサイズがぴったりってすごくないですか？　マジでぴったりだったから。ちなみに今の髪の長さはこのときとほとんど一緒で、顔もたぶん全く変わってないと思います。

八木　じゃあ衣装が東宝コスチュームに残っていればそのまま続編を作れるね。

加賀美　全然いけますよ。むしろ当時よりちょっと痩せたくらいですから。

一定でいようと思っていたから感情の起伏は見せないようにしてた

八木　最終回に向かっていくに当たって思ったことはなにかある？

加賀美　でも最終話とか前半戦とか、そういう区別が自分の中ではあんまりなかった気がするくらい、逆に撮影期間中はずっと一定だった気がする。気持ちのグラグラとか、情緒というか、そういうのをなるべく安定させていようって思いながら撮影をしてたから。だからここに集中とか、ここに思いを入れようとか、そういうのはあえて持たないで毎日撮影に臨んでました。

八木　それはよく分かっていた。だから逆によく覚えているのは本栖湖で撮った最終話のシーンなんだよね。ジンが最後の戦いに行って、すべてが終わって帰ってくるじゃない？　あそこでエレアが「ジン！」って言うわけだけど、すごくうれしそうな表情でお芝居をしていて。だから、「ああ、そこまで押さえてたんだな」って思った。あそこは感情表現をしているでしょう。

加賀美　唯一、「ピョコン！」って感情が出ていますね。

八木　ずっと個人を超えたところで考えてきたエレアが、願いの通り世界が救済されて、そしてジンが帰って来たことによって個人的な感情を表に出せたっていうことだよね。

加賀美　それまでは謎な女みたいな感じでずっと見せていた、一定でいようと思っていたから感情の起伏は見せないようにしてたかな。

八木　でも、演出的にリハーサルで「感情を思い切り出してください」とは言っていないんだよね。もちろんジンが帰って来てうれしいっていう話はしたと思うけど、だからあれはエレアを考えて作った加賀美さんのお芝居ですね。リハーサルで見て、「あ、こんなにニッコリするんだ」と思ったのを覚えている（笑）。ああ、そういう役づくりなんだなってそのまま本番にいったはずだからね。じゃあこのあと、エレアはあの世界でなにをしていると思う？

加賀美　普通に生活はしててほしいとは思うけど、してなさそうですよね、なんか。

八木　あの世界だって突然すぐよくはならないだろうから、まだ戦っているのかもしれない。

加賀美　普通の世界でのほほんとスーパーに行って、ママしてみたいな、そんな日常的な暮らしは絶対してないことだけは確か。また平和を願ってちょこまかと動いてると思う。なんか、アノニマスみたいなことをしてそう。ＶＲのヘッドセットみたいのを着けて、パソコンに向かってカチカチやってそうな気がする（笑）。それで空飛ぶクルマとかで現場にも行ったりして。

八木　逆に巨大浮遊モニターでエレアがしゃべっているのも面白いかもしれない。あれはいろいろな人が宣伝に使っているわけだけど、例えば大統領になったエレアが正式なコメントを出すために使っていたりとか。いろいろと考えられるね。

加賀美　こういうの考えるの面白いですね。

八木　面白いよね。実際、『ＳＥＶＥＮ Ｘ』もこうやって作っていったところもあるから。

もう1回やれたらもう1回やりたいよねって感じ

八木　そういえばトム（脇崎智史）が「早紀ちゃんに言われた一言が刺さった」って言っているんだけど。

加賀美　なんだろう。（インタビューを読んで）全然覚えてないな。でも私は、スピリチュアル的な人ってめちゃくちゃ言われるんですよ。デビューしたときから、「加賀美は真っ直ぐに人の目を見て話を聞くから嘘がつけない」だとか「真っ直ぐに相手の目を見て話を聞くから目の奥（心の中まで）見透かされてるんじゃないかと思う」とよく言われていました。

八木　嘘をつかないマネージャーは素晴らしい。それは大切ですよ（笑）。

加賀美　女友達とかと普通にしゃべってても、「早紀ちゃんって見透かしてるような目をしてていろんなもんが見えてそう」って。心の中を見透かされてそうっていうのはすごく言われますね。

八木　確かに目力がすごく強いよね。エレアという役だからキャスティングを決めたときにやっぱりそこはすごく重視していて。あまりしゃべらないし目の芝居だとは思っていたから、ミステリアスな雰囲気と目の表情というのは考えていたところで。だからそれは分かるような気がする。目がすごく語っているというか。

加賀美　『プラトニック・セックス』のときも、カメラマンさんに「ずっと見てられるわ〜」って言われたのを覚えてます（笑）。

八木　ちなみに視力はいい方なの？

加賀美　あのころはよかったんですけど最近悪くなりましたね。

八木　じゃあやっぱりちゃんと見えていたんだね。トムは純粋な人だからそれでなにかを感じたんでしょう。しかし今日は久しぶりに話せて楽しかったです。最後に『SEVEN X』についていま思うことを教えてください。

加賀美　とりあえず、ずっと楽しかった気がしますね。あとは、もう1回やれたらもう1回やりたいよねって感じ。やっぱり当時とは時代が変わったじゃないですか。その時代の変化ありきで今やったらどうなんだろうっていう興味があります。その中での『SEVEN X』ってどうなんだろう、それを見てみたいなっていうところですね。

八木　われわれを取り巻く環境が変わっているから、そこにおいて新しい『SEVEN X』を作ったらどうなんだろうっていうね。あれからたった15年だけど、社会情勢からなにから大きく変わっているからね。

加賀美　あのときの時代とはまた変わっている。そういう状態での『SEVEN X』ってどうなんだろう。なんか『ターミネーター』みたいな感じになりそうだけど（笑）、その上でちょっと1個トライしてみたいなとは思います。すっごい面白そう。

八木　今の時代を前提に近未来を想像しながら、あの4人がまた活躍するというのは面白そうだよね。それはぜひ作りたい。

加賀美　やりましょう、ぜひ！

脇崎智史

Tomohito Wakizaki | Actor

僕の今のアクションは『SEVEN X』が原点です

ジンと共に活動をするエージェント・ケイを演じたのは脇崎智史氏、愛称はトムだ。身長183センチという恵まれた体格を生かし、『ULTRASEVEN X』でも豪快なアクションを披露している。またクールな見た目とは裏腹に見せるコミカルな演技も、『SEVEN X』ではアクセントとなっていた。ヒーローものへの思いから『SEVEN X』の撮影秘話、そして15年後のケイのことまでいろいろ話していただいた。

ワイヤーの使い方なんかも楽しくて、重理久とは切磋琢磨していました

八木　トムはもともと野球少年だったんだよね。だから体格もすごくいいし。

脇崎　学生時代はずっと野球しかやってこなかったので、映像の仕事をするというのは一切考えていなかったですね。小4から始めて高校まで、プロ野球選手になるって頑張っていて。中学校は野球と陸上の二刀流で、陸上の方では町田市で1位。都大会に出て負けちゃったんですけど、「ああ、俺は足が速いんだ」と思ってそれを武器に野球で戦ってきたんです。でも、野球って足が速ければいいってもんじゃなくて大成はしなかった。それで高校を出るころには

「野球はもういいかな」ということで、進路でいろいろ悩んでいるときにドラマの、『ビューティフルライフ』（00）を見て「ああ、美容師ってかっこいいな。なりたいな」というところで野球から逸れ始めて。

八木　ドラマを見て俳優になろうと思ったのではなく、美容師になろうと考えたわけだね。

脇崎　キムタクがめっちゃかっこよかったじゃないですか？　それである程度資料を集めたんですけど、結局そっちの道には進まず四大に進んだんです。でも誰にも話しかけられないような人見知りだったからうまくいかなくて、自分でもなんであぁだったんだろうって思うんですけど……。

八木　野球をやってきたスポーツマンだったけど、大学に入ったら人見知り。

脇崎　野球部だと嫌でも友達になるじゃないですか。それが全くなくなったときに本当に無力感を感じて、大学をすぐ辞めたんですよね。それで入ったのが今の事務所なんです。

八木　その間がよく分からないんだけど（笑）。芸能事務所ってそんなに簡単には入れないはずじゃない？

脇崎　「知り合いの知り合いの知り合いに紹介してもらって」という感じなんですけど、実は面接の前日にサッカーで足を捻挫しちゃって、ギプスをはめてサンダル履きで面接に行ったんですよね。また事務所が階段で5階まで上がらないといけないなかなかの感じでしたけど、なぜか合格って言ってもらえて。あのときは自分で開けたピアスなんかもしていたんですけど、事務所が男性に限ってピアスは禁止というので外したりもして。

八木　自分でピアスを開けたりしていたのか（笑）。

脇崎　当時は結構みんな自分で開けていたんですよね。

八木　その辺は世代間のギャップがあるかもしれない（笑）。いま思い出したから言うと、昔トムと雑談しているときに「なにが一番おいしいかな」なんていう話をしたんだけど、そうしたら「家で食べる愛情のこもったご飯が一番うまい」「お袋の作ったご飯が一番」って言ったんだよね。覚えている？

脇崎　そんな真面目なことを言っていたんですね（笑）。でも、極論はそこに行き着きますよね。

八木　だから「なんて真面目な青年なんだ」って思ったんだけど。それでこういう立派な体格になったのかなって。野球もやっていたし。

脇崎　逆に華奢な感じには憧れますけどね。でもまあ骨格だから無理なので自分を愛するしかないですね。

八木　今回の『ＵＬＴＲＡＳＥＶＥＮ Ｘ』の場合、ジンはちょっと危ない匂いがするという狙いがあって。一方でケイはド直球っていうか、体育会系の毅然とした立ち姿というイメージなんだよね。だから、そこら辺は役割分担になっているということで。

脇崎　キャラクターって当て書き的なこともあったんですか？

八木　途中から当てているのもあるけど、最初はまだ会っていないから当て書きじゃないんだよね。ただジンとケイがいてバディというのは決めていて、その役割分担の細かいところは実際に俳優さんが来てそれぞれの役に寄り添っていくという感じで考えていた。それから、そこにエレアとエスも入ってくる。エスも最初は太田（愛）さんの話だとすごい武闘派なんだけど、だんだんキャラが変わってくるじゃない？　最初に「キャラクターを一緒に作る」という話をしたと思うけど、だからケイはやっぱりわれわれと一緒にトムが作っていったんじゃないかな。

脇崎　「ケイがよかったよね」みたいな感じで言ってくれる人がすごく多いんですよね。今でも舞台を見に来てくれる方がいらっしゃいますし、放送局のディレクターさんからも『ＳＥＶＥＮ Ｘ』の話をすごく聞かれたりして（笑）。

八木　それはどういうことを聞かれるの？

脇崎　「あのシーンはどうやって撮ったの？」とか、かなり見ているのが分かる質問でしたね。

エージェント・ケイ（脇崎智史）は、ジンの最大の理解者で最高の協力者。最高のバディ。２人がいたから、世界は救われた。第1話「DREAM」、東宝ビルト2st横

八木　グリーンバックで合成したりしているし、アクションもいっぱいやってもらったし。そういうところに興味を持ってもらったのかな。

脇崎　それでいうと、僕の今のアクションは『SEVEN X』が原点ですから。20歳のころにCMモデルみたいなことから始まって、『WATER BOYS』（03）でようやくドラマデビューをさせてもらって、そこからは『SEVEN X』でアクションをやって。体格が体格なので来る仕事もラガーマンとかアクション、体を使う役、豪快な役というのが多いんですけど。

八木　『SEVEN X』では小池（達朗）さんがアクション監督で来てくれて、練習したりしたじゃない。すごいなと思ったのは、基本は本人がやっているところで。もちろん危険なアクションは違うけどね。でもそれまでの蹴りとかは全部自分じゃない？　で、ケイは手足が長いからかっこよく見える。もちろん当てられる側のスタントマンはうまいんだけど、アクションはすごくちゃんとやっている。センスもいいんだろうけど上手だよね。

脇崎　鍛えていただいたというのはありますね。数える程度ではあるんですけど、撮影がインする前に何度か。でもまあそこは譲れないというか、運動神経だけは負けたくないというのはありました。バク転とかそういう感じではないんですけど、アクションは好きだしやってみたい仕事の1つだったので楽しかったですね。とにかく目からウロコというか。かっこよかったですよね。

八木　小池さんは新しいアクションを入れてくれたし吹き替えの割合がすごく少ないんだよね。だから「やってんじゃん！」って思うんだけど。

脇崎　確かにほぼほぼやっていますから。ほぼほぼっていうか、全部やっていますよね。あのときはワイヤーアクションも練習したのかな。でも僕は飛んだりはしていなくて、僕がボン！って押したら超飛んでいくみたいな感じで

（笑）。そういうワイヤーの使い方なんかも楽しくて、（与座）重理久とは切磋琢磨していました。

ヒーローに変身したいという夢がずっとあった

八木　ジンとケイはバディとして戦っていて、2人とも見るからに強そう。それで本来なら悪役をもっと強く見せないといけないんだけど、「これはそもそも敵わないだろう」という感じではあった（笑）。でもそこが『SEVEN X』のいいところで、変身したあともめちゃめちゃ強いからね。ずっと強い（笑）。

脇崎　ロングコートっていうのもよかったですね。

八木　白とか黒でモノトーンということは決めてあったけれど、なかなかイメージに合うものが見つからなかったんだよね。それで話していたら、重理久が「いいのがある」って思いついて。それ見たら白と黒と2つあるし、材質も新しくて変わっているし、デザインも斬新で変わったコートでとてもよかった。ああいうコートって、撮影用はヒラヒラの紙みたいに薄い布でやったりするんだよね。そうするとアクションしたときに綺麗になびくじゃない。でもあれは本当に普通の服だからそうならないんだけど、デザインのバランスと手足の長さがあるから別にヒラヒラしなくてもすごくかっこよかったね。それに強さとかスピード感を重視していたから、あれがヒラヒラする必要もなかった。

脇崎　なんかカーテンみたいな変わった素材でしたよね。

八木　ちょっと厚手のフワッとした感じの生地だったね。

脇崎　いろいろ思い出しますね。クランクインは東宝ビルトで、パソコンに拳銃を向けるっていうところでした。六本木のクラブも結構撮影の序盤でハラハラドキドキしていました。

八木　じゃあちょっとさかのぼってキャスティングが決まった辺りから聞いていこうかな。

脇崎　僕はこの仕事を始めるに当たって、ヒーローに変身したいという夢がずっとあったんです。子どものころにはウルトラマンシリーズのソフビを散々集めていましたし、『ウルトラ』『仮面ライダー』『ゴレンジャー』を見て育ったのでどうにか変身したい、そういうのがずっとあったんですね（笑）。だから本当にいろいろなオーディションを受けたんですよ。キャスティングの小島（文夫）さんから何度かお声がけはいただいていて『ウルトラマンネクサス』（04－05）とか『ウルトラマンメビウス』（06－07）は受けているのかな。それで最終までは行ったりもしていたんですけど、なかなか決まらなかった。そういうタイミングで『ＳＥＶＥＮ Ｘ』にも声をかけていただいたので、今までのオーディションの受け方とは全然変えて本気を出したというか（笑）。「マジでやった！」って自分でも言いきれるくらいの意気込みで臨んだんですよね。

八木　それは通じていたと思うよ。作中でセブンＸが「君の思いは通じた」って言うけど、あのケイのオーディションはまさにそういう感じだったんだね。

脇崎　あのときはプロデューサーの表（有希子）さんもいらっしゃって。

八木　ＣＢＣの岩佐（芳弘）プロデューサーとか電通の山西（太平）プロデューサーもいたんじゃないかな。

脇崎　そのときのオーディションの台本が、六本木のクラブでのシーンだった気がします。

八木　ジンとケイのバランスを見たいから、そういうところをやってもらったんだよね。

脇崎　それで本気を出したっていうのは、審査員で八木さんとか表さんがズラッと並ばれているのを、芝居をしながら１人ずつ目を合わせていったんですよ。

八木　考えたんだ。

脇崎　そうなんです、僕なりに考えて（笑）。

八木　これは重理久とは正反対だけど、熱意を示すっていうのはやっぱり重要だよね。
脇崎　だからそれが通じたのかなっていう。うまいとかへたではないですけど、そういう気持ちが通じて「合格です」となったときにマジでうれしくてガッツポーズをしました。「やっと変身できる！」って。でも役を聞いたら「変身できないじゃん！」って（笑）。そういうズコ！はあったんですけど、まあ変身だけがすべてじゃないですしね。
八木　変身はしないけどこれはバディだからね。不思議なんだけど、重理久とトムは近い時間にいたよね。2回目の面接ではもちろん一緒だけど、最初のときも2人とも後半の方にいたんじゃないかな。
脇崎　そうだったかもしれませんね。円谷プロが八幡山にあって、その前で重理久がタバコを吸っていましたから。僕は近くの神社にお参りしたりしていましたけど。
八木　その神社はご利益があるのかもしれない。
脇崎　で、「じゃあ変身するのは誰なんだ？」って見たら重理久なわけじゃないですか。「ああ、そりゃそうだよな」みたいな納得感がありましたね（笑）。それで気を取り直して一緒にっていうことで。八木さんには「どっしりして芝居が安定している」なんて言っていただいたのを覚えています。
八木　本来だったら主人公のタイプなんだけど、今回は深夜でいつもと違う作品にしたいので逆にする。そういう話をしたよね。だから主役じゃないけどやってほしい、この2人のバランスでいきたいっていう話をしたはず。

ファンのCAがゴディバのチョコレートを

八木　じゃあケイ役が決まって、撮影に向けての役づくりとか、キャラクターはどういう風に構築していったのかを聞かせてくれるかな。

脇崎　パッと見はかっこいいんだけどやっていることはちょっとズレていてスットコドッコイっていうのは……結構、僕そのままなんですよね（笑）。ケイ以上にスットコドッコイ部分が多いプライベートを送っているわけなんですけど、そういう意味では本当にやりやすかったですね。でも見返したりすると「今だったらこうしたかったなあ」とか、そういうのはもちろんあります。あのときは全力でやってオンエアされてっていう感じだったんですけど、もう1回同じことをやりたいですね。まあ15年が経った今、あれと同じことをやれって言われてもできなかったりするんでしょうけど。

八木　やっぱり成長したんだね。

脇崎　でもすごい深夜帯でなかなかの深さでしたけど、監督とかは漏れなく見てくれていたというか。実際、雨宮（慶太）監督が見ていて、それで『牙狼 -GARO-』も決まったようなところがあって。他にも『SEVEN X』のおかげで決まった仕事は結構ありましたから。

八木　アメリカでブルーレイが出たときも「大ファンです！」なんて言ってくれる人がたくさんいたし。海外でも人気がある作品になったんだよね。

脇崎　台北経由でシンガポールに遊びに行ったときは、CAが「『SEVEN X』のファンです！」って言ってゴディバのチョコレートをくれたりしました（笑）。

八木　それはすごいね。まああのときは全員で実験したっていうか……。いま見ても光とか色とか雰囲気はいいよね。そもそも衣装の色からすべてに渡ってコントロールを始めているからよくできているなって思う。

脇崎　相当単純なものじゃなかったので、工夫を凝らして撮られていたんだなって思います。当時はあんまりよく分からなかったですけど（笑）。

八木　当時の現場はどうでした？
脇崎　もう楽しいしかなかったです。なにもないところに撃ったりとかも、難しいことは難しいですけどそういう練習を事務所で散々やってきていましたし。
八木　事務所でそういう練習を受けさせてくれるんだ？　初めて聞いた。でもいいトレーニングだね。
脇崎　そういうワークショップみたいなことをやっていたから『SEVEN X』に参加できたようなところもあって。でもそのレッスンって、最後の方に社長が来て、それまでを全然見ていないのにダメ出しをしてくるのがすごく嫌だったっていう思い出があるんですけど（笑）。
八木　それは僕だって撮影の現場に入ったらそれまでになにをしていたのかが分かるからなあ。「今日はダレてるな」「あの辺が遅れてそうだな」とか、ごちゃごちゃ聞かなくても準備がどうなっているかは分かる。
脇崎　いきなり来てもパッと分かるものなんですね。

力まない力み方のかっこよさ

脇崎　あの現場では（加賀美）早紀ちゃんに言われた一言がすごく残っていて。あのときは、ご飯に行ったりとかそういう感じは重理久とアンリとで、早紀ちゃんは1人ひっそりといたっていうのがあってあまり仲良くなれなかったんですね。そんな早紀ちゃんとロケバスの中で2人だけで話をしたときに刺さった言葉だったんですけど、「そんな無理して笑ったりしなくていいじゃん。ありのままでいいじゃん」ということを言われて。第2話で「植木鉢を買ってくる」って言ってジンを指差す撮影の直後だったんですけど、もうなにも返せなくなっちゃって。なんだかスピリチュアル的な人でしたよね。早紀ちゃんとはもう1回会ってみたいですね。それで、「いま僕はこうやって頑張っているよ」みたいなことを伝えたい。不思議な感覚というか、「今の僕はどう?」って聞きたい感じなんですよ（笑）。

八木　役づくりで1人でいるのかなと思って見ていたんだけど、そうじゃなかったのかな。

脇崎　なんかありのままだったという感じですね。別に機嫌を伺うようなことをするわけでもなく、ただただそこにいるっていう人でした。

八木　役者にはいろいろなタイプがいるからね。撮影が始まったら常にその役に成りきって役を構築していくタイプとか。エレアという役自体が1人で孤立しているものだから、それをやっているのかなと思っていた。で、逆にジンとケイは設定としてもバディだし、そこにエスが入っているからこの3人はチームになっている。一方でエレアはすべてを知っているけど、それをしゃべるわけにはいかない。しゃべるとジンが覚醒して……という話だから。それで入ってこないということかしらと思いながら見ていたんだけど（この対談は加賀美早紀さんとの対談前に行なわれました）。

脇崎　まさにそういう感じでしたよね。

八木　でも、第1~2話を撮っているときに彼女は「無理に笑う必要ないじゃん」と言っていたのか。第1~2話を見たときはどうだった?

脇崎　あの『ウルトラ』の一員になっているというのを目の当たりにして感動しましたね。とにかくかっこいいし。芝居に関しては、自分が出せる以上のものに作品がなっていたという感覚があって。だからちょっと自己満じゃないですけど、「すげえ!」と思ったんですよ。

八木　それは例えばどういうところ?

脇崎　なんでかっこいいと思ったのかなっていま思い返してみたら、力感というか力みどころですかね。これはアクションということではなくて、特撮系だけど「あぶなーい！」とか叫んだりっていうことじゃない静かな芝居が多かったりするじゃないですか。そういう力まない力み方のかっこよさっていうのがあるなと思いました。
八木 面白いね。それは役者をやっていて、スポーツもやっていたトムならではの視点かもしれない。
脇崎 僕は今39歳なんですけど、ちょうどそういう感じになり始めているというか。当時は25歳くらいだから「やるぞ！」みたいな感じだったんですけど、そんな僕が『SEVEN X』という作品にハマって「やるぞ！」だけじゃない引きの感じだったりを体験できた。そういう貴重な作品だったなって思いますね。
八木 静かな作品だけど全体的な緊張感も高いところがあって。一方で結構コメディ的なところがよかった回なんかもある。そういう意味ではテンションをあまり変えられないジンに対して、ケイはいろいろなことができたでしょう。
脇崎 どっしりとしたジンの周りで、僕らがかき回すようなことをさせてもらっていたっていうか。
八木 ジンは自分が誰かを分からないからケイを頼っているという面もあった。そういう意味ではふざけたりしながらも地に足が着いた存在としてケイがある。だからケイには強さが必要だったんだよね。それはトムが表現してくれたと思っているし、そうでありながらコメディ的なこともあって面白い役だった。
脇崎 演じていて楽しいのはケイかもしれないですね。ジンはなにしろ苦しいですから。

難しかった「真顔と笑顔の中間」

八木 最終2話はどうだった？
脇崎 八木さんが覚えているかどうか分からないですけど、アンリとのシーンは確か何回も何回もやっちゃったんですよ（笑）。というのは、僕は笑顔が意外と苦手で、特にちょっとした笑顔っていうのが超苦手なんですけどそれをやってほしいということで。ガッて笑うのはできるんですけど、「真顔と笑顔の中間」っていう表現をされて、それがなかなかうまくいかないかったですね。あの湖畔での撮影です。

八木 本栖湖だったよね。

脇崎 オンエアの出来上がりを見て、「ああ、できていた。なんかよかった」ってなりましたけど。

八木 山の中の廃墟で銃を構え合ったりもしたよね。

脇崎 あそこは好きなシーンですね。ガンを使ったアクションというか、これはもうかっこいいしかないじゃないですか。

八木 2本連続の前半で、ジンがどっち側なのかを疑っているところだよね。

脇崎 そのあとのアンリとのアクションとかも「今だともっとこうやったりして！」とか出てくるんですけど、でもあれはあれでよかったかなって。

八木 あのときは全員が全力でやったからね。もちろんいま見たら思うところはあるけど、それは成長したということだから。じゃあ15年後のあの世界でケイはなにをしていると思う？

脇崎 ある意味ではあれしかできないというか。だからエージェントっぽいことをやっているんじゃないですか？

八木 部下もいるけど現場が好きで、自分もちょいちょい現場に出ていって煙たがられる。で、昔からの仲間の宇宙人が訪ねて来たりする、という感じかもね。

脇崎 でもお調子者みたいなところもあるので、うまい話に多少乗っかったりして。フットワークの軽さでいろいろやったけど、まあ結局はお偉いさんの運転手とかをやっていそうな気もします（笑）。なんか、その辺に収まっているんじゃないですかね。

最後の戦いから戻ったジンを迎えるエージェント・ケイ（脇崎智史）とエージェント・エス（伴アンリ）。
第12話「NEW WORLD」、本栖湖

伴アンリ

Anri Ban | Actor

この作品に出られたことは私の人生にとっては「光栄」です

ゴリゴリの武闘派として登場しつつも、潜入捜査でのさまざまな衣装やケイとのコミカルなやりとりで『ＵＬＴＲＡＳＥＶＥＮ Ｘ』の世界を彩ったエージェント・エス。ケイとは次第に距離が近づいていく心の綾も表現するなど、一筋縄ではいかないこの難役をこなしたのは伴アンリ（当時は伴杏里）氏だ。八木毅監督も初耳のホットな撮影裏話をたくさん伺うことができたので、お届けしよう。

今までやったことがないことを考える日が多かった

八木　伴さんにはエージェント・エスというちょっと難しい役をやってもらいましたけど、まずは簡単に『ＵＬＴＲＡＳＥＶＥＮ Ｘ』以前の話から聞けたらと思います。もともとは雑誌のモデルをやっていたんだよね。そこから『ＳＥＶＥＮ Ｘ』のオーディションを受けるまではどんな感じだったの？

伴　最初はティーン雑誌のモデルをやらせていただいて、岩井俊二監督の映画『リリィ・シュシュのすべて』（01）で映画デビューをしました。そこから何年かは映画だったんですけど、テレビにも挑戦したいということで。そうしたらある日マネージャーさんに「こんなオーディションがあるけど行きますか?」って言われて「ぜひ!」って答えたんですね。当初は、確かエレアの役で行かせていただいたと思います。まだ覚えていますけど、オーディションに入ったら皆さんズラッと並ばれていて。そこでエレアのセリフを読んで、という感じでしたね。

八木　あれはジンとの芝居だったよね。

伴　そうでしたね! それで終わって、あとからお返事をいただいたときに「エレアではないけど、エージェントの1人としていかがですか?」ということを言っていただいたので本当にうれしくて。エレアとエスは役回りも全然違いますし、もちろん見た目とか雰囲気とかも違ったんですけどね。でもこの役をいただいたからには、武闘派で男性2人に混じってエイリアンとの立ち回りもできるようなかっこいい、かつ女性らしさも兼ね備えた人を作ろうって思いました。

八木　あのときはエスっていうのはまだ作りかけているキャラクターだったんだよね。でもアンリちゃんが来たときに、スタイルがいいし背も高くて雰囲気も素敵だから「これはエレアじゃなくてエスの方にいけるね」という話になってお願いした。エージェントはみんな長身で手足も長くて、アクションをしたときに映えるしということで。

伴　お2人もすごく大きいですもんね。185センチくらいあって。

八木　だから3人が並ぶとそんなに大きく見えないんだけど、アンリちゃんも大きいよね。

伴　でもそんな秘話があったんですね。初めて聞きました。それでいろいろ話していくうちに、チョコレートが好きというキャラクターを織り交ぜたりもしたじゃないですか? たまたま父が当時はパティシエをしていましたので、じゃあということで撮影のためだけに薄いチョコレートを作ってもらって、それをなにかあるごとに食べることでちょっとインパクトをつけるようなこともやったりして。チョコは銀のアルミの細い入れものに入れていたんですけど、懐かしいですね。梶（研吾）監督はあのときお店まで来てくださって、父と写真を撮っていましたね（笑）。

八木　そうそう、お父様が作られたチョコレートを実際に劇中でも使っていたんだよね。

伴　作って現場に持っていって、溶けないように冷やしていて。スタッフの方に大切に大切に保管していただきながら、シーンごとに出して使っていました。でも、セリフを言うのと食べるのとで忙しくて（笑）……なおかつ掛け合いもあってすごく新鮮でしたね。

八木　ほんのちょっと吹き替えはあるけどアクションも全部自分だからね。見返してもすごいと思う。

伴　敵を引っ張って地面にたたきつけるシーンとかも、普段しないことだからどのくらいの力でやったらいいのかなって。あんまり強くやり過ぎて怪我をさせたら困るし、力をそれほど入れなくても思い切りやっているように見せるやり方ですとか……。やっぱり今までやったことがないことを考える日が多かったですね。こういう風にやったらこうなるという原理を考える時間……振り返るとそういうことをポツポツと思い出します。ＶＣ（ビデオシーバー）を付けて銃を持ってというのもそうで、あの銃がちょっと重い感じでしたよね。

八木　アップ用は金属で作っているから本当に重かった。でもアクション用はＦＲＰ、繊維強化プラスチックでね。

伴　そうでした。アクション用のは軽かったので、重厚感のある演技をするのが難しかったんですよね。だからお家で練習をたくさんしたのを覚えています（笑）。パッパッて構えないと決まらないじゃないですか？　でも軽いとやっぱりふにゃふにゃしちゃって。それで家で、軽いものを持ちながらでも「ヒジの位置をここ！」とか「手を伸ばしたときにはこう！」とか、鏡を見ながらずっと練習していたのを覚えています。父もすごく応援してくれていたので、「腕はもうちょっと上の方がいいよ」とかアドバイスをしてくれて。

八木　お父様は現場にもよく来てくれていましたよね。

伴　父は（与座）重理久さん、トム（脇崎智史）さんとも仲良くなっていて（笑）。だから何度もみんなで一緒に帰りましたね。

八木　僕はメイン監督だったし忙しかったからあんまり一緒にご飯には行けなかったけど、3人はすごく仲良くしてくれていてうれしかった。

伴　すごく仲良くさせていただきました。重理久さんの誕生日には父がケーキを焼いて持って来てくれたりもして。

八木　現場でみんなでバースデイパーティをやったよね（笑）。あのケーキはとってもおいしかったし、みんな大喜び。

伴　いま思うとみんなが仲良くて、本当に家族のようなチームでしたね。でも、雑談しているときはそんな感じですけど、リハとなったら空気がガラッと変わっていました。息が止まりそうなくらいに緊張するシーンも多々ありましたし。

八木　そこはエージェントだからね。

ケイとはカメラがないところで何回も何回もリハーサルをしていた

八木　役づくりに関してはなにか思い出すことってある？

伴　やっぱりウルトラマンシリーズって歴史がありますし、ファンの方も詳しかったり思い入れが強かったりするじゃないですか。だからその中で自分がどう演じていくのかは毎日起きてから寝るまで考えていました。あれは今でも思い出します。でも本当に楽しかったです。

八木　もともと特撮に対するイメージはなにかありました？

伴　変身して戦うっていうのが第一印象ですけど、女性の隊員は活躍の場が少ないというイメージもありました。な

変幻自在のアンダーカバー。DEUS一の武闘派、エス（伴アンリ）。エージェント・ケイと一緒に世界の救済のために命をかけた。第1話「DREAM」、六本木クラブ「コア」

ので今回の『SEVEN X』でのエージェントは、女性としてどういう感じなんだろうというのはあったんですよね。前例がないことをするのに不思議でいっぱいでした。だから最初は手探りで。でも実際に現場に入って衣装を着て、メイクをして、立ち回りをしてという中で、「ああ、本当に男性と変わらないエージェントのあり方なんだな」というのが分かって、女性もかっこよくいられるんだなと思いました。衣装を決めるときも楽しくて、ロングコートに長いブーツで「ああ、こういうスタイルでもいいんだ」って驚きましたけど。

八木　ヒールもあったから本当はアクションには向いていなかったんだけどね。

伴　あれで走って階段を下るときに、最初は1段ずつ下りたら「なんかかっこつかないから1段飛ばしでやってみて」みたいなことを言われて。でも転んだらいけないし（笑）、ポンポンポンポンっていかにかっこよく下りるかっていうのは頑張りましたね。「ああ、ジムに通っていてよかった！」って思いましたけど。

八木　ヒールでよくやれたなって思うよね。

伴　難しかったですけどね。あと思い出すのは、トムさんは普段から明るい方ですけど役の中でもケイがすごく明るくて。それをコミカルでテンポよく演じていましたよね。私とケイのシーンって結構多かったので、カメラがないところで何回も何回もリハーサルをしていたのも覚えていますね。ロケバスの中とかで「ちょっと明日のシーンやらない？」みたいな感じで。最初のころってセリフを覚える日数があったんですけど、撮影を続けていくと明日のシーンとその次の日のシーンのセリフがどんどんどんどん来るようになって。「もう、先にやっておかないとこれは追いつかないね」っていうのはよく話していました。

八木　ケイとエスの息はぴったりだった。エスはすごい武闘派として出てきて、もちろん最後まで強いんだけどケイとの関係性が近くなってくるじゃない？　その辺もすごくうまく構築してくれたなと思っているんだよね。でも裏ではいろいろと練習してくれていたんですね。それは知らなかったです。

伴　みんなそうしていた記憶があります。1回リハしたあとに、みんなで「もうちょっとこうした方がいいかもね」「こうやってやろうね」って。やっぱりみんないいものを作らなきゃ、いいものを作りたいっていう思いが強かったんですよね。毎日がそういう感じだった気がします。

八木　最初の衣装合わせのときには、ジンとケイはこれでは方向性が違うという話になってやり直しにして新しく衣装を探したんだけど。すべてがそういう感じで最初は結構試行錯誤の連続だったけれどだんだん形が決まってきて、リハをやるころにはキャラクターがどんどん明解になっていったというのもあるよね。

伴　もともと皆さんが作り上げられているキャラクターになじんで入れるように、準備だけはしていかないとなっていうのはありました。あとは潜入捜査なので、いろいろな衣装を着たりいろいろな雰囲気に変えたりっていうのもすごく楽しかったです。

ピンクのスーツを着て新人ＯＬとして潜入捜査をするのも楽しかった

八木　第1話ではまだ誰だか分からない状況で出てきたけど、あれは六本木のコアというクラブでした。

伴　ジンにウィスキーを渡すウェイター役ですよね。

八木　そのときにヒントとなる文字が書いてある紙を渡す。まだあのときは謎の女だったけど最初の撮影はどうでした?

伴　「実は私です」っていうのを、2人が分からないように演じるようには気をつけました。髪型もアップでエージェントのときのスタイルとは違ったので、エージェントではなくウェイトレスになりきっている自分がいた気がします。

八木　そして続いてが主役回の第4話「DIAMOND〝S〟」じゃない。

伴　こんなにたくさん出番があるっていうのと（笑）、もちろんストーリーも面白かったので、あの回の台本を読んだときにはすごくうれしかったですね。

八木　さっきの話ともつながるけど、脚本の太田（愛）さんはエスのキャラを立てるということを考えていて。今までの『ウルトラ』の流れと違って、今回は女性をかっこよくしたいっていうことをよく話し合っていたんだよね。

伴　エスじゃなくて「ダイアモンド・エス」というのにまずはびっくりしました（笑）。かっこいいですよね。あの物語の中でエスがどういう立ち位置で、エージェントの2人との間にどういう関係が築かれていくのか、それが明確になる回でした。エスのキャラクターは、エイリアンの情報をすごく知っていて、噂になるほど恐れられている武闘派というもので。それでケイは「髪型はモヒカンじゃないか？」なんて推測するんですけど、エスが面と向かって「モヒカンじゃない！」って言う（笑）。印象に残るような回にしたいなと思いながら撮影したのを覚えていますね。

八木　最初から最後まで出ずっぱりだしアクションもあるしね。

伴　かっこよく撮っていただいてうれしかったですけど、アクションは面白かったですね。自分がどこまでできるのかっていう不安もありましたけど、アクション監督の小池（達朗）さんには何回も何回も何回も体で教えていただいたのでなんとかできたのかな。受け身のポーズとかもたくさん練習しましたね。それをいい角度から撮っていただいて、だいぶ決まるようになりました。あとはピンクのスーツを着て新人OLとして潜入捜査をするのも楽しかったです。まずピンクのOLっぽい服装を着ること自体が普段ないじゃないですか。あれを着て、しかもエージェントのときとは違って髪を巻いて結んで、メイクも可愛くしていただいて。「ああ、今日はOLさん！」っていうのでウキウキしていましたね。

八木　1つの役なのにいろいろできるのは面白いよね。
伴　楽しいです！　潜入捜査って好きですね。
八木　最初のクラブではメイクもそれ系だったしね。
伴　クラブ系のメイクでちょっと濃いめで、アイラインもすごく引いたりしていますよね。

VCを操作するとエージェント感が出て楽しくて楽しくて仕方がなかった

八木　他に印象に残っている話とかはある？
伴　スタジオのブルーバックで撮った、ジンと2人の星空のシーンですね。背景はなにもないけど、仲良くないと聞けないジンの過去のことなんかを話す場面が印象的でした。2人しかいなくてブルーバックでの撮影だったんですけど、完成したのを見たらすごく綺麗な星空が合成されて「ああ、こういう風になるんだ。すごいな！」と思ったのをよく覚えています。
八木　梶組の第6話「TRAVELER」だね。でもそういうのはSFドラマの醍醐味というか。さっきは銃の重さを表現するという話をしてくれたけど、実際には撃っても光線や音は出ないわけじゃない。巨大な宇宙人も現場にはいないし。でも出来上がると音もするし光も入っているし、宇宙人も暴れている。その辺は役づくり的にはどうでしたか？
伴　音がして振り返ってそこにエイリアンがいますみたいなときに、鈴木（健二）監督が「はい、いまこっち！」みたいな感じでおっしゃっていたのはよく覚えています（笑）。でもなにもないところを見て驚いたりするわけじゃないですか？　そうするとやっぱり自分が想像する規模感のエイリアンと、映像で見たときのエイリアンがちょっと差があったりして面白かったです。あとは走って銃を構えて、VCにはなにも映ってないけど操作するとエージェント感が出て楽しくて楽しくて仕方がなかったですね。

八木　モニターにはなにも映っていないけど、合成されると……っていうね。

伴　あれを操作するときも楽しかったですね。

八木　そんなに楽しんでもらえたんだったらうれしいよ（笑）。

伴　「DIAMOND〝S〟」ではケイに対して「デラックスプリンくん」「おさるちゃん」なんて言っていて、ああいうのも楽しかったですね。

八木　武闘派とか言われていたけどアンリちゃんが来て、あの回のケイとのやりとりは軽妙というか、結構コメディチックになっているよね。あれは太田さんが楽しんで書いてくれたんです。

伴　ケイがすごくコメディチックでそれにエスが乗って、でもジンは冷静っていうのがすごいですよね（笑）。よく笑わないでいられるなって思いながら演技していました。リハの直前までみんなでゲラゲラ笑っていたのに、ジンが全く笑わないから逆にそれがおかしくておかしくて。私の方が笑っちゃいそうでしたよ。

八木　普段の重理久はよく笑うけど、ジンはキャラクターとしては笑えないからね。でも役者の人ってよくあれだけうまく切り替えるなって感心しちゃうくらいで。現場に入った瞬間にその人になっちゃっているタイプの人もいるけれど、重理久は違って本当に切り替えがすごかった。アンリちゃんもそうだったと思うけど。

伴　あと「DIAMOND〝S〟」で覚えているのは、オフィスに潜入してエイリアンたちに囲まれて銃も奪われて逃げなきゃいけない。そのときにサングラスをかけてネックレスをちぎって爆発させて逃げるというのがあったんですけど、普段自分がかけているサングラスって大きいやつなんですね。でも現場でかけたのが細くてウルトラアイに似ているような形だったので、「これ、似合うのかな?」ってすごくドキドキしたんですよね。

最終回の撮影秘話!

八木　では最終2話の撮影のことなどをお聞かせください。最後はケイとエスはもうこのまま助からないかもっていうときに「最期の瞬間があなたと一緒だなんて。一生の不覚ね」「そうか? 俺は光栄だぜ」という会話があって。あれは最期の瞬間を前にして心が通じているということなんだけど。

伴　エスもちょっとツンデレな部分があって(笑)。だから「もう命が……」っていうときになってやっとっていう。

八木　その前にケイが飛び出していって、エスが覆いかぶさるような感じでケイを守る。「究極の状況だから」という話はしたよね。

伴　言葉で明確には言わないですけど、目に見えないなにかがありましたね。

八木　そういう空気感をお芝居で表現してもらいました。

伴　見ている方も「どっちなの?」と思うシーンがそれまで多々あったと思うんですけど。最終回で、2人はやっぱりそういう仲だったんだなっていうのを知っていただけたらと思いますね。

八木　それはメインではないけど、DEUSという組織で活動していく中で近くなっていくというストーリーではある。でもあのラストシーンのあとにどうなっているかは分からない。またケイにヒジ鉄を食らわせているかもしれないしね(笑)。

伴　本当にそうですよね(笑)。でもケイだから受け止めてくれているんだなっていう面もあって。エスがわがままを言っても、理解しているのかしていないのかは分からないですけど、ジョークで受け止めてくれたり雰囲気で受け止めてくれる。ジンとの星空のシーンのあと、公園でケイが待っていて、エスが「ちょっとジンとデートしていたんだ」って言ったときにも、なんとなくお互いにそういうことを意識している関係性なんだなっていうのは読み取れますよね。

八木　エスとしても、ケイとの関係を含めて4人の関係がどんどん深くなっていく。日産スタジアムで撮ったけど、みんないい芝居をしてくれたよね。

伴　実はあの日、撮影が終わったら私とジンとケイは置いていかれちゃったんですよ（笑）。気がつかないでみんな帰っちゃったんです。

八木　ロケバスに乗せないでみんな帰っちゃったっていうこと？

伴　はい。それで、たまたま私の父が迎えに来てくれて4人で帰ったんです。

八木　たまたまっていうか……それは迎えに来てもらったわけだよね。

伴　「ここで待っていてね」って言われて、3人仲良くお部屋で待っていたんですよ。でも待てど暮せど誰も来なくて（笑）。私たちもずっと話していて盛り上がっていたんですけど、「だけど、あまりにも遅いよね」ってなったんです。それでドアを開けてみたら誰もいない。それで「嘘でしょ？」って言って3人で探し回って。

八木　面白いから絶対に載せますけどそれはひどい話だね（笑）。

伴　それで重理久さんは「俺たち、存在感ないんだね」なんて言っていて。でもそれもちょっと面白いねって言い合ったりして。

八木　何人乗っているかはチェックするはずだけどね。でも帰りに役者さんが乗っていないと、「別車両で帰したのかな？」って考えちゃうから。そういうことかもしれない。撤収は時間がかかるけど、役者さんはメイクを落とすだけだから先に帰ったと勘違いしたんだろうね。あれはナイターでいろいろセッティングをしていたから。

伴　たぶんそうだと思います。あれはナイターが終わったあとだから遅かったじゃないですか。それで私が怖がっているのを重理久さんが察して、ずっとジョークを飛ばしてくれて。彼はそういう性格なんですよね。だからさすがだなって思って。その間に父が到着したんですよね。帰りのクルマは盛り上がりましたね。

八木　日産に行ったときは外回りも撮ったし、最後のチョコレートを食べるところも撮っている。分量がたくさんあったから夜は相当遅かったんじゃないかな。

伴　盛りだくさんの日産スタジアムでした。潜入するところも階段とかで撮りましたし、駐車場でも撮りました。

八木　しかし置いていったのが八木組だっていうのがちょっとね（笑）。申し訳ありませんでした。

伴　大丈夫です。団結力が出たので（笑）。私たちは怒るとかは全然なかったですしハッピーな感じでしたよ。

八木　それで、そういうことがありつつ作品は大団円を迎えるわけだけど。

伴　この物語の最後は私も気になっていましたけど、パラレルワールド……「そうだったんだ」というので意外な最終回、終わり方だなと思いました。それからアンヌ隊員とダン隊員というスペシャルゲストの方に来ていただいたりして、『ウルトラ』シリーズの歴史みたいなものを感じました。「ああ、オリジナルの方も出演してくださるんだな」って、あらためて鳥肌が立つ思いで撮っていたのを覚えています。

ジンとケイとエス、またこの衣装でこの3人でポージングをしたいですね

八木　最終2話では他に本栖湖にも行ったりしたよね。最後のカットは「楽しそうにして」って言って撮ったと思うけど。アドリブっていうか、自由にという感じでね。

伴　「かっこいいだけじゃなくて、笑顔っぽい感じがあってもいいのかな〜?」っていう思いで撮ったのを覚えています。

八木　ハッピーエンドだから、それぞれの組で楽しそうにやってほしいっていうのだけ言ったんじゃないかな。

伴　ただ、現場を重ねていくうちにキャストの方ともどんどん仲良くなっていって、そういうシーンのときにあまりにも普段のような楽し過ぎちゃう感じが出ないように気をつけようねって話したのも覚えていますね。

八木　それもあって2回やったんだっけ。

伴　そうかもしれないですね。もうちょっと抑えた方がいいかもねっていうので。エスとして生きていて、ジンやケイといろいろなエイリアンを倒しているうちに仲良くなっていくのはいいんですけど、撮影じゃないところでもみんな仲が良かったから。そういうのが出ないように気をつけないといけなかったんです。

八木　でもジンとケイのバディの感じとか、ケイとエスの仲が良いのは自然に現れていたよね。それは映像的にもとてもよかったです。だってこの世界では全員生命をかけてエージェントとして活動しているわけだから、それぞれに対する信頼感もすごくあるということで。それが普段からの形だけではない仲の良さから生まれるんだろうけど、お互いが全員信頼し合っている感じがすごく出ていた。

伴　スタッフの方々全員とも仲が良かった気がします。朝の挨拶の仕方ですけど、そのときどきで誰かのトーンを真似してみんなで「おはようございまーす!」って言うのがちょっと流行っていましたね(笑)。そういうことから楽しんでいました。でももう15年前なんですね。『SEVEN X』って外国の方も好きじゃないですか? だからこれからもどんどん世界に発信されていきますよね。

八木　実際、SNSでは海外のフォロワーから「『SEVEN X』が大好きだ!」っていうメッセージをよくもらうからね。『SEVEN X』はHDということもあって比較的早く海外に出ているから、ファンも多いんじゃないかな。

伴　私もインスタグラムをやっていて、メッセージで「エージェント・エス」っていうのが来ますよ。「すごい！　見てくれているんだ～」と思いますけど（笑）。

八木　でもエージェントの3人はみんな本当にかっこいいよね。

伴　ジンとケイとエス、またこの衣装でこの3人でポージングをしたいですね。

八木　では最後にアンリちゃんにとっての『SEVEN X』はどういうものかを聞かせてください。

伴　人間界とエイリアン界があって、現実でもこういうことはあるのかもしれないっていう錯覚に陥るような物語だったなって思います。本当はどこかの世界でこういうことがあるかもしれないって思うくらいの物語でした。あとはエスがかっこよくて強くて、自分にとっても全部が大切な12エピソードだったなと思います。この作品に出られたことは私の人生にとっては「光栄」です。本当にうれしかったです。でも最終回を撮ったときは、本当に寂しかったなあ。「ああ、終わっちゃうんだ」って思いました（笑）。でも『2』があったらどんな感じなんだろうって考えちゃいますよね。

八木　あの世界は続いていてもおかしくないし、ジンとエレア、ケイとエスが結婚しているかどうかは分からないけど、後日譚を作れたら面白いだろうね。

伴　絶対面白いですよね。特撮って特別で、本当にかっこいいなって思います。

八木　キャストにそんなに愛してもらえるのは幸せなことで、本当にありがとうございます。

伴　それはこちらのセリフです（笑）。本当にありがとうございました。

PART 2
監督編

TAKESHI YAGI
八木毅

KENJI SUZUKI
鈴木健二

KENGO KAJI
梶研吾

KAZUYA KONAKA +
KEIICHI HASEGAWA
小中和哉＋長谷川圭一

八木毅

Takeshi Yagi｜Director

あらためて見返してみたけど、やっぱりとても冒険しているね

『ULTRASEVEN X』でメイン監督とシリーズ構成を務め、クリエイティブ面の要となった八木毅監督。メインライターに『ウルトラマンマックス』も共に立ち上げた小林雄次氏を起用して、SFテイストに溢れた作品世界を構築していった。そこで小林氏に聞き手となっていただき、八木監督の『SEVEN X』への思いを聞き出していただいた。信頼する者同士の言葉のキャッチボールをお楽しみいただきたい。

『帰ってきたウルトラセブン』↓『NEO』↓『REBORN』

八木　僕は2006年の年末に、「『ウルトラセブン』40周年だからウルトラセブンが帰ってくるっていう企画を作るように」と円谷プロの製作部で言われて、それが『ULTRASEVEN X』の始まり。そのときにもう1つ決まっていたのは深夜枠ということで。それで『帰ってきたウルトラセブン』という企画書を書いたんだよね。この企画書は時間がなかったっていうのもあって1人だけで書いたんだけど、「超能力×WARS」なんて書いてあって、これは今でも面白いんじゃないかなって思っている。まあ、かつて『セブン』に熱狂した子どもたちが大人になって

『X-MEN』とか『スパイダーマン』『マトリックス』みたいな洋モノに流れているから、そういう眠った需要を掘り起こす新しい作品をSFの本家である円谷プロがやりましょうという方向で書いたんだよね。今でいえばMCUのスーパーヒーローシリーズみたいな感じなのかな。

小林　そういう意味では、本当に今でもできそうですよね。

八木　『SEVEN X』の企画書の変遷を見ていて思ったんだけど、最初のころの企画案ではセブンが帰ってくるわけだから、モロボシ・ダンが主役になっているんだよね。ただ、完全に本人そのものにするつもりはなくて、オリジナルの『セブン』の主人公と同姓同名だけど同一人物であるかは分からないという設定。鏡の世界とか並行世界にしようと思って書いたから、本人ではないけどセブンが帰ってくるということで考えていた。で、企画書を作ったからそのままプロデューサーもやるかという話にもなったけど、今回は監督とシリーズ構成という形にしてもらったんだ。それで会社が表さんをプロデューサーに据えたんじゃないのかな。『ウルトラQ dark fantasy』(04)もやっているから、表さんがいいんじゃないですかという話は僕からもしていたんだけど。

小林　僕と梶さんが呼ばれたタイミングでは『ULTRASEVEN NEO』という企画でした。

八木　時系列で言えば『帰ってきたウルトラセブン』→『ULTRASEVEN NEO』→『ULTRASEVEN REBORN』なんだけど『REBORN』にしても『NEO』にしても、主役はウルトラセブンということでやっていた。最後は『SEVENX』になったけど、つまりはずっと『ウルトラセブン』をやろうとしていたんだよね。『NEO』の企画書ではすでに「DEUSという組織」とか「異質なもう1つの世界」ということが書いてあって、『SEVEN X』も途中までは超能力者で考えていた。だからアリスっていう女の子もいたじゃない?

小林　満島ひかりさんをイメージした役で、予知ができる女の子がレギュラーで登場する予定でした。「コクーン」という円形ドーム状の司令室から、予知能力を使って主人公をサポートする設定でしたね。

八木　あれも超能力者でしょう。でもちょっと先の未来までしか見られないってことにして、でも超能力は万能にしてしまうと誰も勝てなくなっちゃうからね。だから枷を作っておかないといけないし、ウルトラの超能力と共存するのは難しいから、結局やめたんだよね。

大人になって海外のSFやドラマを見ている人たちに向けてちゃんとしたものを作ろう

八木　あと当時は『ロスト』とか『24』が流行っていて、みんな海外のドラマを見ていた。せっかく深夜なんだから、海外のSFやドラマを見ている人たちに向けてちゃんとしたものを作ろうと考えたんだよね。

小林　構想段階では、完成形の映像はどれくらい見えているものなのでしょうか？

八木　もちろんいろいろな人が入ってきて味付けをしてくれる部分もあるけど、イメージはだいたい最初からあって。そこにいかに近づけるか、それをやるためにどうするかを考えるという感じかな。だから『帰ってきたウルトラセブン』の企画書にはやろうとしたことはもう全部書いてあって、それがそのまま『SEVEN X』になっているとも言える。ただ最初の段階では水のイメージとか白い部屋のイメージはまだなくて、深夜のSF的空間で超能力者たちが宇宙人を相手に戦っているというビジュアルだったね。でも、水の中に男が沈んでいるイメージと白い部屋で謎の女が振り返るという面白そうなイメージが浮かんだ。だから、それを基に作ろうって考えたんだ。

小林　水の中に浮かんでいる男とか白い部屋で振り返る女性って、元ネタみたいなものはあったのでしょうか？

八木　映画とかテレビとか小説からいっぱい影響を受けているけど、ぱっと考えてもこれは思いつかないんだよね。

小林　潜在意識から生まれてきたオリジナルのイメージなんですね。

八木　白い部屋とか逆光の世界ということで強烈な印象に残っているものは2つあって。1つは子どものころ。埋立地で2棟先は海っていう団地に住んでいたんだよね。あの団地は真っ白だった。あとはギリシャを旅して回ったことがあって、あの国の遺跡や建物の白はやっぱり強烈だった。太陽光線が強いから反射がすごくて。白と光のイメージ。なんて無理矢理しゃべっているけど、まあ今回は明確にあれということではなくて、潜在意識からそういうビジョンが浮かんだんじゃないかな。でも団地も海のそばだったし、ギリシャも海ではあるんだよね。

小林　主人公が水に落ちてきて沈んでいるというのは、野沢尚さんが月9で書いた『水の世界』（99）というドラマを思い起こさせます。竹野内豊が水面に落ちて、なぜこうなったかを回想するという手法が印象的でした。しかも時間軸が戻るのは最終のラストなんです。だからなんでこうなったかをずっと遡って描いている推理ものなんですけど。

八木　さすが野沢さんでサスペンスフルな構成だけど、この水のイメージはそれじゃないんだよね。『帰ってきたウルトラセブン』の企画書には「犠牲、救済、未来」と書いていて、最初はイメージ自体がハイスピードで音もなくて、水中で浄化されるようなものだった。そういう水の中の静かな空間に漂っている男で、しかも並行世界だから形而上的なことも考えながらの設定だった。

小林　ということは、ちょっとタルコフスキー的な感じもありますね。

八木　ああ、それは入っているかもしれないな。タルコフスキーには水のイメージがたくさんあるし、『ノスタルジア』（83）なんかは建物の中に水があったりするからね。遺作の『サクリファイス』（86）は海辺の話だけど、タイトルを日本語にすれば「犠牲」だし。僕が一番好きな『鏡』（75）では主人公が回想するイメージで、天井からどんどん水が溢れてきて、そこに女性がいるというシーンもある。というか『惑星ソラリス』（72）がそもそも水の惑星でソラリスが作った思念空間に主人公がいるわけだけど、その家の中に雨が降ってくるシーンがあるじゃない？　言われてみたらタルコフスキーはどこかにあったのかもしれないね。

一撃必殺じゃなくてもいいから、セブンXの強さを表現したいと思っていた

小林　水つながりで言うと第1話は雨がキーワードですし、八木さんご自身が雨男だということも入っているんですよね（笑）。だから特に第1話には水のイメージがいっぱい入っています。

八木　企画書でも「ハードボイルドだから雨だ」なんて書いているけど、あの雨はイメージみたいな雨じゃなくて本当に雨が降っているわけ。舞台になっているのはウルトラセブンがいた世界ではなくて、エイリアンの侵略が既に終わった世界でしょう。だから街の描写も雨が降っていたりしていて、あの雨はもっと強調してもよかったかもしれないね。

小林　ということで八木監督の監督回を順番にお聞きしていきたいと思います。第1話は自分で脚本を書きましたけれども、一撃必殺でバトルが終わることが多い『ＳＥＶＥＮ Ｘ』の中では、この回は意外とちゃんと戦っていますね。しかも街中で戦っていて、セブンXとガルキメスの間に円盤が入ってきたりもする。あのカットはめちゃくちゃかっこよかったですね。

八木　特撮のバトルって流れがあるでしょう。颯爽と登場して、だけどなにか問題が起きてピンチになって、それでもそれを克服してやっつける。それが普通のフォーマットで簡単には敵をやっつけない。でも、今回はそういう伝統的で段取り的なことをやるのはいかがなものかなと思っていたというのはあるよね。新しい表現でセブンXの強さを描きたいと思っていたから。だからとにかくかっこよくっていうのがあった。その中でミニチュアを使わない特撮っていう手段も出てきたけど、既に『ウルトラＱ ｄａｒｋ ｆａｎｔａｓｙ』の「踊るガラゴン」では実景にキャラク

ターを合わせるとどうなるかという実験をやっていて。あれはあれで1つの可能性のある表現だった。ミニチュアで作られた世界で構築するのとはまた違った、現実に異物が侵入しているという違和感がある面白い画ができたからね。『ＳＥＶＥＮ Ｘ』は合成を使うという意味ではその手法の発展型になるということだった。爆発とかも、怪獣とかセブンＸ関係は全部普通の炎じゃなくて青とか緑になっている。つまり普段の特撮ではできない新しい様式美みたいなことを試せるということもあったんだよね。

小林　いま思い出したんですけど、第1話の冒頭で水面の上をずっと映していくカットで上下がひっくり返っているじゃないですか？　すごく印象的な映像ですけど、雨宮（慶太）監督と当時メールのやりとりをしていたら、「あのカットがすごくよかったって八木さんに伝えてください」と言われていたんですよね。

八木　それは初耳かもしれない。ぜひ今度お礼をお伝えしておいてください。そこはコンテを見たら「空と海、天地逆のオーストラリアライブ」なんて書いてある。ライブラリー映像であありうのがあるのは分かっていたので、使用する前提であれを上下逆にしたり途中で斜めにしたりしているでしょう。やっぱりオーストラリアの海だから水の色が綺麗なんですよ。日本であまり体験できない海の色と空の色だからちょっと異世界っぽいというかね。

小林　ちなみに雨宮監督は、第1話の冒頭や話数の頭でどんなビジュアルになるかっていうところから発想する方なんですよね。『牙狼-ＧＡＲＯ-』（05）で一緒にやって分かったことですが、理屈は後でとりあえずこういうキャラクターがこういうことをやっているところから始まるだとか、こういう画から始まるんだよっていうのを先におっしゃることがあって。『ＳＥＶＥＮ Ｘ』の第1話も印象的な画から始めるというのは、雨宮さんとの共通点を感じました。

八木　今回は世界観を最初に作っているんだけど、それを作った後にこういう画から始めるって1回壊してみるのは面白いことなんだよね。あと小林くんと一緒にやって楽しいところだけど、僕はビジュアルのイメージをやって、それを一緒にストーリーにしていくっていうのがあるじゃない？　それから『ＳＥＶＥＮ Ｘ』では世界の救済というロジックが既にあったから、逆にイメージからスタートしたということもあったんじゃないかな。それでパズルを組み立てていくような感覚というか。

時間の連続性の表現には気を使っている

小林　続く第２話はお話としてもすごく好きなんですけど、第１話で世界観を説明した後にいきなりこれがくるっていうのが面白いですね。

八木　第２話は『１９８４』的な管理社会を描くSFの流れの１本として、太田（愛）さんがノリノリで書いてくれた。『ウルトラQ　ｄａｒｋ ｆａｎｔａｓｙ』でも最初、メイン監督として直球の「踊るガラゴン」と変化球の「ヒエロニムスの下僕《しもべ》」を２本持ちで撮ったけど、これはその「ヒエロニムス」みたいなもので、第２話でいきなりものすごい変化球をやっちゃった。

小林　でも『ＳＥＶＥＮ Ｘ』は作品自体が変化球ですからね。

八木　だから変化球じゃない梶（研吾）さんの回が逆に変化球に見えるんだよね。

小林　正当に話を作っていくと意外とそれが変化球に見えたりするっていう（笑）。

八木　梶さんの演出は思いきり変化球っぽいけど、お話はラブストーリーとかファンタジーとかで『ウルトラ』的には直球のいい話なんだよね。でもこの世界に持ってくると……っていう（笑）。

小林　そういう意味では第２話のテイストはすごく重要ですよね。太田さんの脚本で印象に残っているのは、第２話ではキャラクターの感情を書いてあるト書きが結構あったんです。「誰々は実は迷っている」みたいなことが書かれ

『ULTRASEVEN X』のクランクイン・ファーストカットを演出中の八木毅監督。ここからすべてが始まりました。第2話「CODE NAME “R”」、東宝ビルト5st

ていて、この辺りは他の方とシナリオの書き方が若干違う。それからセリフでも、動かないジンにケイが「足に根が生えたんなら、そう言ってくれ。植木鉢を買ってくる」なんて言うんですけど、ああいうのはすごく洒落ていますよね。自分の中からは出てこないものだったので印象に残っています。

八木　太田さんはそういうちょっとした男の子たちの繊細なユーモアみたいなものがうまいよね。

小林　男同士のちょっと洒落た関係性とかセリフに味わい深い感じがあります。

八木　と同時に、そういう人たちが背負っているものを描くのもうまい。今回だとジンはアールに共鳴するという立場で、アールの気持ちを分かるわけじゃない？　でもこの世界は既に異星人の侵略が終わっているから、権力者側はそれを維持するために「皆さん幸福ですよね？」「こういう目標がありますよね？」なんていろいろ言うけど結局は誰も助けてくれない。だからどれだけいっても私は孤独なんだ、そういうところにまで行き着いてしまう世界でもある。太田さんの書く話は、重い話でも楽しい話でも行動原理が深いよね。

小林　第9話「RED MOON」も太田さんの脚本ですね。和風のテイストであり、実相寺さんテイストというか、このシリーズの中では変化球なのかなと思っています。

八木　これは過去に遡っていく話でもあるし、そこに月蝕という構造が出てくる。それは宇宙の現象でもあるし、月の満ち欠けは人や地球にも作用することでもあるわけじゃない？　宇宙人もかかわっているし。『SEVEN X』の世界の中で起きている、100年前から続く宇宙と地球の愛の物語ということだね。映像的には100年前の画をいかにしっかりと撮るかというテーマがあって、SFって話がぶっ飛んでいるだけに説得力のある画で作らないといけないじゃない。だから本当にリアルに撮る必要があると思って、キャスティングも衣装もロケ場所も考えている。まひる役の中村果生莉ちゃんは古風な感じの美人だし、ロケ場所は華頂宮邸っていう本物の宮様のお屋敷だったしね。

朔をやった高野八誠は現代的な人だけど、メイクとか髪型でレトロな感じにしている。
小林　このプロットはかなり早い段階で書かれていて、八木さんがこれは自分で撮るとおっしゃったそうですね。
八木　やっぱり月蝕の話だからじゃないかな。これは他の監督がどうこうっていう変な意味じゃなくて、この脚本を撮るのは自分しかいないと思ったんだよね。
小林　この話は大正ロマン風の世界観で、それが『ＳＥＶＥＮ Ｘ』のベースにある近未来感と同居しているのが独特な印象になっているのかもしれないですね。
八木　冒頭でジンがたたずんでいるのは六本木の公園だし、基本的には都市で表現している。でも、この話でロケした現在進行形の都市は未来的な背景が奥に見えるけれど、古くからある時間が止まったような場所なんだ。時間の連続性の表現には気を使っている。そしてあの話が始まると庭園だったり華頂宮邸だったりが出てきて、これは本物だよね。１００年前の世界。江戸川乱歩的な世界観だよね。戦前の乱歩の雰囲気をやってみたかったの。
小林　これは太田さんが『ＳＥＶＥＮ Ｘ』で書かれた最後のエピソードで、その後は『ウルトラ』自体をやられていないですよね。ですから現状ではこれが太田さんの『ウルトラ』最後の担当話数になっている。そういう意味でも貴重です。
八木　僕もテレビシリーズは『ＳＥＶＥＮ Ｘ』が最後だから、われわれはこれで卒業したんです。

僕はAQUA PROJECTの関係者として『SEVEN X』を作っている

小林　では最終3話の話になります。この3話は一気に話を作っていますけど、第1話を作っている時点で最終回のイメージはできていましたよね。普通の『ウルトラ』だとアクションとか特撮が膨大になりそうなところが、結構地道にエージェントたちの関係性が変わっていったり、謎が明らかになっていったりしていて。静かなサスペンス感もあるのが今回のシリーズの特徴の1つだったのかなと思うんですけど。

八木　確かに静かな感じだけど、最初の設計通り、この世界を救うために毅然と戦う人たちの決意みたいなものをきちんと描きたいという気持ちはあった。

小林　静かとは言いましたけど、確かにアクションもCGも見どころがあります。ただ、従来の『ウルトラ』的な「続く」ではない感じというか、そういうテイストがこのシリーズならではでした。そういえば、AQUA PROJECTの関係者リストに八木さんの名前が入っていましたよね（笑）。

八木　あれはCGチームが遊びで入れたんだろうけど、あそこに作品を作っている監督の名前があるのは面白いよね。僕はAQUA PROJECTの関係者として『SEVEN X』を作っているということだからね。

小林　この並行世界の八木さんはそういうことになりますね。

八木　冴木エレアの下に名前があったんだよね。可能性の1つとしてそうなっているわけだから、僕が『SEVEN X』を作ることによってまたなにかを引き寄せるのかもしれない。そうやって考えると面白いんじゃないかな。

小林　最後の敵はメカグラキエス、いわゆるフルCGによる巨大な機械生命体ですね。巨大なフルCGの敵と戦うというのは当時の『ウルトラ』としては珍しいわけですけど、この辺のビジュアルとか特撮、アクションの設計というのはいかがでしたか。

八木　ビジュアルはすごく悩んだし、これは今でも正しかったかどうか分からない。要はグラキエスという存在を形として表さなくちゃいけないのかどうかっていうことなんだけど……。彼らの思念を象徴するものとしてあの庭園の3人が出てくるでしょう。でも本質はあんまり人間態の宇宙人でもなかったんじゃないかなとは思うんだよね。それでただの球体とか四角いブロックだけの集合体にするとか、いっそのこと集合思念みたいなことで形がなくてもいいんじゃないかとかいろいろ考えたんだけど、やっぱり『ウルトラ』では表現として分かりやすさというのが必要だから。それであの時点ではビジュアル化するとしたら、人間型とか怪獣型ではなく、虫みたいなものがいいのかなって。しかもせっかくCGでやるわけだから、人間の体型と全然関係ない自由なものにしようと思って。そうするとあの最後のメカグラキエスみたいに脚も極端に長いのが面白いのかなって、あれは絶対に人が入れないでしょう（笑）。

小林　操演でやろうとしても大変でしょうね。

八木　だからあの形はストーリー的な要請と技術的なことを考えて決めたんだよね。もちろん着ぐるみの素晴らしさもあるけど、CGでやるんだったらということで、

小林　この星に巣食っている害虫というイメージがあったので、僕の中ではすごくしっくりきていました。秘密裏にわいてきている感じと、生理的な気持ち悪さや寄生している感じ。とても合っていると思っています。

八木　虫ってやっぱり意思が通じる感じがしないよね。虫を好きな人は違うって言うかもしれないけど。

小林　生き物として一番遠い感じはしますよね。実際、昆虫は宇宙から来たという説もあるくらいですから。あとは『スターシップ・トゥルーパーズ』（97）が巨大昆虫だったじゃないですか？　群れでやってきて、絶対に意思が通じないっていう感じで、あれがあったからしっくりきたのかもしれないですね。

八木　『スターシップ・トゥルーパーズ』はよくできていると思うんだよね。虫の意思が通じない感じも印象的だったけど、あれは軍隊に入って戦争に行こうっていうプロパガンダがあるじゃない？

小林　プロパガンダを皮肉っているプロパガンダコメディですよね。当時としては最先端のCGというか、すごい物量のCGでした。

八木　ああいうプロパガンダみたいなものはナチスドイツの時代からあって、大衆をいかに洗脳するかっていうことだよね。だから『SEVEN X』の世界と通じるところがある。
小林　確か最後は敵の昆虫も恐怖を感じているみたいなことが判明して、それで人類側が喝采を挙げるというシーンがあったと思います。だから感情があるかどうかというのは結構大事なんですよ。そういう意味でもグラキエスは群れでいっぱい地下にうじゃうじゃいる感じが感情を感じられなくて恐ろしかったですね。
八木　CGで作ったわけだけど、最終回のCGはすごいでしょう。もちろんああなればいいなとは考えていたけれど、実際は予算のこととかもあって「そこまではやってもらえないかな」「頼んじゃいけないな」っていう遠慮があったわけ。でも『ウルトラマンマックス』(05 - 06)のラストも今回のグラキエスも、僕がそこまで言わなくてもやってくれた。「やっぱりやりたいでしょう」っていうのが分かっているんだよね(笑)。そういう意味では、当然だけどいろいろな人たちみんなでこの作品を作っているんだよね。

YMOの洗礼を受けた世代だから、新しいことをやりたいと常に思っている

小林　最終回のラストの巨大モニターが落下している海辺のシーンのワンカットもすごい好きですね。あのワンカットで「あ、解決したんだ」っていうのが分かるじゃないですか。そこに主人公のモノローグがかぶって終わるわけですけど、あれもよかったですよね。
八木　あの海が大きく開けたお台場の海岸はこの世界の象徴として描いてきたからね。奥の方には邪悪な都市が見えて、でも海は未来につながっている。そこにたくさんモニターを墜落させてくれって頼んだんだよね。煙も上げて。そういう意味ではこれがミニチュア特撮を使わないで始めた『SEVEN X』の到達点だね。現実の素材を加工す

ることで、現実と見紛うような新しいなにかを表現できるというね。

小林　最終回のタイトルはもともと「NEW WORLD」ではなかったんですけど、それが「NEW WORLD」になりました。それであのラストカットの後に「ああ、これから新しい世界が始まるんだな」って思える。その後を想像させるようなイメージで終わっているので、そういう意味もあってあのラストカットは印象的ですね。

八木　落ちていて煙が上がっているからあのモニターたちはもう二度と復活しない。あの世界は日本の戦後みたいなものだよね。もちろんすぐに平和にはならないかもしれないし、またおかしなことも起こるだろうけどいいことも起きるだろう。そういう世界を一から作り直す。だから「NEW WORLD」というタイトルを考えたんだ。これからすべてが始まるっていう。

小林　最終回ではダンとアンヌも出演しています。森次晃嗣さんやひし美ゆり子さんの演出はいかがでしたか？

八木　あのお2人については、キャラクターをこれから作るということはあり得ないわけじゃない？　もう既に完成しているキャラクターだから、なにかおかしな演出を付け加えるというのはなくて。これは並行世界だということをお伝えして、キャラクターとしてはダンとアンヌとして出ていただきました。この世界では可能性の1つとして結ばれるかもしれないというシーンですとお伝えして、あとは「ここで湖の方を見つめてください」とか「ここから近づいてください」という段取りをやっているだけ。そういう撮影でしたね。

小林　久々にメイキングも見直しましたけど、お2人がいろいろお話ししてくれているので貴重な映像だなと思いました。では最後に、八木さんがいま『SEVEN X』について思うところを教えてください。

八木　この後を作りたいっていうのはすごくあるよね。1クールで12本しかなかったというのもあるし、仕上げの途中で映画『大決戦！超ウルトラ8兄弟』（08）に行ってしまったわけだから。最終回はMAはやったけどカラコレはやっていなかったりして、『SEVEN X』が終わった余韻を楽しむ間もなかった。でもあらためて見返してみたけど、やっぱりとても冒険しているね。

小林　本当にそうですね。

八木　『マックス』は子ども向けに一生懸命作ったけど、今度は大人向けにSFを作るっていうところで、そのためには中途半端じゃいけないって思っていた。それはストーリーとかビジュアル、音楽も含めて、全部を新しく一から作るということだったわけじゃない？　だからいま見ても古くなっていないし、ストーリーとしては完結したけどSFとしての続編、あの先の話はいくらでも作れると思う。だからあのテイストで新しいことをやりたいっていうのはあるね。その場合は、今度は完全な連続ものでやりたいな。

小林　海外ドラマは完全にそうですよね。1話1話で引っ張っていく感じで、あれは配信になってより定着している気がします。

八木　だから脚本を作る時間をもっと取らないといけないよね。何人かのチームにしても面白いけど、「間で変化球を」なんて言わないで、最初から最後までのストーリーを決めてしまう。そういう作り方でやってみたいな。配信でアメリカや韓国のドラマとかを見ている人たちも満足できるようなもので、しかもSFということだよね。『SEVEN X』はSFで、小林くんも太田さんも僕もSFが大好き。しかも僕はYMOの洗礼を受けた世代だから、新しいことをやりたいと常に思っているんだよね。

マジックアワーの都市実景を狙う『SEVEN X』撮影隊。第2話「CODE NAME“R”」

鈴木健二

Kenji Suzuki | Director

撮っているときはやりたいことを全部できた

映画、テレビを股にかけ、『ゴジラ』『モスラ』からウルトラマンシリーズまでさまざまな映像作品に長年携わってきた鈴木健二監督。その手腕は特撮のみではなく、本編でもいかんなく発揮されている。八木毅氏とは『ウルトラマンマックス』で特技監督としてタッグを組み、『ULTRASEVEN X』では3本の作品で監督を務めている。飄々とした発言の裏に潜む職人としての矜持を感じさせる対話をお届けしよう。

特撮志望というのは全くゼロでしたね

八木　今回はせっかくなので、『ULTRASEVEN X』以前のことからお伺いできたらと思います。まずは映像の世界に入られたきっかけからお話しいただけますか？

鈴木　もともとウエスタン調の映画が好きな方で、ジョン・フォードから始まってマカロニまでずっといろいろ見ていたんですよね。

八木　ということでは、日本のいわゆる日活無国籍ものなどもご覧になっていたんですか？

鈴木 日本のは見ていなかったかな（笑）。それで最初はアルバイトというか、テレビ局の下請けみたいなところで働いていて。だから特撮志望というのは全くゼロでしたね（笑）。まあ、いまだに特撮志望じゃないですし。

八木 特撮志望ではなく映画志望ということですよね。それは僕も一緒です（笑）。

鈴木 そうそう。ただ、ついついそっちの方に足を一歩踏み込んだらずっとそのままで来ちゃったという感じで。最初が『西遊記』の1作目（78）ですね。助監督で付いたんだけど、現場には高野宏一さん、佐川和夫さん、鈴木清さんがいらっしゃいました。シリーズ1作目は円谷プロが特撮をやっていたんだよね。それで、そこからはしばらく円谷プロにいたのかな。

八木 『西遊記』は東宝ビルトではなく国際放映での撮影でしたか？

鈴木 国際放映でやっていたね。でも最初は特撮なんてさっぱり分からなかった。神澤信一さんがチーフで、助監督は神澤さんと俺の2人だけ。助監督っていうか……まあ、美術の助手みたいにセット周りがメインだったね。飾り変えとかで付け替えたりして、そっちの手伝いをよくやっていたな。

八木 特撮で美術の手伝いというのは実はすごく重要ですよね。

鈴木 まあ、わけも分からない中でいろいろやっていた。だけど面白かったよね。

八木 それで、そのまましばらくは円谷プロの仕事をされていた？

鈴木 なにをやっていたのかな？　助監督で『ウルトラマン80』はやっていましたね。で、それが終わる直前かな、東宝で『連合艦隊』（81）に引っ張られて。それで『連合艦隊』以降は特撮以外のところにも行っているという感じですね。

八木 東宝の社員になられたわけじゃないということですね。

鈴木　のちに「なれ」って言われたけど、社員になったらなにをやらされるか分からないからさ（笑）。だから断っちゃったんだけど。しかもあれは『モスラ3 キングギドラ来襲』（98）の特撮をやったあとだったんじゃないかな？　社員になったらきっと普通の助監督をやらされてましたね。まあそんな感じでフリーでやっていたんだけど、特撮ばっかりになってきて「これはヤバいな」なんて思ったりして（笑）。それで、特撮ってだいたい2月くらいから準備を始めて11月の東京国際映画祭に向けて作るんだけど、残った時間は特撮以外の作品に付くようにという風にしていましたね。まあ基本的には特撮だなんだって分ける必要はないかなとは思っているんだけど、特撮だけっていうよりは両方をある程度やっていた方が楽しいかなって。そういう感じですね。

『ウルトラマンマックス』の特技監督として

八木　僕が最初に鈴木監督にお声がけしたのは『ウルトラマンマックス』のときで、立ち上げでお力を貸していただけませんかということで第1~2話「ウルトラマンマックス誕生！」「怪獣を飼う女」の特技監督をお願いしました。

鈴木　『マックス』の第1~2話は面白かったですね。そんなに制約もないし、ある程度自由にいろいろできたから。でもやっぱり「あんまりやり過ぎるといけないかな？」って自分で制御しちゃうんですけど（笑）。まあ、それは予算ということじゃなくてね。だから一応王道に沿った形だけどちょっとズレているっていうか、それくらいの感じでした。

八木　第5~6話「出現、怪獣島！」「爆撃、5秒前！」でも特技監督をお願いしましたが、あっちは結構遊ばれていますよね。しかもしっかり映画になっているというか、われわれがテレビで考えるレベルじゃないものを撮ってくださったと思っています。レッドキングなど、有名な怪獣も出てきますし。

鈴木　ほとんど有名な怪獣ばっかりだったよね。

八木　そのあとの第13～14話「ゼットンの娘」「恋するキングジョー」では僕が本編で、鈴木監督に特撮をやっていただきました。「ゼットンの娘」なんかは本当に怖いゼットンでした。

鈴木　あの辺はまともにやっているよね。

八木　そして第36話「イジゲンセカイ」ではレッドキングがエビフライをくわえるわけですが、あれは監督のアイデアですよね。脚本にはそんなことは書いていないですから。

鈴木　『マックス』はいろいろなことができる作品だったからね。まあダメだっていうなら外せばいいし（笑）。

八木　出来上がったときは、美術の内田（哲也）さんも含めてみんなが「いいよな～」と言っていました。歩き方もガキ大将みたいでよかった（笑）。ああいうことは誰も思いつかなかったことですね。

鈴木　なんか楽しいことをやろうかなと思ってやっただけなんだけど。子どもがメインだと思っているから、特撮を好きな人だけじゃなくてそっちも考えてね。まあ、真っ当に王道をずっといくだけだとやっていても飽きてきちゃうしさ。

八木　特撮をずっとやっていると、どうしても細かい方向にいきがちじゃないですか。でも鈴木監督はエビフライみたいな楽しい方向にいくのがいいですよね。

鈴木　どっちかっていうとそうだね。まあ特撮を追求するっていう気はなくて、だから特撮には向いていないのかもしれない（笑）。

八木　そうおっしゃる鈴木監督は今の特撮の第一人者で、そこまで到達されているのであういう余裕があるんでしょう。われわれは結構どうでもいいような部分に凝っちゃったりするものですけど、そういうのは実は作品の全体から見るとあまり意味がないことなんです。そういう意味で『マックス』では、作品のトーンやテーマに沿ってやってくださっていて、とてもよかったとプロデューサーとしては思いました。

鈴木　もちろんそれだけだとさすがにまずいので、真面目にやるときはやっているんだけどね（笑）。

八木　ゼットンがエビフライをくわえていたら事故になるかもしれないですし（笑）。

鈴木　それはヤバいよね（笑）。

八木　そういう意味ではレッドキングっていい立ち位置ですよね。

鈴木　やっぱりキャラクター的に考えて、これだったらやってもいいかなというのはあったよね。

八木　『マックス』ができるまでのレッドキングってそういうキャラではなかった気もしますけど。あれでレッドキングにはすっかり強烈なイメージがついてしまいましたね。

鈴木　でも、どっちかというとあんまり頭はよさそうじゃないじゃない。

八木　あの体の割に頭が小さいですからね。最後にやられるところなんかも最高でした。

宇宙人になったときと人間態のときとで芝居も同じになるように

八木　鈴木監督には『マックス』では13本も特撮をやっていただきましたが、『ULTRASEVEN X』では3本をお願いしました。『マックス』のときにも、さきほどお話に出た特撮だけではなくて「監督として」というお気持ちは伺っていたので、今度は本編で入っていただいたら面白いんじゃないかと思って来ていただいたんです。これはもう大成功だったと思います。

鈴木　『SEVEN X』は一番面白かったかもしれないね。

八木　最初の第1〜2話は世界観を作るのでいっぱいいっぱいだったんですけど、そのあとに監督に来ていただいてすごく広がったと思います。いろいろな演出をしていただいて、結構ふざけないでやっているじゃないですか。

鈴木　あれはそんなにふざけてやっていないよ（笑）。

八木　もちろんです。それにテーマも深いじゃないですか。第3話「HOPELESS」はホームレスということですけど、あれは現代の派遣の問題を先取りした作品です。鈴木監督にはああいうシリアスなものを緩急つけながら撮っていただいて、しかも人間味もありましたしとてもよかったと思っています。

鈴木　まず世界観が現在と違うじゃないですか。そういう面ではそんなにシビアに考えなくても、それらしくなっていればいいのかなっていうのは考えたけど。あの小宮（孝泰）さんはよかったよね。

八木　こういう味わいのある宇宙人ってあんまりいないですよね。

鈴木　小宮さんもすごく乗り気になっていろいろやってくれていたんですよ。それでこっちも助かったしね。例えば宇宙人になったときと人間態のときとで芝居も同じになるようにということで、宇宙人が「ここはどういう風にやりますかね？」なんて小宮さんに相談したら、「こんな感じで」って身振りで伝えてくれて。その通りやれ、みたいな感じでね（笑）。そこまでやることでキャラクターを統一させようとしていましたね。

八木　それは重要ですよね。メイキングでも「よく見ておいてね」って、宇宙人に指示を出している鈴木監督の声が入っていました。だから小宮さんに芝居をしてもらって、それに似たようなことをやってもらうような感じで演出したということですね。

鈴木　あんまり変わっちゃうとさすがに「あれ？」って思われるかもしれないから、流れをそのままにしているんだよね。

八木　その辺は結構おろそかになっちゃう場合もあるんですけど、鈴木監督は特撮と本編の両方をやられているから強いということがあるのでしょう。小宮さんは登場のところもよかったですよね。なんか軽快なステップを踏んだりしていて。

鈴木　あれは小宮さんがやってくれたの（笑）。なんか言ったのかな？　覚えてはいないんだけど。でもやっぱり小宮さん自体のキャラクターもあるから普通に出てきても怪しくて面白いんだけど。あの冒頭部分のロケは府中の森公園でしたね。

八木　悪意がない感じでいいですよね。商売をしに来ただけで、仕事に対して真摯な態度でいるっていうか。

鈴木　そんなに悪い人じゃないんだよ。でもよくこんなホンを書くよなって思うけど（笑）。面白いよね。

八木　そのあとに出てくるジンたちが運ばれていくトラック、これは美トラ（美術トラック）ですかね？

鈴木　どう考えてもそうだよね。日本照明から借りたやつに乗せて運んでいる（笑）。だいたい、トラックに乗せて人を運ぶというのが雑っていうか危ないよね。

八木　完全にモノ扱いですよね。こういうところにも派遣の問題が表れています。しかしこのころから比べると現在の日本経済は明らかに悪くなっていて、こういうテーマは切実ですよね。宇宙人の侵略兵器を作る派遣作業員ということですけど、これは「お金をくれるんだったら戦争している敵の国の侵略兵器を作る」と置き換えることができますから。

鈴木　あの工場は水道局だね。あとは立川の競輪場で結構アクションをやった記憶がある。

八木　現場にはアクション監督の小池（達朗）さんに来ていただいていますけど、鈴木監督の回はアクションが激しかったですよね。ギリギリに見えるアクションで、危ないことを結構していますよね。

鈴木　激しくやりましたね。小池さんはすごくよくやってくれた。ただあれは全部任せたわけじゃないと思うんだよね。自分で画コンテを描いていたはずだから。

「やれ」とは言ったけど「大丈夫かな?」って（笑）

八木　次が第4話「DIAMOND〝S〟」ですね。脚本は太田愛さんです。伴アンリさんは第1話では顔見せだけですから、鈴木組で本格登場となります。

鈴木　この回はやっぱり彼女をかっこよく撮ろうというので、アクションにしても普通の芝居にしても「こんな風に、あんな風に」って考えていましたね。どうにかここでかっこよく撮ってやらないと……っていう気があったから。まあ、それによくこたえたなって思うよ。

八木　実際、エスはとてもかっこよかったです。エスが潜入する製薬会社のロケ場所は川崎マリエンで、ここはよく使いましたよね。ちょっと未来的な感じもあって『ウルトラマンティガ』（96－97）でも使っています。

鈴木　川崎の海の方だよね。確かにあそこは使いやすい。

八木　そして階段でのアクションは味の素スタジアムですかね。

鈴木　そうだったかな。やっぱりアクションを結構やらせているね。このときは吹き替えとかもあまり使っていないから、意識してちょっとかっこよくというか、クールに撮っている部分もある。小池さんに「階段でやるのはどうなんだろう?」って相談したら「面白いですね」っていうことで。踊り場だったら楽なんだけどね（笑）。

八木　小池さんたちは結構その場で作るじゃないですか。

鈴木　もうなんでもできちゃうからね。だから当日相談したのかな。まあ、特にアクションはスタッフも含めてみん

潜入捜査するジンとケイを演出中の鈴木健二監督。第4話「DIAMOND“S”」

な頑張ってくれた。よかったですね。小池さんはワイヤーなんかの準備も早いし的確だしうまいしで、もう最高でした。大体、アクションチームとは最初に仲良くなるんだよね。やっぱり体を張ってやっているから。で、こっちの要望とかも全部容れてくれて、「じゃあ、こういう動きにしようか」みたいなことでやってくれましたね。

八木 製薬会社のロビーでは横から斜光が入って線になったりしていて、ライティングも凝っていますよね。あとは奥の方に光をわざわざ入れたりとか、（佐藤）才輔さんが結構やってくれています。

鈴木 うん、さすがだなって思ったよ。

八木 鈴木監督にもご相談しましたけど、近未来で並行世界なので映像的にも凝りたいという話はしていて。それで才輔さんはいろいろ考えてくださったんです。

鈴木 カメラマンの新井（毅）さんもそうだけどみんなよかったよ。そんなに細かく要求はしていないから、みんなが自分で考えてきちんとやってくれている。さすがだよ。そういう意味では楽だったよね。

八木 セブンXが戦うシーンなんかは全部実景合成でやりましたけど、逆に今の目で見ても結構いいですよね。

鈴木 夜だからね。昼だとちょっと大変だと思うけど。夜はやりやすいんだよね、いろいろごまかしが効くし。それに夜だと恐怖心も増幅されるしね。まあ「ごまかす」っていうのは言い方が悪いけど、やっぱり効果的になるわけ。昼だと本当に全部見せないといけないから、それだけで手間がかかっちゃう。じゃあ、その手間をかけるんだったらもっと違うところに……ってやっぱり思うからね。

八木 続いてやべけんじさんがゲストの「PEACE MAKER」です。やべけんじさんが1人5役くらいやられています。

鈴木 顔を青くしたやつだね。あれもなかなかいいキャラクターだったね。

八木　脚本もよかったですけど、監督がすごくうまく演出してくださっているからキャラが立っているんだと思います。

鈴木　メイクの人と「今日はどうしようかな」という話をしていて、面倒だから顔を青く塗っちまえって（笑）。結局、それで全部いっちゃった。普段と違うそういうようなことをやるだけでも、スタッフの乗りがまた変わってくるんだよね。

八木　「顔を青く塗っちゃうだけ」というのは、バラエティじゃないんだからどうなのかっていうのはあるんですけど。でも逆にいいですよね。作り込んだ世界でそこだけ異質というか際立っています。宇宙人の衣装とかもちょっと『スタートレック』風ですね。ラメの入った生地とかにしてもそうですけど、全体的にデザインがレトロフューチャーです。でも近未来で並行世界だと、こういうレトロフューチャーもアリですね。

鈴木　なんかそんな風に見えるよね。そんな指示はしていないはずなんだけどね（笑）。でも記憶にないだけかな？

八木　ああいうデザインは勝手にあがってこないですから、やはり狙ったんじゃないでしょうか。ちなみにやべけんじさんは監督のキャスティングですか？

鈴木　「カラテカの矢部太郎みたいな感じで」って言ったらやべけんじさんに決まったんです。確かに雰囲気はちょっと似ているよね。

八木　キャスティングの小島（文夫）さんはベテランだったから、なかなか味のあるキャスティングをされていましたよね。

鈴木　うん、いいところを突いてきてくれた。

八木　この回では工場での格闘シーンで、原寸大のセブンXが怪獣と一緒にかなりの高さから落ちちゃうというのが衝撃でした（笑）。
鈴木　頑張ってやっているよね。「そのまま落ちて大丈夫か？」っていう話はしていて、あれは高さは6尺かな。
八木　地面まで映しているしカットは割っていませんから、実際にやられたということですよね。
鈴木　「落ちたいんだけど大丈夫ですかね？」って聞いたら、小池さんが「大丈夫だよな？」ってセブンXに確認して（笑）。あれは「はい！」としか言いようがないじゃない、可哀相に。
八木　やっぱり鈴木監督がアクションを理解しているからそういうことになったんでしょうね。どこまでやっていいのかが分からないと、そういうことって言えないですから。
鈴木　でもスーツの厚みとかプロテクターがあるにしても、あそこから背中で落ちるのはすごいね。
八木　地面はコンクリートですし。
鈴木　そう、硬いからね。「やれ」とは言ったけど「大丈夫かな？」って（笑）。

低予算だとは全然思っていなかった

八木　こうして『ＳＥＶＥＮ Ｘ』の3本を振り返っていただきましたが、いかがでしたか？
鈴木　それぞれ違う色が出ているというか、それぞれ特徴があっていいですよね。見返したら結構面白いじゃない。
八木　それぞれの作品の中でも緩急がついていますし。あとは、ちょっと変わった楽しい宇宙人の話かと思ったら結構テーマが重かったりして。そういうところも印象的でした。
鈴木　いま見ても結構見られるから楽しいし、撮っているときはやりたいことを全部できたしね。もちろん範囲はあったけど、自分が考えた方向に対してダメだって言う人は誰もいない感じですべてを任せてくれた。だから結構楽しんでやっていたし、すごくやりやすかった。

八木　このとき僕はメイン監督でしたけど、プロデューサーだった『マックス』と同じような（制作現場の）空気でっていうのは考えていたんですね。せっかくだから自由にやってくださいっていうことで。

鈴木　だから楽しかったですよ。レギュラー陣は本当にしっかりやってくれていたと思うし、ゲストの役者さんもみんないいね。それぞれのキャラクターをみんなが出してくれている感じがあって。

八木　小宮さんも本当に味わい深いですよね。

鈴木　あのテンションでずっとやってくれて、本当にすごいなって思う。乗ってやってくれているかどうかはやっぱり現場で分かるから、そうするとこっちも「もっとやってほしいな」っていう感じになるし。

八木　相乗効果ですね。

鈴木　だから役者さんに「こうしてくれ」はあるんだけれども、強制的にっていう言い方はしていない。レギュラー陣も「どうしましょうか？」みたいなことはいろいろ相談してくれたけど、そんなに偉そうに言いたくもないし（笑）。だからイメージだけ「こんな感じで」って伝えたらあとはなるべく自由に動いてもらって、みんなそれにこたえてくれた。そういう感じでしたね。

八木　皆さん生き生きしていますよね。僕は鈴木組にはあまり行けていないと思いますが、現場のスタッフも楽しんでやったんじゃないかなっていう映像になっています。いい画がいっぱい撮れていますからね。『SEVEN X』はちょっと低予算でしたしミニチュアがあるわけでもないのですが、とても斬新な映像を作ってくださったなと思っています。

鈴木　いや、「斬新なものを……」なんていう気はなかったんだけど、低予算だとも全然思っていなかったしね。だってこれだけの材料があれば、予算をかけるところはそんなに必要ないんじゃないかなって。ホンと役者のクオリティ、キャラクターの出し方がちゃんとあって、アクションがしっかりしている。だからもう、他に金をかけるところはなくていいじゃないって思っていました。

八木　実際に拝見してもとても面白い作品ですし素晴らしいですね。今日は監督でなければ伺えない貴重なお話をありがとうございました。

梶研吾

Kengo Kaji | Director

一撃必殺は、セブンXの強さをとにかく強調したいという意図から

『ウルトラマンマックス』で監督デビューを果たした梶研吾氏はアバンギャルドな作風で知られ、今回は「TRAVELER」「YOUR SONG」の2本を担当。『ULTRASEVEN X』の世界に広がりをもたらした。『ウルトラマンコスモス』での八木毅氏とのタッグから始まり、『ウルトラマンマックス』『SEVEN X』へと紡がれていく創造の軌跡を存分に語っていただくことにしよう。

「監督、また変なところから狙うんですよね」

八木　梶さんとは『ウルトラマンコスモス』のときから一緒にやらせていただいています。

梶　『コスモス』のときすでに八木さんとは『ウルトラセブン』の話はしていて、「ああ、この人とはめっちゃ気が合うな」と思っていたんです。そもそも『コスモス』で俺がホンを書いて八木さんに撮っていただいたとき、サブタイトルが「最大の侵略」でしたっけ？　あれが『セブン』のサブタイトル「史上最大の侵略」とかぶるからちょっとまずいんじゃないかということで八木さんが満田（穧）監督に確認してくださったら、「いや、全然いいよ」とおっ

しゃられて、あっさり通ったり（笑）。そういう下地が完全にあったので、「なんと、八木さんがついに『ウルトラセブン』をやるのか！」と聞いただけで大興奮（笑）。それはもう、一緒にやれるなら全然やらせてもらいますという感じでしたね。

八木　『ウルトラマンマックス』でも監督をお願いしましたが、今回も監督をお願いしたいということで。

梶　八木さんからくる案件は俺は基本断らない。八木さんとだったら一緒にやりますという不文律が自分の中にあるので（笑）。もう全面的に信用しているので、お声がけしていただけるなら、とりあえず即決です。なおかつ『ウルトラセブン』をやるというのなら、これはもう考えるより先に即決！（笑）で、『マックス』のときみたいなノリであれよあれよという間に進んでしまった。

八木　キャストを見ておいていただきたいということで、八木組のリハーサルにも来ていただきましたよね。

梶　あの主演の3人を見たときには「あ、カッコいいし、美しい」「いける！」って思いました。しかもいい意味で大人の雰囲気もすごくあったので、これはやりがいがあるなって。もちろんそれまでやってきた『コスモス』にしても『マックス』にしてもキャストはすごくよかったんですけど、ちょっと上の世代に向けて新しいことをやれるんじゃないかっていうのを感じましたね。あと思ったのは、このルックスの3人がそろっているんだったら、俺がやるときはゲストもちょっと美形のスタイリッシュな役者さんを呼んでやりたいなということで。ホンはまだ全然なかったんですけど、これは内心で決めていました。このレギュラーの子たちに画づくりとして合うようなゲストの役者さんたちを呼べば、メイン監督として八木さんが考えられていることからあまりズレずに新しい『セブン』、都会的な『セブン』を作れるんじゃないか。なおかつ深夜枠だったので、そういうテイストも入れつつ画として構成できるんじゃないかって真っ先に思ったんです。それが最初のインプレッションでした。なおかつアクション監督が小池（達朗）

さんだったので、さらに「おお！」ってなった（笑）。

八木　もともとご存じだったということですね。

梶　直接面識はなかったのですがお名前は知っていました。アメリカでやられていたから、絶対新しいアクションが『ウルトラ』に持ち込まれるだろうなと思いましたね。そう考えると『マックス』のときと同じくらいまたワクワクした。それで八木さんの采配で脚本は旧知の小林雄次さんと林壮太郎さんになったので、これまた大船に乗った気持ちでお任せしました。当然、八木さんのチェックが入ったホンなので、もう俺はいただいたのをいかに面白くするか、いかにカッコよくするかということだけに専念しました。それに現場も『マックス』とはまた違った意味でめっちゃスムーズだったんですよ。全然トラブルもなく、非常に幸せな現場でした。なんか連携がすごくうまくいっていたっていうか。コンパクトな感じだけど小回りが利いて、すごくやりやすいなっていう現場でした。

八木　撮影は高橋義仁さん、照明は佐藤才輔さんで、これは『マックス』と同様の布陣ですね。

梶　『マックス』のときは俺が初監督だったので、八木さんが義仁さんを選んでくださって、あらかじめいろいろ言っておいてくれた。そういうこともあって『マックス』はうまくいったんです。それで今回はまた義仁さんということだったので、もうツーカーといったところで。義仁さんは言えば分かってくれる。照明の才輔さんも同じで、だから撮照とピッタリ合った。「監督、また変なところから狙うんですよね」なんて言われて（笑）、無茶な要求にもこたえてくれて。どこから狙おうが必ず作ってくれるのでうれしかったですね。だから『マックス』以上に思い通りにできたし、本当に好き勝手やらせてもらった。スタッフの皆さん、本当にありがとうございましたってあらためて。誰も「無茶言うなよ」なんて言わなかったですからね。

なんでこんなにいろいろ上手にハマるんだろうっていう感じでした

八木　脚本に関しては、梶さんのアバンギャルドな作風に一番合うかなっていうのを考えたんですよね。

梶　そういう意味では『ＵＬＴＲＡＳＥＶＥＮ Ｘ』はなにもかもがすごく合った。撮影初日は天気がよくて、丸いオブジェがある公園でエージェントの3人がやりとりするシーンからのスタート。あのファーストカットを撮った段階で「あ、この子たちカンがいい！」というのが分かって絶対いけると確信した（笑）。現場の雰囲気もよくて、そのままスルスルって進んじゃったから全然苦労した覚えがない。

八木　梶さんはあの3人と結構仲良くなっていましたよね。

梶　すごくノリが合ったんですよね。もちろん多少はヘビーなこともあったんですけど、ほとんどススって進んで（笑）。『マックス』のときも楽しくてちょいと現場を引き伸ばしたりしましたけど、『ＳＥＶＥＮ Ｘ』は引き伸ばそうにもあまりにもスムーズでとっとと終わるっていう（笑）。その分、カメラマンの義仁さんや照明の才輔さんと飲みに行けたりしたので、割と余裕のある現場でした。

八木　撮影が終わったあと飲みに行けるっていいですよね。

梶　だから八木さんが深くかかわっている現場はやっぱ最高だなって思って（笑）。

八木　今回はプロデューサーではなかったんですけど、やっぱり雰囲気がいい感じになるようには考えていました。

梶　ゲストで呼んだ子たちは、唐橋充くん、今は元純烈の小田井涼平くん、石川紗彩ちゃんと美形ぞろい。及川奈央ちゃんは1日だけでしたけど、全員気心が知れているからなんの障害もなし。しかも脚本は、小林さんも林さんもキャストを知っていたわけじゃないのにするっとハマる。だから、なんでこんなにいろいろ上手にハマるんだろうっていう感じでした。普通はなにかトラブルが必ず起きるんだけど、ほとんど問題は起きなかった。小池さんもすごく着々と進めるプロだったし、この人ともやりやすいなって。『牙狼-GARO-』の横山（誠）監督もすごくプロフェッショナルな方だったんですが、小池さんも同じようにプロ中のプロ。こっちが「こういう感じのアクションのイメージなんです」と言ったら、「OK！　分かりました」ってテキパキやってくれて。

八木　小池さんは信頼できますよね。

梶　こっちのイメージをひとこと言うだけで、パッと具体化してくれて素晴らしい。理解が早いっていうか、「この前の画とこのあとの画をこういう風につなぐんですよね」っていうのがすぐに分かって、じゃあここはこういうアクションでって。一発で分かってやってくださったので、もう全然間違いないっていう。とにかくスタッフが優秀で、全く問題がなかった。レギュラーのカッコいい3人組は3人組で、実は少し天然が入っているっていうね（笑）。だから「この子たち、本当にいいなあ」ってしょっちゅう思っていました。真っすぐでピュアな感じがしましたね。

八木　あの3人は実際に素直でしたから。

梶　加賀美早紀ちゃんもああ見えて素直なんだよね。一見とっつきにくそうなんだけど、実は全然そうじゃない。1回話すとすぐ打ち解けて、しかも彼女はすごく侠気《おとこぎ》がある。『ウルトラマンメビウス』の五十嵐隼士君の姉貴分だったみたいで、彼に会ったときに「監督、姉貴を撮ってるんですか？」って言われて驚いたことがある（笑）。だから「俺の見立ては合っていたんだな」と。とにかく、彼女もやりやすかった。「はい、分かりました。オス！」って（笑）。

「ゲストの名前をタカオに変えていいですか？」

八木　そういう感じでキャストとも滞りなくやられていたわけですね。では「TRAVELER」の撮影のお話を。

梶　『SEVEN X』に入る直前に、仲良くしていた脚本家の新田隆男さんが亡くなったんですね。唐橋くん、涼平くん、及川奈央ちゃんとも共通の友人で「なんてことだ……」と思いながらも、奇しくも小林さんの書かれたホンが別の世界に希望を持って旅立っていくというお話だった。だから「これは誂えたようなホンが来た」と思って。そういうこともあって唐橋くんもずいぶん感情移入してやってくれました。それで「ゲストの名前をタカオに変えていいですか?」って、小林さんと八木さんに聞いたんですよね。

八木　僕も新田さんを知っていたので「もちろんいいですよ」って。

梶　そうしたら唐橋くんも奈央ちゃんも気合いが余計に入っちゃって、ああいうとてもいい芝居をしてくれた。非常によい形で撮れました。小林さんが書かれた「われわれはどこから来たのか、われわれは何者なのか、われわれはどこへ行くのか」というセリフのシーンは、グリーンバックの前で（与座）重理久と（伴）アンリちゃんで撮っていて。もう撮っているときから「おー、絵になる、めっちゃいいじゃん!」と。2人のお芝居がすごくよかった。あれはラストカットではないんだけど、その日の最後に撮ったものですね。スタッフもみんな「おお!」「グリーンバックなのに本当に星空が見えた!」って言っていて。

八木　あのシーンの撮影はアンリちゃんも印象に残っているということでした。

梶　また唐橋くんがムードメーカーだから、例によってみんなと仲良くなっていろいろやっていましたね。重理久と唐橋くんがからむところは、2人が仲良くなっていたのでそれが結構生かせたかなと思います。

役者が乗っているとうれしいもの

八木　そしてもう1話が「YOUR SONG」ですね。

梶　これは涼平くんと石川紗彩ちゃんの美形2人で、のちに「あれは石川紗彩ちゃんのプロモーションビデオじゃないか」って言われた（笑）。でも俺が頼んだわけじゃなくて、先にも言ったように林さんのホンが誂えたように美女異星人とのからみっていうのでできてきて。小林さんのもそうでしたけど、今回はなにも言わなくてもピッタリのホンがあがってくるなあって。涼平くんは『マックス』にも出てもらっているので気心も知れていたし、やりやすいのは分かっていて。紗彩ちゃんは『メビウス』で知り合って、「この子はもっとお芝居のできる子だな」と感じていたので、ここぞとばかりに（笑）、出てもらいました。

八木　彼女は『メビウス』では総監代行で幅を表現できない役でしたからね。

梶　それと、涼平くんと組ませたらすごく合うんじゃないかなっていうのもありましたね。で、来てもらったらとても熱心にやってくれて。最初はギターなんて全く弾けなかったのに、わざわざ練習して弾けるようになってきてくれた。お父さんかお母さんのギターを借りて練習して、本番になったら弾けるようになっているっていう（笑）。「すごいなあ」ってうれしかったですけど。このシリーズはそんな感じで、みんな思い入れを持ってやってくれましたね。涼平くんも、ある意味では『マックス』と似たような役だったけど、絶対かぶらないようにやりたいって考えてくれて。だから彼ら役者さんたちにも助けられた感は半端ない。すごく乗ってやってくれてよかったですね。その意気込みにつられて、こっちも乗せてもらって演出したという。

八木　役者が乗っているとうれしいものですよね。

梶　唯一謝っておきたいのは、バドリュードを一撃必殺でやっつけてしまったこと（笑）。ただあれは俺の構想の中にそもそもあったもので、セブンXの強さをとにかく強調したいという意図なんですね。特にその前が戦わない話だったので、それこそ一撃必殺でやるくらいの強さを持っているセブンXを見せたいっていうのがあって。スーツを作ってくださった方々には本当に申し訳ないんだけど、一瞬で破壊する。異端の監督のわがままでなんとか許してもら

ナタル（石川紗彩）とディー（小田井涼平）を演出中の梶研吾監督。第7話「TRAVELER」

って、意図通りに撮らせてもらってありがたいと思っています。

「ウルトラマンを演出するのは楽しいですよ」

梶　それから『SEVEN X』でのちにプラスになったのは、いきなり特技監督デビューだったんです。それで「え?」って思ったんだけど、八木さんとかプロデューサーの表（有希子）さんは「いや、いいんじゃないですかぁ」っていう感じで（笑）。普通だったらひと揉めしそうなところがなきにしもあらずなんですけど、「梶さんは特技監督が初めて?　まあ大丈夫なんじゃないですか!」って。

八木　「やった方がいいですよ」って言いましたよ（笑）。

梶　そんな軽い状況で始まって『SEVEN X』で初めて特技監督をやらせていただいた。もちろんカメラマンの義仁さんたちがずいぶん助けてくれたんですけど、これが楽しかった。ウルトラセブンXを撮るのは、マジ楽しいなあって童心に帰ってウキウキ（笑）。

八木　「ウルトラマンを演出するのは楽しいですよ」っていうのも言いましたよね。

梶　うわー、エメリウム光線のポーズを付けていいんだって。それで「これでいってください!」って演出して。もう至福という感じでした。セブンを演出できる日がくるなんてね（笑）。特技監督デビューで、まあそんな大層なことをやったわけじゃないんですけど、でもやっぱりやらせてもらってよかったですよ。照明部や撮影部とこういう風に連携すればいいんだっていうのもすごくよく分かったし、とても勉強になりました。ここで1回やれていたので、あの後の『ウルトラギャラクシー大怪獣バトル（NEVER ENDING ODYSSEY）』（08－09）や『ウルトラマンギンガ』（13）をやったときもなんら苦労することはなかったんです。スムーズに楽しくやることができた。そういう下地を作らせてもらいましたね。だから、これまたすべてを含めて楽しい思い出しかない作品なんです。

八木　現場でなにか印象的だった出来事があったら教えてください。

梶　真夏の撮影だったりしたんですけど、重理久が差し入れでアイスクリームを持ってきてくれたりしてうれしかった。あとは照明部の泉谷（しげる）くんとも、以前から知り合いだったりとか、スタッフとキャストの連携がめちゃめちゃうまくいってましたね。まさに楽しい、常にスムーズ。だから暑い盛りでもみんなと楽しくやれた。なおかつ、個人的に「やった！」って思ったのが夏木陽介さん。まさか夏木さんが声をやってくださるとは……。われわれの世代には憧れの俳優さんのおひとりですからね。NHKのドラマで『明智探偵事務所』（72）というのがあって、明智小五郎をやられていたんですね。その夏木さんが超かっこよくて。子ども心に「かっこいいなあ。この人は夏木陽介っていうのか」と思っていたら、そのあとに『Gメン'75』（75）のセミレギュラーになられて。これまたダンディでかっこいい役でしたけど、その夏木さんとまさかお会いできる日がくるとは思わなかった。

八木　あのときはDEUS司令の声という役でしたけど、お顔を出していただけばよかったかもしれないですね。

梶　でも声録りだけでも「夏木さんと声録りできるのか！　マジか！」って。実際にアフレコのときにお会いしてご挨拶して、『明智探偵事務所』や『Gメン'75』の裏話を伺ったのはいい思い出ですね。とてもここでは言えない裏話もずいぶん聞かせていただきました（笑）。でも声だけだとしても、俺が「ここはこういう状況なので、こういう感じでお願いします」なんて演出していいのかなっていうのはちょっとありました。それもすごくいい経験でした。

八木　このときはどういう演出をされたか覚えていますか？

梶　「ご存じだと思いますけど、ある意味では『チャーリーズ・エンジェル』のチャーリーみたいな存在ですから、あんまり重くならないようにお願いします」みたいなことは言ったかな。あとは「普段の夏木さんもダンディなのでそのままの感じで」「え？　俺、素のままだとヤバいよ（笑）」「いやいや、さらにカッコいい方の夏木さんでお願いします」なんて（笑）。

八木　ナレーションでも演出しないとちゃんとしゃべってもらえないですから、やっぱり言わないとダメなんですよね。

梶　夏木さんは大スターだから超余裕で、「なんでも言ってください！　なんでもやりますから」っておっしゃっていただいて。「僕はね、趣味はタバコだから」とか話されていたのもよく覚えている。もう70歳近かったはずですけど、ひたすらカッコよかったです。

『SEVEN X』はある意味では永遠不滅かもしれない

梶　『SEVEN X』は狙い通りに大人のファンが付いてくださっているのを実感しますね。「ああいうテイストの作品をやってくれてありがとう」ということをよく言われますから。やっぱり小さいころからウルトラマンシリーズになじんでいて、大人テイストの『ウルトラ』を見たいと思っていた世代がいたんでしょうね。しかも『ウルトラセブン』は一番大人っぽい作品だったので、それがああいう形でリニューアルされるっていうのはすごくインパクトがあったみたいです。オリジナルのときから大人テイスト、コアなSFテイストはあって、それをまたうまくリニューアルしたってことで、『SEVEN X』はある意味では永遠不滅かもしれない。だからやっぱりウルトラセブンってすごいキャラだなってあらためて思います。

八木　いろいろ『SEVEN X』の楽しいお話をありがとうございました。では最後に『SEVEN X』にかかわられてのご感想をお願いいたします。

梶　今回は最初から「2本で」っていうお話で。『マックス』も夢のようだったけど『SEVEN X』もまた夢のような作品だった。俺は2回続けて夢のような夢を見てしまったという（笑）。脚本も『マックス』と同じ小林さんで、盟友、戦友ですから。それで誂えたような脚本があがってきた。役者さんたちに会うまでは不安も多少ありましたけど、みんなに会ったとたんに「あ、いける！」となりました。あとは初日の印象とかで、「ああ、彼らで大丈夫だな」って。そこからは超スムーズ。スタッフもノリノリでしたしね。やっぱりキャストの雰囲気がよかったので、スタッフもそれに乗っている様子がすごくありました。あの3人は独特の素敵なトライアングルだった。そういえば男子2人には「コール・ミー・エリク！」「コール・ミー・トム！」って言われましたよ（笑）。「与座くん」って言ったら「コール・ミー・エリク！」、「脇崎くん」って言ったら「コール・ミー・トム！」。お前らなあと思いながらも、こいつら本当にいい男で面白いなって。

八木　僕も最初に「トムって呼んでください」って言われて「マジ?」ってなりました（笑）。

梶　あれは笑いましたね。アンリちゃんはアンリちゃんで「私、実家がケーキ屋さんなんです」って。おお、そうなのか、俺、ケーキ好きだよって（笑）。しかも俺の昔の仕事場の近くだから「あれ？　行ったことあるかも」なんて思ったりして。ゲストの皆さんも同じで乗りがよかったので、とにかく毎日ずっと楽しい現場でしたね。

小中和哉 ＋ 長谷川圭一

Kazuya Konaka｜Direcor

Keiichi Hasegawa｜Writer

やろうとしていてできなかったことを積極的に入れていった

盛大に血が流れる異色作「BLOOD MESSAGE」を作り上げたのが脚本家の長谷川圭一氏と監督の小中和哉氏のタッグ。『平成ウルトラ』の立役者であるお2人が『ULTRASEVEN X』に注入したのは、ミステリータッチのホラー作品だった。この1作が出来上がるまでの長い長いめぐり合わせと、イメージの元になったさまざまな作品の記憶を存分に語っていただいた。

『ウルトラセブン』の特殊性

八木　『ULTRASEVEN X』は『ウルトラセブン』放映40周年ということで企画された作品で、直接の続編ではない続編なので、まずはオリジナルの『セブン』のお話から伺っていけたらと思います。

小中　再放送は毎年のようにやっていたから、『ウルトラマン』も『ウルトラセブン』もごちゃ混ぜに見ていましたね。だから最初のイメージがどういうものだったのかっていうのは実はあんまり鮮明じゃない。ただ、うちの兄貴（小中千昭）とは年子で学年が1つしか違わないんだけど、僕は『ウルトラマン』の牧歌的な怪獣ものの雰囲気が好きだったし、兄貴は『セブン』により引かれたっていうのは1つの歳の差も大きかったのかなと思う。あのころの1歳差ってやっぱり結構大きくて。まあ、兄貴と僕の個性の違いもあったんだろうなとは思うけどね。僕は『ウルトラマン』の全体的に明るいトーンとか、分かりやすい世界観っていうのがすんなり好きになりました。『セブン』は大人っぽくてかっこいいとは思ったけど、ちょっと理解しきれない部分があって。でも見返していくうちにクオリティの高さを感じるようになって……ドラマ性も高いし、『ウルトラ』の世界でもこういう幅があるんだなっていうのは思いましたね。暗い中にもかっこよさがあるSFの世界観を教えてもらったのが『セブン』でしたね。

八木　最初はリアルタイムでご覧になったということですね。

小中　7時のタケダアワーで見ているんだけど、それは原体験としてはぼんやりと覚えているイメージで。それからは繰り返し見たから、今となってはどれが最初で、どれがあとからの印象かは分からなくなっている。でも最初にタケダアワーで7時にテレビの前に座ったときの感覚は、やっぱり『セブン』より『マン』の方に熱狂したのかなっていう気がします。

長谷川　それは僕もほぼ同じ印象で、『セブン』はSFやドラマ性に熱中したというよりエレキングとかキングジョーとかの怪獣もかっこいいのがやっぱり好きだった(笑)。でも再放送で繰り返して見ていくうちに、『ウルトラマン』とはまた違う世界観だっていうのは理解するようになった。ガッツ星人の前後編があるじゃない？　あのときはリアルタイムで見ていたんだけど、外で遊んでいて後編を見逃してめちゃくちゃ悔しい思いをしたのは覚えている。「セブンの磔はどうなったんだろう?」って。

小中　やっぱり小さいころは怪獣が出てこないとがっかりしたりしましたよね。

長谷川　最初のころは等身大の宇宙人の回とかも好きじゃなかった気がするんだよね。特にシャドウマンの話なんか全然意味が分からなくて、なにが行なわれているのかをたぶん理解していなかったと思う。宇宙人もビラ星人だとかブラコ星人だとか、ちょっと変わった造形のやつが好きだったな。『ウルトラマン』にはいないデザインで。クール星人もそうだけど、ああいうのを割と好きだったような気がする。

八木　人が入らない星人ですね。

長谷川　吊りのやつだよね。だから最初はデザイン的なものから惹かれていって徐々に内容を理解していった。そういう流れかもしれない。

八木　僕は再放送で見ているんですけど、やっぱり最初の印象はすごくぼやっとしていて。でもダンとアンヌの最終回のところだけはすごく印象に残っていて、すごく泣いた記憶があるんですよね。子どもだから男女のことなんて分かってはいなかったんでしょうけどなにかを感じたんですね。

長谷川　それで思い出したけど、最終回ではダンがすごく疑われるじゃない。クラタ隊長とかがきつく当たるみたいことがあって、あれは子ども心に辛かった覚えがある。で、『帰ってきたウルトラマン』は毎週それ（笑）。初代『マン』にはそういう感じってなかったのに、『セブン』にはギスギスした感じがあってちょっと衝撃というか、嫌な感じがしたし、怖いっていうのを感じた気がする。

八木　ものすごく辛いですよね。「なんでこんなことを分かってくれないんだ？」と思って見ていました。クラタ隊長もひどいヤツだなって（笑）。

小中　『マン』との違いはそこも大きいかもしれないですね。『ウルトラマン』の隊は仲良しチームって感じだし、隊長が間違ったことを言うなんてまずなかった。でもキリヤマって「ノンマルトの使者」みたいに狂気を演じた話もあったし、決して完璧な正義の人ではないですよね。正義であるばかりではない人間というのを表現するキャラクターでもあったんだろうし、そこは作り手の意識が『ウルトラマン』とはずいぶん変わったんですかね。
長谷川　初代『マン』だとジャミラのときが割と理不尽な感じだったけど、ウルトラ警備隊は組織の統制が強くなってきて、当たりも強いし、関係もちょっとシステマティックっていうか冷たくなっているような印象がある。まあクールっていえばクールなんだろうけど。組織の冷たさと厳しさというか、そういうものを感じたかもしれない。
八木　組織人だからかもしれないですけど、「ノンマルト」ではキリヤマが「これで地球はわれわれのものだ」って言いますよね。
小中　あれは事情を分かった上でそう言っている、確信している感じのセリフだよね。長谷川さんがおっしゃったように、確かにジャミラの回が『ウルトラマン』ではそのテイストがちょっとあるところで。「ああいうことをやれるんだったら俺たちもやろう」みたいな、ライター陣の考えがあったのかなって想像しちゃいますね。
八木　科特隊はジャミラにシンパシーがあったけど、「ノンマルト」ではそれがないですよね。
小中　上層部が悪いみたいな感じで、隊の中に責任があるというところまではいかなかったのが『マン』の世界。でも『セブン』になると、そういう問題点を隊の中で描くようになったのかな。
長谷川　最後はダンもアンヌもそれを飲み込んじゃったようなところがある。罪を飲み込んじゃっていて、最後までそれに抗うという感じではない。
八木　最後は2人で海辺にいて「しょうがないな」っていう感じで（笑）。なんだか微妙な余韻がありますよね。
長谷川　初代『マン』だと雪ん子の回は後味が悪いはずなのに、イデがおちゃらけたことを言って、さらに明るい曲がかかって強引に終わるわけじゃない（笑）。だから話のテーマとしてはそういうものを作ったんだけど、子どもたちの「見味《みあじ》」が悪くならないようにっていうのを意図的にやっているんだと思う。

小中　子ども番組としての配慮がまだあったんですかね。それが『セブン』になると外れちゃった。『マン』ではバルタン星人の話も、1回は移住を認めようとするのに、人数がものすごく多いと知ったとたんに攻撃に転じて何億人も殺しちゃうわけじゃない。よくよく見返すとすごい話なんだけど、小さいころは悪いやつをやっつけたくらいにしか思っていない。あれを『セブン』でやったらもっとハードな話になったのかもしれないよね。1年しか違わないのに、そこまでやっていいんだっていう風に変わった理由には興味がありますね。

長谷川　あえてテイストを変えようとしていたっていうのがあるのかもしれないですけどね。作品のカラー自体を変えるというのは意図していた感じで、それがシナリオとか演出においてもかなり意識されたのかもしれません。

小中　『ウルトラ』がこれで終わるとしたら、怪獣もののバリエーションでどういうことができるのか……最終作くらいのつもりだったかもしれないですね。だから「違うことをやろう」っていう意識が強かった。

八木　満田（穧）さんは『セブン』の最終回を撮るときに「もう、こういう怪獣とか宇宙人が出てくる作品は撮らないんだろうな」と思っていたとおっしゃっていて。だから最終回には万感の思いを持っているということでした。つまり、あそこで終わることになっていた。小中さんがおっしゃった通りです。

長谷川　あとは予算の問題もあって怪獣を出せないみたいなことでね（笑）。巨大特撮をできないから、それで結果としてさらにハード系な話をやっているという面もあるかもしれない。

小中　そういう低予算という状況をある意味では逆手に取ったというか。それまでは怪獣をちゃんと出せとか、特撮の分量を増やせとか言われていたことが、言われなくなったのを幸いにある程度好きなことをやろうとしたのかなっていう気はしますよね。実相寺（昭雄）さんなんかは完全にそうだろうけど。

日常が異世界に見えてくる

小中　低予算を逆手に取ったのはオリジナルの『セブン』もそうだけど、『SEVEN X』もその伝統に則っているよね（笑）。コンセプトが同じというか。

八木　それは本当におっしゃる通りです。ただ、そこまで言っちゃうと『セブン』の話が終わってしまうと思って黙っていたんですけど（笑）。ということで『SEVEN X』の話になりますけれど、これは放送が深夜2時半ということが決まっていたので子ども目線をあまり考えなくていいという作品でした。だからSF性というのを重視したのと、現実社会のメタファーとしての監視社会、管理社会というのを全面に出していく。そういう意味では『セブン』の流れを汲んでいるんですよね。

小中　管理社会という意味では「第四惑星の悪夢」っぽさもあるよね。あとは『アルファヴィル』もそうだろうけど、『プリズナーNO・6』（67－68）もイギリスの普通の田舎町を撮っているだけ。それを「見立ての心」で、管理社会で監獄のような村というようにしているわけじゃない？　考えてみると、ああいうのはあの時代にポツポツあったんだよね。

長谷川　『ミステリーゾーン』（59－64）でも、短編だけどそういうテイストのエピソードはいくつかあるよね。

小中　ああ、そうですね。日常が異世界に見えてくるというような話はありました。

八木　やっぱり『プリズナーNO・6』も『ミステリーゾーン』も影響を受けています。『プリズナーNO・6』の巨大なチェス盤とか様式美の不思議な雰囲気とか、どうやったらいうああいう雰囲気を出せるかはかなりずっと考えていました。それは別に広角レンズを使うとかそういうことだけではなくて、なにかがあるじゃないですか。

小中　『SEVEN X』だと浮遊するモニターが出てくるっていうのが1つのアイデアだったわけでしょう。

八木　もちろん『ブレードランナー』にもモニターは出てくるんですけど、同じになるのはいけないので巨大な顔を合成したりしました。今だったらスマホとかネットを使ったんでしょうけど、当時はまだテレビとか大スクリーンの時代だったから、そういうもので大衆の気持ちとかをコントロールしているという設定です。『１９８４』では「ビッグブラザーが見ている」ということで、どこにいても見られているわけじゃないですか。それが『ＳＥＶＥＮ Ｘ』の世界では浮遊しているモニターが啓蒙しながら監視していく。そういう１つの象徴としてモニターを置いてみたということですね。

小中　浮遊する巨大モニターがあちこちに飛んでいるっていうのは、ビジュアルとして異世界観が分かりやすいよね。だから確かに『ブレードランナー』が原点にあるんだろうけど、『ＳＥＶＥＮ Ｘ』の世界観としてはユニークなものだったんじゃないかなと思う。

八木　『ブレードランナー』は広告用ですけど、『ＳＥＶＥＮ Ｘ』では政府広報を含めていろいろなものを映していて。並行世界の異質な形をどういう風にビジュアルで表現できるのか、そこはすごく最初に悩んだところです。

ＳＦというよりは怪奇ミステリー系な話をやりたかった

八木　「ＢＬＯＯＤ ＭＥＳＳＡＧＥ」は最初からジャズがかかっていたりしてかなりハードボイルドでしたね。話もミステリアスで『サイコ』(60)的なものでもありますけど、これは最初はどういうところから発案されたのでしょうか？

長谷川　今までできなかったことを『ウルトラ』でやれるというときに、ＳＦというよりは怪奇ミステリー系な話をやりたいなって思ったのかな。『ＳＥＶＥＮ Ｘ』のクールな世界観の中で、謎解き系でどんでん返しがあるようなのをできたら面白いかな、と。たぶん最初の発想はそんなようなことだった気がする。

小中　僕の中ではあの回は『ULTRAMAN2　レクイエム』の流れだったんだよね。というのも、黒田勇樹さんは『ULTRAMAN2』でも出演してもらうつもりだったんです。主人公の親友で震災を機に引きこもってしまい、死んだ女友達の復活をずっと願うみたいな男の役で、キャスティングは決まっていたんだけど中止になっちゃった。『SEVEN X』はその後なんだよね。それで黒田さんには、「別の作品ですけどこっちでお願いします」ということで仕事ができたわけなんだけど。

長谷川　役のイメージにはそれもちょっとあったんですよね。だからやっぱり悲劇的な感じの話にしようかなって。あとは川村ゆきえさんが出るっていうのは最初に聞いていたような気がしていて、そういうことからストーリーの骨格を発想していったのかもしれない。だから男女の悲劇みたいな話になっている。

小中　川村ゆきえさんの名前を先に聞いていたこともあって、ヒロインのイメージはそこからの影響もあるかもしれないですね。川村ゆきえさんには大人っぽいイメージがあったんですよね。実際に現場でお会いしても、やっぱり大人の女性っていう感じでしたし。黒田さんは逆にちょっと少年っぽい感じで、そのイメージはキャスティングの時点でなんとなく見えていた。それを長谷川さんが頭に置きながら書いたのかもしれないっていう気がする。

長谷川　個人的には川村さんにはホラーのイメージがあったんですよね。そういう影響もあったかもしれない。返り血のイメージが既にあったというか。

小中　『ULTRAMAN2』でやれなかったこと、そのエッセンスをここでという思いもあったんじゃないかな。

長谷川　麻薬シンジケートなんていうのも、およそウルトラマンシリーズでは出てこない設定だし。確かに、『イエローアイズ』のころからやろうとしていてできなかったことを積極的に入れていった感はありますね。

八木　その結果、『SEVEN X』の世界観を広げてくださっていますよね。
長谷川　役者さんも含めてビジュアルがみんな綺麗な作品だったから、ああいうクールな感じでやり切れる。そういうのはあったでしょうね。
小中　確かにキャストは女性も男性もみんな顔が上品というか、クールですよね。
八木　レギュラー陣はそこを狙って美形を揃えているんです。
長谷川　だからちょっと生々しいことをやってもハマるのかなっていう。荒木飛呂彦の『ジョジョ』みたいに、世界観がクールでスタイリッシュだと内容が血腥くてもかっこよく見える、そういうことになるのかなっていうのは思っていましたね。
八木　『SEVEN X』は基本的にモノトーンの世界でレギュラーの衣装も白と黒でしたけど、そこに赤いコートが出てくるので対比が出てよかったというのもあります。冒頭のシーンでいきなり血が飛び散りますし。

楳図かずお作品の実写化みたいな鬼気迫った感じ

八木　「BLOOD MESSAGE」は『SEVEN X』で唯一レンズにワセリンを塗っているんじゃないかと思うんです。幻想的な雰囲気の話だからかもしれませんが、部屋での食事のシーンとかは使っていますよね。
小中　『アルファヴィル』じゃないけど、制約の中でどう異世界に見せるかっていうのは『SEVEN X』を通して監督陣に課せられたテーマだったよね。それで陰影を深くしようとか、実相寺さんみたいにやっぱりワイドがいいよねとか、いろいろ方法論がある。ただこれはルーティンになっちゃいがちなところでもあって、それ以外に手はないのかってみんなもがいたんじゃないかなと思います。ワセリンも実相寺さんの真似といえば真似だけど、あれは円谷に来て教わった感じがする。でも昔からみんなよく使っていたよね。

八木　雰囲気が変わるので僕もよく使っていました。バレ消しにも使えますし（笑）。では「BLOOD MESSAGE」の出来上がりはいかがでしたか？

小中　ああいうのがやれたのはありがたいな。やりたいと思っていてやれなかったことが多かったのは確かで、さっき長谷川さんが『イエローアイズ』というタイトルを出したけど、これは映画『ULTRAMAN』（04）の最初の企画段階の名前だしね。『ウルトラ』という枠を超えてもうちょっとハードなことをやろうとしてはできなくなってみたいなことが何度かあった後に、『SEVEN X』ではそれができた。ようやく作品として着地できたという場であったのかなとも思います。

長谷川　特に印象的だったのは、最初に地下駐車場でシンジケートのやつが襲われるときの「貞子」的な動きだね。

小中　あれは確かにすごいですよね。

長谷川　あのころの貞子はまだあんなにスピーディじゃなかったのであれは面白かった。あとは真相が分かったときの女装した黒田くんが映った瞬間の衝撃っていうか。彼はちょっと女性的な顔をしているから女装も似合うかなとは思っていたけど、想像以上にインパクトの強い雰囲気があったよね。でも『怪奇大作戦』（68－69）とかは結構面白いショットや挑戦的なショットがあったので、黒田くんのあのビジュアルはある種の円谷的なものではあった。

小中　確かに『怪奇』の円谷っぽいっていう感じですかね。

長谷川　それがすごく印象的で「やった！」っていうのはあったかな。楳図かずお作品の実写化みたいな鬼気迫った感じで、狂気に悲しさも混じっているような印象的なビジュアル、絵面だったかなって思いますね。

© 円谷プロ

アガタキョウスケ（黒田勇樹）とアガタアサミ（川村ゆきえ）を演出中の小中和哉監督。第8話「BLOOD MESSAGE」

『SEVEN X』の前にも後にもこういう作品はできなかった

八木　「BLOOD MESSAGE」の雷の夜という設定はどこからきているのですか？

長谷川　雨が降っていて、雷が「ピカー！」っと光ったときに目が「カッ！」って開くっていうようなビジュアルイメージが先行してありましたね。岸田森さんみたいな感じで。

小中　「血を吸う」シリーズ的なことですね。スイッチが入るきっかけみたいな意味での雷。

長谷川　『幽霊屋敷の恐怖 血を吸う人形』（70）のイメージはあったかもしれない。必ず土砂降りで雷が「ガーッ！」となると目を見開くっていう。あれはちょっとやりたかったんですよね。実際そういう画になっていましたし。

小中　ト書きで長谷川さんがなんとなくそういうのを求めていたのも分かりました（笑）。見ている作品も一緒だし影響されているものも一緒だから、共通言語があるのでね。ホン作りではいろいろ話す中で具体的に映画の例も出てきますし、「この部分はあれだよね」と言えばお互いにすぐに分かっちゃう。

八木　あとは映画館が重要な場所になっているじゃないですか。

小中　あれは川越の映画館です。ああいう、シネコンでもない昔ながらの名画座的なところが今でもやっているのがいいですよね。

長谷川　脚本でもやっぱりああいうイメージでした。ヒッチコックを見られるような小さな2番館……早稲田松竹みたいな感じですね。

小中　文字だけのポスターが出てくるんだけど、あれは画像を出すと大変なことになるからっていうのもあって。

八木　ヒッチコック作品としては『サイコ』と『めまい』（58）が書かれていて、「明日を捜せ！」「勇気ある戦い」という作品名も横に張り出されています。

小中　『ウルトラ』ネタをちょっと仕込んでいるんだね（笑）。昔はああいう文字だけのポスターを貼っていたからそれを参考にしていて、あの感じは池袋の文芸坐なんです。当時は映画館が独自にポスター職人に描いてもらっていたんだけど、文字だけポスターというのも表に貼っていて。そのテイストがあんな感じだったんです。

八木　そういうレトロな雰囲気もあって、とてもミステリアスな作品になったと思います。では最後に、『SEVEN X』に関していま思われることはなんでしょうか。

長谷川　『SEVEN X』ってすべてが虚構かもしれないみたいな危うさで世界が成り立っているわけじゃない。それは主人公自体もそうだし、出てくるものすべてが虚構っぽい。そこが魅力というかカラーだったんじゃないですかね。

八木　あれは全部ダンかアンヌの夢であるっていう設定もちょっと考えたんですけど、それは止めようっていう話になりました（笑）。だから確かに虚構っぽさは出したかったんですよね。

長谷川　「BLOOD MESSAGE」も現実と虚構が一体となって最後に裏返るので、ホラーではあったんだけどテーマ性とか世界観という部分では通じていたのかな。

小中　『平成ウルトラ』は割とウルトラマンになる人にスポットを当てようとした部分があったと思っているんです。でも大人向き『ウルトラマン』をやるというアプローチのときには、ウルトラマンになる人をもうちょっと記号的に見つめ直す。長谷川さんと一緒にそういうことをやろうとしていたんじゃないかなと思っているんですね。

長谷川　確かに『ウルトラマンティガ』のころから言っていたのは「人間ウルトラマン」ということで。これもよく言っていたんですけど、初代『ウルトラマン』は宇宙正義というか、宇宙のルールが……っていうので裁判官みたいな立場じゃないですか。で、若い検事や若い弁護士が苦しみながら駆け回って答えを探していくみたいなのが『ティガ』以降の「人間ウルトラマン」。そこでテイストっていうかテーマが変わったっていう風には意識していましたね。

小中　そういう意味では「人間ウルトラマン」がしばらく続いた時代に、『SEVEN X』が少し違う流れに行ったんだよね。

八木　ジンの体を借りているけど、ジンにはその記憶がないわけですから完全な「人間ウルトラマン」ではないですね。

小中　そういう見方をしても面白いかもしれない。大人向けということも含めて『SEVEN X』の前にも後にもこういう作品はできなかったわけだから、やっぱり貴重な場だったということだと思います。

ULTRASEVEN X 全話解説　八木毅

第1話「DREAM」

『ULTRASEVEN X』第1話の放送は2007年10月15日のAM2時30分。深夜です。最初に漆黒の空間に『ULTRASEVEN X』という文字が静かに浮かび上がりました。円谷CGチームの斬新な映像と齊藤高弘さんの深みある音が暗く妖しい謎の世界へと誘うようですね。いつもの華やかなオープニングタイトルとは『SEVEN X』のタイトルはなにか違う。そして始まる本編はもっと違います。海が上にあって下に空が開ける上下が逆の世界。自然の摂理を超えた世界。これは並行世界の表現ですけれど、この段階ではなにも分かりません。映像の素材はオーストラリアで撮影された円谷プロの空撮ライブラリーです。より色彩を強調して、さらに効果をかけて先鋭的な異空間的なイメージにしました。

水の中に誰か男が沈んでいます。これは『SEVEN X』企画立ち上げ時に最初に浮かんだイメージ。水は並行世界の象徴。この段階では男が誰であるかは分かりませんが、もちろん彼がこの世界を救うことになる男、ジン（与座重理久）です。ところでこの静寂の中の深遠なイメージカットですが、撮影は普通です。東宝ビルトのグリーンバックの前でジンをワイヤーで吊り上げ、ジェットファンで風を送りながら、下には落下安全対策の厚マットを用意して、スタッフ総出の大仕掛けで撮影しました。ジェットファンが回りますから現場は爆音なので監督の私も「よーい！　はい‼」と大声を張り上げる。撮影現場は全く静寂でも深遠でもなくて大騒ぎです。出来上がった映像の雰囲気とかに関係なく現場には大勢のスタッフが集まって大騒ぎで撮影しています。ああだこうだと言いながら。わいわいがやがや。そしてあの雰囲気のある深淵な映像が出来上がるのです。こんなところが撮影の楽しいところです。ムービーマジックだと思いますね。

ジンが見る幻想の「白い部屋」にたたずむ「謎の女」。エレア。加賀美早紀さんです。ジンとエレアはこのシーンをミステリアスに、そして神々しく素敵に演じてくれました。このカットも『SEVEN X』の最初に生まれたイメージです。「白い部屋」は東宝ビルトにセットを建てて撮影しました。デザイナー内田哲也さんの洗練された美術と佐藤才輔さんの光の効果。美しいです。フォグメーカーでフォグを焚き込み大変な状況で撮影しましたが最高の仕上がりになりました。

そして、影が妖しく蠢き、水を通過して、どこかの妖しい都市へと辿り着きます。これも物語の鍵で並行世界を象徴するシーンです。CGが素晴らしいです。ここまででイメージの抽象的な映像は終了し、そして本編です。

ジンがどこかの部屋で目覚めます。彼がカーテンを開けるとそこは深夜のどこかの都市。雨が降り、巨大モニターが空中を浮遊しています。ジョージ・オーウェルの小説『1984』の世界のようですね。「ビッグブラザーがあなたを見ている」というあの「テレスクリーン」に囲まれたディ

「白い部屋」の撮影準備中のスタッフたち。モニター横に立つのが監督の八木毅。送風効果用の扇風機などが見える。第1話「DERAM」、東宝ビルト5st

ストピア。『SEVEN X』は『1984』の並行世界かもしれません。そんな暗黒の未来の姿をCG表現によって『SEVEN X』では描いてみました。

エレアからウルトラアイを託されジンがビルから飛び降り脱出します。とても激しい緊迫感。ジンはグリーンバック撮影で合成しています。CGチームも素晴らしいですし現場で撮影したスタッフも素晴らしい。そして、ここでは空中浮遊モニター以外にも巨大スクリーンに映るコマーシャル映像やプロパガンダ映像にも注目してください。円谷CGチームがそれぞれの映像を作って世界をさらに深遠に表現しています。この一連の流れではずっと雨が降っています。『SEVEN X』は「都会」「夜」「雨」の中での世界であると考えていました。だからこれら一連のカットでは雨を演出しています。

ジンの部屋。広い部屋の中をジンの動きに高橋義仁さんのカメラがついて廻り手持ち長回しで撮影してみたり。いろいろと実験しています。

続いてクラブ「デルフィ」です。エージェント・ケイ、脇崎智史（トム）がここで登場します。ジンとケイのバディの始まり。最高の2人です。アンダーカバーのエスも素性を隠して登場。エレアもいるので『SEVEN X』の主要メンバーが揃いました。このクラブは六本木のクラブ「コア」です。今はもうありませんがダークな雰囲気が素敵な空間でした。そして、女優のシェリー・スゥエニーさんや作家のノーマン・

第1話で、グリーンバック前でジンがエレアと落下しながら変身するカットの撮影中。2人を支えて安定をとるのが操演の特殊効果亀甲船・上田健一氏。第1話「DERAM」、東宝ビルト5st

イングランドさん、映像作家のジム・バラードさん、JRさんたちにも客として出演していただいたりして、この都市の多国籍な雰囲気を作ろうとしています。齊藤高広さんのクラブミュージックのエスニックな旋律と欧風のリズムが好きです。私はテクノ世代ですから。

謎の異星人クイーンを演じたのはMiWaさん。実相寺昭雄監督の『シルバー假面』でシルバー假面のスーツアクターだった方。クイーンをジンとケイが追い、誘い込まれる妖しい路地裏は東宝ビルトです。映像をよく見ると「2st」と大きく書かれたスタジオの大戸が写っています。倉庫街にしか見えない昭和レトロなスタジオが見事なサイバー空間に変身しています。CGチームが制作したプロパガンダ映像やCMがモニターに映され、遠景には聳え立つ高層ビル群が合成され、逆光のライティングにフォグが焚かれ地面には水が撒かれている。やっぱり東宝ビルトはアトリエです。

アクション監督・小池達朗さんは『SEVEN X』で新しく来ていただいた重要な方の一人で、円谷プロの作品にはなかった激しく洗練されたアクションを構築してくれました。とてもシャープです。小池さんとは本編でも特撮でも実験しました。

ジンがクイーンを追い詰めてたどり着くエイリアンの施設。キングは『ウルトラマンティガ』で異色ジャーナリスト小野田を演じた大谷朗さん。銃撃戦では昭和の時代から特撮の要である操演部・亀甲船の弾着の合成ではない迫力が違いますね。この施設外観は『ティガ』で〝未来の円谷プロ〟として登場した有明水再生センター。内部は東宝ビルトです。このシーンは黒幕を背景にして地面を濡らして異質な空間を表現しました。

ジンがウルトラセブンXに変身するシーン。初めての変身には、最後の変身もそうですけれど特別な意味があります。この場合は空を飛ぶ敵宇宙人のアジトからヒロインを抱きながら飛び降り、変身します。ドラマティックで救世主セブンXらしい変身です。

そしてセブンXとガルキメスの戦闘開始。『SEVEN X』ではミニチュアを使用せずに背景とグリーンバック合成による特撮表現を追求することを選択しました。『SEVEN X』の特撮表現は「進取の精神」です。「特撮」とは伝統芸能ではありません。特撮とは新しく無限のビジュアルイメージを創ることです。これは円谷プロで言われていた円谷英二監督のビジョンです。「特撮」とは技術の言葉ではなく精神です。だからどのような方法を、技術を採用してもいいのです。背景はすべて動画です。単純な実景合成ではありません。お台場の街を撮影した動画やスチールの素材にCGチームがモニターを合成したりさまざまに加工して世界観を作り上げました。この方法なら世界を新しく深く描けます。そして、この手法は撮影の自由度が上がります。レイヤーで撮影速度は可変ですし、作り込めます。爆発や炎には赤でなく青、緑という色を選びました。さまざまな部分で『SEVEN X』の新世界を追求しています。そして重要なのがアクションです。特撮のアクション部分はアクション監督の小池達朗さんと一緒に作りました。予算削減のためにミニチュアが使用できないという逆境を逆手に取って、グリーンバック合成だからこその自由度の高く激しく鮮烈な戦いを共に表現しようとしました。そして重要なのはセブンXの新上博巳さんです。新上さんは力強い迫力と体躯を持ち、圧倒的なアクションが可能なのに、繊細な心情の表現などにも長けています。立ち姿や姿勢、重心からして違います。新上さんは演出家で俳優ですから。彼でなければセブンXではなかったでしょう。素晴らしいです。

さて、戦いが終わりジンが戻ります。この世界はすでに宇宙からの侵略が完成して地球人類は管理されている世界ですが、その管理された未来世界は決して疲弊した寂しい場所ではなく、逆に豊かに爛熟した妖しい場所だと考えます。だから撮影場所は夢の大橋。今はなき観覧車が背景に映ります。そしてここに『SEVEN X』の物語が始まりました。

エンディングテーマはPay money To my pain の『Another day comes』です。VAPの近貞博プロデューサーからこの曲を聴かせていただいたときの衝撃は忘れません。感動しました。『SEVEN X』の世界観を素晴らしく的確に表現してくれている名曲。最高です。

第2話「CODE NAME〝R〟」

脚本は太田愛さんです。今は作家ですが、素敵な脚本をたくさん書かれている脚本家です。私にとっては助監督の時代からの憧れの脚本家です。そんな太田さんにこの企画の説明をしたときに、一瞬にしてその主旨を理解してくれて出来上がったのがこの「CODE NAME〝R〟」です。こんな世界を描きたかったのです。これはSFです。

冒頭の水からすべて撮影しました。『アルファヴィル』という映画が持っている不思議な未来的な表現。60年代のパリで撮影された映像は未来都市にしか見えない、そんな表現ができないかと、いろいろと試しています。モノレールが音もなく走る映像などは、そのヒントではないかと思うのですが。

劇中で繰り返し現れる文字『UTOPIA』は美術が作った撮影用の文字に後ろから光を当てて撮りました。テロップ処理では表現できない存在感が必要でした。これはトマス・モアです。『1984』同様に重要な題材です。

未来的な空間は、汐留の日本テレビと電通の間にある空中回廊です。歩いてくる女性は宮下ともみさん。『ウルトラマンネクサス』でメモリーポリス・野々宮瑞生を演じた方。彼女のマンションの外観は豊洲のタワーマンションで、内部は麻布のハウススタジオ。その後、ジンとケイが落ち合うのは晴海埠頭で、ジンが歩くのはお台場の夢の大橋のそばのオフィス街。ジンがアールと出会ったのは第1話と同じく六本木の

「CODE NAME“R”」の舞台となったお台場の旧東京ガス。現在の豊洲市場。東京のど真ん中にこんな広大な素晴らしいロケ地がありました

お台場で撮影場所の移動中。ゲストのエージェント・アール（渡来敏之）とジンとケイの和やかな雰囲気

クラブ「コア」。この異都を表現するためにさまざまに組み合わせています。

エージェント・アールを演じたのは『ウルトラマンマックス』ではシャマー星人を怪演した渡来敏之さん。彼は脚本も書く才人です。そのアールの回想シーン。若いころのケイとアールがたたずむ場所もお台場の自由の女神、すぐ横です。カメラがジブで上下動し、その映像に空中浮遊モニターをCGチームが合成して、美しく開放的なのに常に監視されている暗黒の未来を表現してくれていますね。ところで、回想でアールとケイが戦っているエイリアン。実はペガッサ星人です。『SEVEN X』の世界にペガッサ星人がいる意味は？想像が膨らみます。

高速道路横で対峙するアールとジン。渾身の芝居がすさまじい迫力で展開されます。テーマがはっきりと言葉にされる極めて重要なシーン。高速道路の横での撮影で、激しい騒音の中でアール役の渡来さんも重理久も集中してすさまじく繊細な演技をしてくれました。ここではバッハを使いました。このために齊藤高弘さんが録音してくれたものです。

その後に、ウルトラアイを持って疾走するアールと追うジンの激しい追跡劇。そして対峙する2人。とても重要な芝居です。ぜひアールの表情に注目してみてください。渡来さんの演技が清々しいです。

この後の変身後の特撮が『SEVEN X』で最も短いセブ

ンXの戦いになりますが、CGチームがモデリングしてくれたUFOの美しさもあって綺麗でソリッドなシーンになりました。セブンXを演じたのが新上博巳さんだから、セブンXの気持ちが短い時間の中で存分に表現されています。ラストでジンとケイがたたずむのも旧東京ガス。狙って逆光の水面の反射をバックにしています。

ラストシーン。「私はどれくらい孤独なの?」と呟く少女は、都会に住む無数の孤独な魂の象徴。演じるのは安川結花さん。最後はジブを使って、部屋が下降して行くような錯覚効果を狙っています。孤独な人々がこの世界に呑み込まれ溺れて行く感じ。異色な作品が多い『SEVEN X』の中でもこの作品は最も過激な実験的作品かもしれません。

第3話「HOPELESS」

鈴木健二監督と脚本・福田卓郎さんの異色作、と言いますか『SEVEN X』は異色作揃い。世界全体が異世界ですし、そもそもエイリアンの侵略が既に完了した後の世界。普通の世界ではありません。さて、ここからの作品は自分の監督作品ではないので撮影現場の状況などを詳細に書くことはできないので、知っていることを中心に簡単に綴ります。

冒頭の夜の街。川崎チネチッタでのロケーション撮影です。『SEVEN X』ではチネチッタ周辺がしばしば舞台となっています。お台場の人工的で無機的で華やかなイメージの未来的な空間とともに、ここチネチッタの南ヨーロッパの路地裏風で異国情緒あふれた不思議な場所が『SEVEN X』の世界を拡げます。チネチッタという名前はローマにある映画スタジオ・チネチッタからきているのでしょう。フェデリコ・フェリーニ監督は、チネチッタを自分のアトリエと語っていました。フェリーニにとってチネチッタというスタジオはそれだけ心落ちつく創作的空間だったのでしょう。そんな大切な素敵な場所にインスパイアされた無国籍空間、川崎チネチッタから今回の物語は始まりました。

今回のゲスト主役はマーキンド星人です。マーキンド星人、つまりは商人とマーチャンダイジングの合成語。地球にビジネスをしに来ている宇宙人ですね。マーキンド星人には本質的な悪意がありませんし地球侵略の意図も全くありません。この宇宙人はただ商売熱心なだけ、自分の本分に忠実なだけです。演じる小宮孝泰さんが摩訶不思議な個性で素敵です。自己紹介でステップを踏むところからして小宮さんの役作りです。宇宙人が自己紹介で、典型的な日本人のように名刺を相手に差し出すのも楽しいですね。脚本の福田卓郎さんらしいキャラクターです。『マックス』でもシャマー星人というちょっと変わった宇宙人がDASH司令室に乗り込んできてヒジカタ隊長に名刺を差し出しましたが、あれも今回と同じ福田さんの脚本でした。最近でも『シン・ウルトラマン』でメフィラスが名刺を差し出していましたね。宇宙人には名刺がよく似合うようです。「HOPELESS（ホープレス）」というタイトルも興味深いです。これはホームレスとホープの合成語です。つまり「希望が足りない」です。この物語に登場する人々の苦悩は現在のわれわれの苦悩のようでもあります。

地下空間に展開されるマーキンド星人が製作を請け負っている兵器は円谷CGチームの力作。物語に馴染んださり気ない存在感。このなんだかよく分からないリアルな雰囲気はSF的であり素敵です。このエピソードには『SEVEN X』で初めての等身大バトルがあります。激しい戦闘。アクション監督小池達朗さんと新上博巳さん、そしてアルファスタントの皆さんと現場全スタッフが作り出したシャープな格闘。セブンXは合成ではなくワイヤーワークで縦横無尽に飛び回りますし、特殊効果亀甲船の操演による火薬もミックスされて大迫力。『ウルトラ』での等身大アクションでは『SEVEN X』こそ最高峰だと私は考えています。

第4話「DIAMOND〝S〟」

伴杏里（現・伴アンリ）さん演じるエージェント・エスのお披露目です。第1話のクラブ「デルフィ」でジンとケイにメッセージを渡す謎のウエイトレスが、アンダーカバーとして潜入していたエスだったということがこの話で判明します。エスは潜入捜査のアンダーカバーですから作戦の状況に合わせて別人になります。第1話での謎めいたウエイトレスも素敵ですし武闘派ウエイトレスもカッコいい。エス役のアンリさんはさまざまなキャラクターを多彩に演じてくれました。エスが持ち歩く可愛らしいチョコレートは、パティシエのお父様が作ってくださった特別製でした。素敵ですよね。これは本当に美味しいチョコレートでした。

驚かされるのは階段でのアクションシーンです。階段です。普通に考えれば危険です。でも『SEVEN X』のアルファスタントは熟練のプロフェッショナル。階段から宙返りして飛び降りてそのまま格闘を始めていますからすさまじい。感動します。

ところで、アクション監督の小池さんのすごいところは実際に演じる役者本人の力量を見極めて最大限のアクションをさせるというところにあります。このシーンでも、難易度の高い危険な吹き替え以外はほとんどがキャスト本人によるアクションです。しかもアクションの段取りは当日現場で決める。だから鮮度が抜群です。その場で作る鈴木監督も小池アクション監督も、構築されたアクションについて行くレギュラーキャストたちも、キャストができない危険な部分を吹き替える小池さんのアルファスタントの方々も皆さん、素晴らしいですね。

ラストの人物が少年になったのは太田愛さんが言われているように私の提案でしたが、ブラッドベリです。太田さんも私もSFファン。ブラッドベリはもちろんのことディック、ハインライン、クラーク、ル・グウィンなどなど海外SFが大好きです。だから打ち合わせは以心伝心でした。この作品、不思議な余韻でとても素敵な作品になりました。

第5話「PEACE MAKER」

冒頭で空中浮遊モニターのキャスターが地球平和記念日であることを謳い上げます。「美しい地球という星に生まれたことを皆で祝いましょう」「ハッピープラネット。ハッピープラネット」と政府のプロパガンダを国民に向けて語りかける。異様な世界ですがわれわれの住む世界とそんなに違う世界でもないかもしれません。これはSFですから。

チャムダ星人のビジュアルは極めてシンプルです。特殊メイクをするわけでもなくて単純に青く塗っただけの顔。黒いぴったりとしたインナーにラメの入ったキラキラするシルバーのアウターを合わせるスタイル。60年代のテレビシリーズ『スタートレック・宇宙大作戦』に登場した宇宙人のようです。素敵なレトロフューチャーですね。そして、演じるやべけんじさんのお芝居が深く面白くて宇宙人としての存在感が抜群です。

このエピソードは金子二郎さんと鈴木健二監督の組み合わせが深く効果的な回です。二郎さんは多才な方ですね。楽しい人情SFの体裁で進んでいきながら最終的には辛辣なハードSFになる。さまざまな暗喩、隠喩、問題提議が潜んでいます。

さて、ラストシーンのチャムダ星人の言葉「これで彼らを殲滅することができます」の「殲滅」という言葉は私が提案したと金子二郎さんが言われていますが、強過ぎたかもしれないし、適切だったかもしれませんし難しいです。正解はありません。作品づくりは難しいものですね。

第6話「TRAVELER」

冒頭のオフィスのシーンから梶研吾監督らしい面白いカメラワークです。梶監督の『アカツキ』という短編があります。この映画を見たときに、こんな感覚の作品が『ウルトラ』にあるのもよいなと思いました。とても自然体で遊びながら楽しく繊細な映像でした。硬質な雰囲気の『SEVEN X』の中ではこれからの梶組2本は異色な柔らかさです。

この2本はゲストが主役の話。例えば『ウルトラセブン』の「円盤が来た」もフクシン君が主役ですが、この2本もその系統になりました。ゲスト主演のタカオを演じるのは『仮面ライダー555』の唐橋充さん。そして、タカオが行くバーのバーテンダーは『牙狼』の及川奈央さん。

ジン、ケイ、エスはのびのびと演技しています。キャストたちが楽しんで演じているのが伝わってきます。映像的な演出が楽しいですね。ジンとエスが星空を見上げるシーンはとてもストレート。ここは脚本の小林雄次さんらしい素敵でファンタジックなシーンになりました。

　このエピソードは構造としては名作『ウルトラセブン』「円盤が来た」のフクシンくんの物語と重なる部分がありますね。どちらも、この世界の日常に対して強い不満があるわけではないけれど、恵まれず、そして星の世界へ憧れを抱いている一人の男の話です。そして彼らに共感する宇宙人（生命体）が彼らの前に現れて宇宙の星の世界へと誘う。「円盤が来た」のペロリンガ星人は地球侵略を考えていましたから結果は寂しいものになりましたが、「TRAVELER」では同じ目的を持つ宇宙の生命体と出会い、そして星の世界へと旅立っていきました。こちらはストレートなハッピーエンド。小林雄次さんらしい宇宙への憧れを帯びたロマンティックなお話でした。


第7話「YOUR SONG」

　梶研吾監督と脚本の林壮太郎さんのストレートな作品。異色作ばかりの『SEVEN X』では、この作品と前話はストレートなので逆に異色な作品となりました。『SEVEN X』という特異な世界だからこその奇妙な逆転現象。面白いです。

　さて、このエピソードも前話に続いてゲストが主役の物語。エージェント・ディーは『仮面ライダー龍騎』の小田井涼平さん。ナタルは『ウルトラマンメビウス』の石川紗彩さん。キャスティングを見ていると、前話同様に梶監督カラーが現れていて面白いです。特撮的濃度も高いですし。睨み合うエージェント・ケイとエージェント・ディーの間でエージェント・エスが食べるのはもちろんアンリさんのご実家のケーキ屋さん特製のチョコレートですが、ここも遊び心ある演出とカメラワークで楽しいシーンです。梶監督らしいスタイリッシュなカット割りで思いっきり弾けています。

　石川紗彩さんは歌とギターを1ヶ月間練習してから撮影に臨んだそうです。さすがですね。そのナタルがジンと出会うロケ場所は品川のビル。これは同じ場所には見えませんが、私が『マックス』「奪われたマックスパーク」でカイトとミズキの幼体エレキングを交えた芝居を撮影した場所です。撮影の方向が逆なのですね。運河沿いの素敵な場所です。

　ところでSFでは音響効果が重要です。これによって世界がぐっと深まり広がります。『SEVEN X』でも音響効果には特に気を使っています。このエピソードではヴァイロ星人の表現での音響効果が素晴らしいですね。彼らの繰り出す波動に当てはめている効果音が不吉で狂気的です。地球文化とは違ったヴァイロ星の科学を表現していて素敵です。このような効果の一つひとつで世界が拡がります。この音は素晴らしい発明だと思います。

第8話「BLOOD MESSAGE」

「雨の夜にはご用心」と空中浮遊モニターが語りかける描写から始まるこのエピソード。『SEVEN X』のSFという世界においてこのホラーな雰囲気はとても親和性が高いですね。少し残酷で切なく狂気のエピソードで、SFというよりもミステリーでありホラーです。夜の都会で物語は進行します。脚本の長谷川圭一さんと小中和哉監督は平成『ウルトラマン』の中心にいた方々。そのお2人が『SEVEN X』に登場しました。

ジンとケイがアジトで語り合うシーンではジャズです。バークリー音楽大学で学ばれた齊藤高弘さんの音楽は本場仕込み。照明の雰囲気も相まってフィルムノワールです。食卓を囲むアガタキョウスケとアガタアサミのシーンも妖しい。ワセリン効果が利いていますね。ワセリンは実相寺昭雄監督作品で撮影の中堀正夫さんが多用したことで『ウルトラ』界隈でも有名ですが、映画的にはクラシックな手法。そんな伝統的な手法も『SEVEN X』の近未来にふさわしいようです。

ゲストの黒田勇樹さんと川村ゆきえさんの演技がリアルで、この美しいお2人の存在感がホラーでありミステリー。この作品にピッタリでした。2人が出会った映画館に掲示されているポスター。『めまい』『サイコ』の2本立て興行です。これは言うまでもなく巨匠ヒッチコックの名作。「BLOOD MESSAGE」の構造はそもそも『サイコ』です。そんなことが、この映画館のシーンでさり気なく示唆されます。そして、隣の『明日を捜せ』『勇気ある戦い』の看板には興味を惹かれますね。どんな映画なのでしょう？　この世界へ行って、こんな雨の日に、この映画館でわれわれの世界には存在しない『明日を捜せ』『勇気ある戦い』という映画2本立て興行を見てみたいという思いに駆られます。NORMANというメッセージはもちろん『サイコ』の主人公ノーマン・ベイツからきています。

第9話「RED MOON」

太田愛さんの脚本で監督は私。近未来が舞台の『SEVEN X』ですが、ここで描かれるのは100年の時を超えた悲恋と魂の浄化の物語。

「RED MOON」の冒頭はお台場の情景です。都市をシルエット的に撮影しました。音もなく走るモノレールで未来的な異世界の感じを出せないかと考えながら撮影したショットです。その後にエスとケイがいるのは川崎チネチッタでジンは六本木の路地。いくつかの場所を組み合わせてこの摩訶不思議な異都、魔都を表現しようとしました。その後、獣人が現れる路地裏は例によって東宝ビルトです。獣人のデザインはさとうけいいちさん。とってもシャープで好きなデザインです。この後の都市のモンタージュとケイが襲われた少女と会うカフェは代官山でした。

このエピソードのゲスト主役が尾形俊行／朔役の高野八誠

サプライズで電気を消して、ケイ（脇崎智史）とエス（伴アンリ）が机の影から登場してジンを驚かせた瞬間。ぶれていますが左側にジンがいます

2007年8月23日のジン（与座重理久）へ贈られた誕生日ケーキ。セブンXの顔が描かれた特製。第9話「RED MOON」の撮影時、浴風会

プレゼントを送られて喜ぶジン。スタッフ全員が笑顔

鷺ノ宮邸の段取り中。前列左から高野八誠、八木毅。後列左から与座重理久、脇崎智史、伴アンリ。第9話「RED MOON」、鎌倉・華頂宮邸

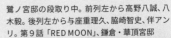

さんです。1年間一緒に『ウルトラマンガイア』を作った仲間ですから不思議な気分でもありました。もちろんキャラクターは別なのですが、撮影していないときにはなんとなく「藤宮」に見えるのでした。『ガイア』は私のデビュー作。高野八誠さんとは「天使降臨」を一緒に作りましたから印象が強いのです。敷島教授には堀内正美さんです。実相寺昭雄監督の名作『ウルトラQ 星の伝説』以来『ウルトラ』ではお馴染みの方ですね。

100年前の悲劇の場所。鷺ノ宮邸は鎌倉の華頂宮邸で撮影。ここは本当に素晴らしいお屋敷でした。本物だけが持つリアリティは唯一無二です。中をロケハンで歩きながら空想に耽りましたね。昭和4年の建築ですから明智小五郎や怪人二十面相などが活躍した時代ですし。それからアラン・レネの『去年マリエンバートで』も思い出しました。このお屋敷のお庭も、あの映画に登場した庭園のように人をどこかへ迷わせるような神秘的な場所です。まだ子供のころですが、『去年マリエンバートで』の庭園の撮影ロケ地だったミュンヘンのニンフェンブルク城を訪れたことがあります。あの幾何学模様のような左右対称の美しい庭園は衝撃的でした。そのときは、でも映画と違って太陽の下で色もありました。このイメージも強烈に残っています。どちらも神秘的で深淵で素敵な場所でした。

不思議なことと言えば、この華頂宮邸で100年前の月蝕を描くその撮影の日はリアルに月蝕の日だったということです。月蝕のシーンを本当の月蝕の下で撮影するという奇跡。鷺ノ宮家の令嬢まひるを演じたのは『マックス』にも出演した中村果生莉さん。望を演じたのは小笠原宙さん。お2人の高貴で儚い雰囲気がこの悲劇にぴったりです。

さて、ジンが文献を調べる大学のライブラリー。この日は撮影が終わった後にジン・重理久の誕生日サプライズをやりました。出番がないのにアンリさんがお父様の作られた特別な誕生日ケーキを撮影現場まで持ってきてくれたのです。エスとケイが大きな机の裏に隠れて、合図と一緒に飛び出して重理久を祝福しみんなで盛大に祝いました。ケーキはスタッフ全員が食べられるだけ十分な大きさがあって、みんなで楽しく食べました。とても美味しかったです。主役の誕生日を祝いながら、みんなで幸福な時間でした。

ラストシーン。ジンとケイとエスが庭園で話します。そして謎解き。円谷CGチームの力作です。そしてここでもバッハです。「主イエス・キリストよ　われ汝に呼ばわる」です。これも齊藤高弘さんの新録でした。そして、物語は佳境に向かいます。

第10話「MEMORIES」

ここから最終話まで、特に空中浮遊モニターなど、この世界を監視し支配しているモニター類の数々が次から次へと登

© 円谷プロ

謎の庭園にたたずむグラキエス思念の擬人化の撮影中。グラキエスは左から野口雅弘、ナカヤマミチコ、千葉誠樹の各氏。第10話「MEMORIES」、山手イタリア山庭園

場します。モニターはこの作品の鍵です。物語は核心へと迫ります。

サキ役の中丸シオンさんは『ウルトラマンネクサス』のヒロインの1人を演じた方。ジンとサキが潜入のために通る通風口は東宝ビルトにセットを作りました。

テレビ局は緑山スタジオです。ここは私が監督した『ウルトラQ　darkfantasy』「ヒエロニムスの下僕」（脚本：高橋洋）でもテレビ局として登場しましたし、『ティガ』でもしばしば登場しました。『ウルトラ』では以前からお世話になっている場所です。そして、この緑山スタジオは『マックス』の立ち上げ時に飯島敏宏監督に監督と脚本をお願いするために何度も通ったスタジオです。ここで飯島監督から「『ウルトラマン』とはなにか」ということを何度もお聞きしました。

異空間・どこかの庭園にたたずむグラキエスの思念。このシーンは小中監督に依頼されて私が監督しました。ここでは逆回転で撮影してみました。可能であればこの空間の撮影はすべて逆回転で撮影したかったのですが、それは撮影時間と手間的に難しかったです。撮影場所は横浜の山手イタリア山庭園でした。

エレアが隠れていた廃墟は素晴らしいロケ場所でした。今はもうありませんが当時はよく撮影に使われていた佐野レジャーランドの廃墟で、作りにも余裕があって豪華で天井も高

く面白い場所でした。この場所は次の「ＡＱＵＡ ＰＲＯＪＥＣＴ」にもつながります。

第11話「ＡＱＵＡ ＰＲＯＪＥＣＴ」

冒頭でＤＥＵＳ司令と話すジンが立つ場所はＤＥＵＳシークレットルーム。エージェントがＤＥＵＳとコミュニケーションをとる秘密施設ですが演出的な意図で漆黒の空間にしました。ここでＤＥＵＳに対するジンの疑問が膨れ始めて物語は一気に最後まで走り始めます。

街を彷徨うジン。何かを感じて走り出します。ところで、このシーンのロングショットが『ＳＥＶＥＮ Ｘ』全体の撮影ラストカットなのです。そう思ってみると、このシーンは違って見えてきますね。始まりがあれば終わりがきます。この撮影では多くの関係者やスタッフが現場に集まってクランクアップの瞬間を待っていました。撮影が始まりＯＫの声がかかり（私ですが）、ジンに花束が渡され、全員で撮影の終了を祝いました。この後、われわれは５ｓｔに移動してささやかな打ち上げをしました。それはとても幸福な時間でした。

ケイとジンとエスが話し合うエージェントルーム。ジンの疑問に賛同しながら行動を開始するケイとエスとのチームワークも、ここにきて完璧ですね。このシーンの撮影は２００７年８月18日。最終八木組の初日でした。ここは木更津にあるスタジオです。大きなビルで全フロア、地下まで撮影で使用できる。とても広くて重厚で撮影映えする空間で、ゆったりと撮影しました

エスが潜入する科学省は横浜の日産スタジアムで、入室のセキュリティチェックなどのガジェットは美術部が製作したものを取り付けて近未来感と異質感を強調しました。エスがコンピューターの中から発見したＡＱＵＡ ＰＲＯＪＥＣＴのメンバーのリストに私の名前「八木毅」があります。これは興味深いですね。冴木エレアの次に表記されている、『ＳＥＶＥＮ Ｘ』の監督・シリーズ構成の男と同姓同名のこの男がプロジェクトにかかわっていたのか？　あるいは、このプロジェクトにかかわっていた男が『ＳＥＶＥＮ Ｘ』を作っているのか。興味は尽きません。

さて、ジンが洋館に飛び込んでいきます。中の「白い部屋」は第１話の最初からの謎。すべての鍵。隠されてきた真実がここから明らかになり始めます。第１話ではさまざまな実験をしながら撮影しましたが、今回はジンとエレアの芝居に集中してじっくり撮影しました。秘密に近づき過ぎたジンとエレアをＤＥＵＳのエージェントが急襲。建物から飛び出してきたジンがエレアの手を握り彼女を守りながら戦います。これはアクション監督の小池達朗さんのアイデアでした。素晴らしいです。おかげでこんな素敵な格闘シーンになりました。ここは早稲田奉仕園スコットホールです。歴史ある建築が異国情緒たっぷりです。

エレアが潜んでいるアジト。廃墟に蠟燭という設定での照明効果が美しいです。ジンとケイとエスの3人が銃を向け合う場面の撮影は極めて緊張感のある素晴らしいものでした。重理久がNGを出したことを対談で話していますが、それほど、つまり役に入り込んで頭の中が真っ白になるほど、全員が集中していました。

エレアが施設を爆破した後の残骸をエージェントたちが捜索するシーンは東宝ビルトオープンです。内田さんから現場を託された瀬下幸治さん率いる美術の皆さんの飾りが素晴らしかったです。完全にロケマッチしたリアルな残骸でした。

この話にはセブンXが登場しません。これは決して狙ったわけではありません。シリーズ構成上の必然です。このようなことがあるのも『SEVEN X』という作品の独自性です。『SEVEN X』は特別な座組みの上に作られた奇跡の作品だったのです。そして第11話で登場しなかった分、第12話ではセブンXが大活躍します。

第12話「NEW WORLD」

いきなり始まる戦闘。森の中での銃撃戦。道を塞いで攻撃するエージェントたちにシトロエン2CVでケイとエスが突っ込んでいくシーン。カースタントは撮影しながらドキドキしましたけれど、アルファスタントの皆さんはぶつかるギリギリの瞬間で飛んでくれて、最高に迫力のあるカットになり

© 八木毅

疾走するシトロエン。ギリギリを飛び退くアルファスタントのスタントマンの皆さん。命懸けの演技。プロフェッショナルの神技

ました。ケイとエスが突入する敵の要塞は日産スタジアムで、ジンとエレアがいるのは府中の森公園。ストーリーとしては富士山近くの場所から移動しているわけですが、実際の撮影場所はパズルのように組み立てられています。

ジンが変身してセブンXが登場。メカグラキエスはフル3DCGにしました。だからCGならではのデザインと造形です。組み合って格闘することは難しいので距離をとっての格闘になりましたが、それも戦いの様式美につながってよかったと思います。大自然の中での激しい戦いがかっこいいです し、CGチームの皆さんには無理なお願いをたくさんしてしまいましたが、最高の結果となりました。

ジンが迷い込む不思議な空間。ここはグラキエスたちの集合思念が実体化した世界。彼らがわれわれ人類に理解できるように、あの姿を見せているとも考えられますし、また、逆も考えられます。永遠と現在、生と死が混在する不思議な場所。『SEVEN X』を代表する謎の空間です。最初に話すのは野口雅弘さん。次が千葉誠樹さん。お2人は『ウルトラQ dark fantasy』の問題作「ヒエロニムスの下僕」で少し特別な刑事を演じています。3番目がナカヤマミチコさんです。彼女は私の『都市伝説セピア』にも出演しています。

さて、ケイとエスが迷い込むグラキエスの中枢。モニターに埋もれる空間が気持ち悪いですね。でも、これは現実かもしれません。現在のわれわれは既に知らず知らずのうちにこのようなモニター類に囲まれ、逃れられなくなっている。これはそれを可視化したものなのかもしれません。

戦いに敗れたジンが横たわるのは本栖湖。とても美しい場所。そして回想に入っていきます。水中に落下したジンとエレアに聞こえる声。やはりウルトラセブンはすごいとあらためて思いました。存在感が唯一無二です。森次晃嗣さんの声が入ることによって、『SEVEN X』の並行世界であるその世界は完全に『ウルトラセブン』の世界になりました。

湖畔でエレアの思いが通じてジンが目覚めると、それは彼がジンでありダンである瞬間。ここでのすごみのある演技が人間離れしていていいですね。そして最後の戦いです。ここからはそれでなくても最強のセブンXが、さらに強いです。メカグラキエスにも注目です。これらすべてCGチームが動かしています。大変なことです。だからグラキエスの集合には眩暈がします。この動き、色合い、質感、空間、すべてが完璧でした。われわれは『ティガ』の時代から一緒にやってきました。素晴らしい進化でした。ここまできたらもうなんでもできます。当時の日本のテレビ番組での最高峰だったと思います。グラキエスの集合を切り裂き焼き払うセブンXの強さとかっこよさは歴代の『ウルトラ』でもナンバーワンかもしれません。アイスラッガーにカメラが付いていくという無茶苦茶な演出。寒色系の炎を『SEVEN X』では採用していましたから、その効果もあって繊細な美しさと激しい迫力

© 円谷プロ

グリーンバック前で合成用のワイヤーで吊り上げたウルトラセブンXの撮影中。第12話「NEW WORLD」、東宝ビルト5st

最後の作戦に向かうジン、ケイ、エス、エレアと演出中の八木毅。第12話「NEW WORLD」、相模湖リゾート　プレジャーフォレスト（相模湖ピクニックランド）

ケイとエスのアクションリハーサル中。センターがアクション監督の小池達朗。右端に監督の八木毅

が共存したカットになったと思います。そして、モニターや施設もこれに連動して爆発していく。すべては青い炎の中で。『SEVEN X』ならではの世界ですね。

セブンXの戦いとカットバックされるケイとエスの戦いはとても激しく同時にロマンティック。死を前にした瞬間に自分の気持ちに気づく。トムもアンリさんもその空気感をとても繊細な芝居で表現しています。死を決意したケイとエスは最後に2人でチョコレートを食べて笑い合う。とても幸せそうな素敵な笑顔。純粋な2人のお芝居。これ以上ないほど素敵なシーンになったと思います。

セブンXが建物を突き破って2人を救出に来るカットはもちろんミニチュアではありませんが、重量感もあって面白い画になりました。CG合成ならではの表現ですし、CG合成はここまでできるのです。ミニチュアを一切使用しないで特撮に挑戦した『SEVEN X』ですが、私は可能性を感じ未来を垣間見ました。撮影手法がミニチュアであるかないかということは「特撮」の本質ではありません。円谷英二の特撮とは「無限のイマジネーションを映像化」することですから、手段は無限なのです。だから英二さんの時代には存在しなかったCGも、当然ながらその手段の1つ。つまり「特撮」なのです。このカットの後にセブンXがケイとエスを救出し、その直後にグラキエスの施設が世界中で大爆発を起こし崩壊しますが、これらもすべてCGと合成画で。でも、実は2022年に私が監督した『AKARI』という短編は逆にCGを全く使用せずすべてを現場で撮影する純粋なミニチュア特撮でした。すべては表現です。『AKARI』では完全にコンピューター制御のシステムでLED照明を使いながら、最新のファントムやアリフレックスを使用してミニチュア特撮の枠を超える新しい映像を作ることを目指しました。重要なのは手段ではないのです。まだ見たことのない新しいイメージ作りに挑戦することです。ついでに書けば『AKARI』は日本と海外のハイブリッド特撮です。今までとは全く違う環境で特撮をやりました。映像づくりはいつでも冒険です。

ダンとアンヌのシーンは大切でした。森次晃嗣さんとひし美ゆり子さんには、ダンとアンヌのままで演じてくださいとお願いしました。並行世界ではありますが、2人の再会は心を込めて演出しました。そして齊藤さんの作った音楽も、ここだけはオリジナルの『ウルトラセブン』の旋律が引用されています。『セブン』に全員が敬意を抱いていました。

さて、すべてが終わってケイとエスを湖畔に下ろし、ジンがセブンXと分離してエレアの元へ帰ってきました。『SEVEN X』の物語は、ずっと夜の闇の中、雨の中で進行してきました。でも、すべては終わりました。だから、ラストは美しい光の中でのシーンになったのです。さんさんと降り注ぐ太陽光線。幸福ですね。これは大団円です。エレアという1人の女性が世界の救済を祈り、それが通じてウルトラセブンが現れ、少し長い戦いはあったけれど、最後にはジンも無事に帰ってきてこの世界は救われた。ハッピーエンドです。当日はそんな幸福にふさわしい撮影日和でした。みんなで日向ぼっこしながら撮影本番を待ちました。撮影は本当にピクニックのようなものです。みんなで集まって、お弁当を持って、綺麗な場所に行って、遊んで、お弁当を食べて、楽しいものです。この日はそんな撮影でしたね。ジンの重理久が最後のシーンの撮影中に、ケイ、エス、そしてエレアという仲間たちへの感謝をセリフに付け加えたいと言うので、現場でセリフを書き加えました。それは「みんながいてくれたからだ、ありがとう」という短いセリフ。ジンというキャラクターから作品内での仲間たちへの感謝であると同時に、主役として頑張ってきた重理久から作品を一緒に作り上げてきた仲間たちへの感謝の意味でもあります。このシーンの最後、湖畔にたたずむ楽しげな4人のカットはアドリブで好きに演じてもらいました。楽しい自由なお芝居でした。全員が楽し過ぎるくらい。そしてわれわれは充実した撮影を楽しく終わらせました。

さて、『SEVEN X』の物語は終わりました。でもきっと、この世界はすぐには変わらないでしょう。これからもいろいろな戦いがあるでしょう。しかし、これは始まりなのです。未来の可能性は無限です。だから最終回のサブタイトルは「NEW WORLD」にしました。「新世界」です。

赤い光の玉を見送るジンとエレア、ケイとエス。第12話「NEW WORLD」、本栖湖

PART 3
脚本家編

YUJI KOBAYASHI
小林雄次

AI OTA
太田愛

TAKURO FUKUDA
福田卓郎

JIRO KANEKO
金子二郎

SOTARO HAYASHI
林壮太郎

小林雄次

Yuji Kobayashi | Writer

ダンとアンヌの再会は最初からやろうと思っていました

『ULTRASEVEN X』に企画段階から参加した小林雄次氏は、『ウルトラマンマックス』でも立ち上げメンバーとして手腕を発揮し、八木毅氏の信頼も厚い。今回は初期の企画書やプロット、シナリオが収められたPCを持ち込んでいただき、貴重な資料を拝見しながら当時のことを語っていただいた。まるで作品世界そのままの、あったかもしれない『ULTRASEVEN X』を想像しながらお読みいただきたい。

あったかもしれないもう1つの『SEVEN X』

小林　PCの『ULTRASEVEN X』のフォルダを開くといろいろファイルが出てくるんですけど、第1話の第1稿は「俺は誰だ?」というところからは始まっていないんですね。主人公は第1話より以前から、普通にエージェントとしてもウルトラセブンXとしても活動している。ただ謎のイメージだけが彼の頭の中にあって、それが白い部屋とか湖なんですね。違和感だけを持っているんだけど、普通にシトロエンを運転して任務に向かっているところから第1話が始まっています。最初はジンのこんなモノローグが入ります。「この星には、無数の地球外生命体が侵入している。ヤツらは人間に擬態し、ある者はその日常を謳歌し、ある者はひそかに侵略の機会を窺っている。僕らDEUSの任務は、ヤツらを探し出し、その地球侵略を未然に食い止めることだ」。

八木　脚本を読んでいるとシトロエンって書いてあるところが多いけど、実際にはキャデラックになっている（笑）。このときは砧の円谷プロで打ち合わせをしたんだっけ？

小林　八幡山だった気がしますね。『SEVEN X』が決まる前に検討されていたボツ企画では、主人公たちが移動式のパン屋をやっているという話でしたが、この設定がなくなったんですね。それである日、八木さんに呼ばれて梶さんと打ち合わせに行ったら、八木さんが冗談で「いや～決まりましたよ。設定ですけど、まずパン屋がありまして」って言われて（笑）。それが八幡山の会議室でしたから。

八木　そんなふざけたことをしていたとは。われながらひどいね（笑）。

小林　あとはエレアの名前が第1稿だとユーリになっていますね。序盤のシーンでは、なぜかユーリが街中でたたずんでいて……。

八木　エレアはギリシャのエレア学派から取っているけど、ジンは小林くんが付けたんだよね。

小林　神様の「神」が「ジン」と読めるので、この世界の救世主であるという意味を込めてそうしました。しかし当時の自分のシナリオを読み直すと、ト書きに詩的なことが書いてあって面白いですね。さっきのユーリのところでは「まるでこの世界の悲しみをすべて背負っているかのようで――」と書いています。普通シナリオには抽象的なことはあまり書かないものなんですが。あと最初ってDEUSの天才オペレーターみたいな人間がいて、それを満島ひかりさんにやってもらおうというアイデアもありました。これはアリスという名前で第1稿に出てくるんですよ。司令室の巨大な円形空間（コクーン）にぽつんと1人だけ座っていて……という。

八木　DEUSのバックのグラキエスという存在は思念の集合体にしたいと考えていたので、そうするとアリスという具体的な存在があってはいけないと考えたんだね。最終的にグラキエスは虫の形にしたけど、これは『ウルトラ』だから具体的に形にして見せないといけないということで。でもあの3人みたいな、いるかいないか分からないような存在だったらよかったかもしれない。あとは、アリスがアンヌとつながっているというアイデアもあったしいろいろ試行錯誤したね。これを使えば全然違う作品をもう1本作れるんじゃないかっていうくらいで（笑）。あったかもしれない『SEVEN X』を作れるね。

小林　モノローグでジンがアリスを説明しています。「アリスには宇宙人の血が混じっている――」。いつだったか、ミッションを共にしたエージェントの1人が、そんな話をしていた。もっとも、真偽は定かではない」って。あと面白いのは、第1稿ではジンが猫を拾っていますね。猫がモニターの巨人を見ていると、「お前にだけ教えてやるよ。〝真紅の巨人〟の正体――実は僕なんだ」と猫に語っている（笑）。そういうシーンが第1話の序盤にありますね。でもミッションでクラブに行く展開なんかはそのまま残っています。拾った猫が、このクラブの飼い猫なんです。まだエージェント・ケイという名前ではないですけど、彼と落ち合えっていう連絡があって合流するところなんかはそのままですね。

八木　でもそうやって何度も作り直したのは第1話だけだったと思うな。

小林　そうですね。第1話は設定が固まらなくて本当に難航していて、8・5稿までありますから。その間に太田愛さんが第2話を書き始めたり、ケイとか他のエージェントの設定なんかをどんどん先に書いたりしていて。それをフィードバックして第1話が固まっていった、そういう同時並行的な面もありましたね。

八木　太田さんとは打ち合わせでジョージ・オーウェルの『1984』とか、監視社会のディストピアということで

憩いの時間を楽しむジンとタカオ（唐橋充）とアリサ（及川奈央）。第6話「TRAVELER」

『アルファヴィル』の話をしたらすごく乗ってくださって第2話ができた。「こういう世界観」ということで、それを小林くんにも見せたりしたよね。太田さんは乗ってその場で第4話も考えてしまって。それでチョコレートが好きなエスというキャラクターが出来上がって。

小林　その辺のキャラクター付けは太田さんがやってくださってよかったですよね。第1~2話は決定稿打ち合わせを太田さんと一緒にやったのを覚えています。

八木　われわれは全体の話を作っていたけど、第2話以降は1話完結的に皆さんはじけてくれましたね。

小林　そういう中で第1稿からゆるぎなく変わっていないところもありまして、ユーリが主人公に対して「あなたは救世主。この世界のために戦いなさい」と言っています。あと共通しているのはグラキエス側で、この世界の裏の支配者的なものが赤い部屋にいるんです。全体が赤で統一された謎の空間があって、そこで謎の生物が宇宙語で会話しています。

八木　それはデヴィッド・リンチ的な赤い部屋で、逆回転で撮ろうと思って考えたはずだね。観念的な空間にしたかったんだ。

小林　実際の撮り方は違うにしても、要素としてはもう出ていますね。

八木　象徴空間が欲しくて赤い部屋という設定にしていて、でも結局はあの3人がフランス庭園でたたずむという描写にしたけど。

小林　第1稿は違う作品っぽくてすごく面白いですね。ラストも湖面に浮かぶジンに戻っていて、そこに主人公のモノローグがかぶって終わるというものでした。これは出来上がったものよりさらに抽象的になっています。

八木　最後に湖に戻すということは、彼は実際にはまだ湖面に浮かんでいて、すべては別の並行世界で彼がやったこと……みたいなことを考えていたかもしれない。

小林　第1話の最後のモノローグはこんな具合です。「僕は、この世界に存在するものは、すべて二つに分類できると信じていた。善と悪。勝者と敗者。そして、夢と現実。だが……この夜、僕の中でその二つの境界が揺らぎ始めた。まるで水に広がる波紋のように、ゆっくりと――」。

八木　それは現実と夢がどう侵食するかを言っているわけだよね、きっと。セブンとセブンXが同一人物だったらどうするかというのがネックだったけど十分成立しているね。当時、夢オチはそれまで見てくれた人をがっかりさせるかもしれないということで避けていたけど。

小林　そういう設定でまた作れそうな気もしますね。第1話で起きたことは夢かもしれないし過去だったかもしれない。

八木　ああ、そういうことか。じゃあ夢オチではないということだけど、まだ本当に沈んでいるっていうのも面白いよね。『ウルトラ』だから分かるように作ったけど、もう少し謎を残してもよかったかもしれない。それだったら最初から最後まで夢なのか現実なのか分からないというのもありだしね。

「TRAVELER」は思い入れの深い作品

八木　しかし設定部分での試行錯誤の痕跡は面白いね。普通はこんな風にならないんだけど、なかなか最後がうまく決まらなくて悩んでいたのが手に取るように分かる。

小林　最終3話を僕が書くのは決まっていたので、そこにどうつなげるかも踏まえて決めないといけなかったんですよね。

八木　ジンがなぜセブンと融合したのか、そして彼はなぜそれを知らないのか。さらにエレアはなぜそれを伝えないのか。そういう解決しないといけない問題が残っていたんだよね。だから第1話が書き上がった時点では、もう他の回は結構できていた。あと小林くんでは、第6話の「TRAVELER」は梶さんと組むのが先に決まっていたよね。

小林　林（壮太郎）さんと僕で1本ずつということになっていました。この「TRAVELER」は、太田さんの第2話があったからこそ生まれたとも言えます。第2話はこの管理社会から脱出する、船に乗って連れ去られてしまう人たちの話でしたけど。同じようなモチベーションでも、希望を持ってこの世界から旅立っていくっていう話ができるんじゃないかなと思って。八木さんと作った『ウルトラマンマックス』の「星座泥棒」もこの世界の外側にもう1つ世界があるっていう感じで、同じような構造、同じようなテーマになっています。「星座泥棒」と同じ思想がこの話にも入っているので、非常に思い入れが深い作品になりました。

八木　小林くんならではのロマンティックな星空の作品です。これには『ウルトラセブン』「円盤が来た」の要素もちょっと入っているよね。ペロリンガ星人に悪意はないけど地球を侵略に来たわけじゃない。でもこの場合は生命体とタカオの気持ちが一致して宇宙に旅立っていくから、歴代の中では一番幸福な終わり方になっている。

小林　セブンXも特になにもしないで、ただ巨大になって一緒に飛んでいって見送るポーズをやるだけっていう回です（笑）。確かに「円盤が来た」も入っていますね。あとは管理社会で延々とパソコンに向かっているという部分は、『セブン』の「第四惑星の悪夢」のような雰囲気を出そうとしましたね。人間性を取り戻すというか。人間は何者で、どこから来て、どこへ行くのか。これは星空のシーンのセリフでも出てくる言葉ですけど、裏側に流れているのはそういうテーマです。こういう静かなテイストは本来の『ウルトラ』シリーズでは珍しいので、深夜の『SEVEN X』だからこそかもしれません。ちなみに星空のシーンではエスがジンに「どう？　記憶戻った？」って話しかけるんです。ジンが記憶喪失だというのをエスは聞いていなかったんですけど、この回でケイから聞いたということになっていて。そこで2人の距離が縮まっているし、関係性も深まっている。そこは見直して「なるほど」って思いました。1話完結話をやりながら、ちゃんと本筋の話を前へ進めているんですね。

八木　本当に直球でいい話だよね。梶さんのアバンギャルドな演出と相まってとても綺麗な感じにまとまりました。

小林　プロットが残っていますけど、これは最初からあまり変わっていないですね。ほとんどブレずにセリフとかもそのまま使っています。「仕事の効率が落ちています」という冒頭のセリフも最初からありますね。ゲストの名前は梶さんがタカオに変えていますけど、最初のプロットではイタルになっています。バーが出てきて名前もフレデリック、これもそのままです。

八木　あれはなんでフレデリックにしたんだっけ？

小林　フレデリック・ブラウンからですね。

八木　『SEVEN X』は基本はギリシャ系で名前をつけていたんだけど、ここだけフレデリックだからなんでかなって。

小林　「この広い宇宙の片隅で、私たち2人は偶然出会いこうして他愛ない会話をしている。それだけで奇跡のようなもの」というバーテンダーのセリフなんかもプロットそのままですね。この話はジンが記憶をなくす前の過去ににがあったかというヒントが出てくるということで、興味を引っ張ろうという回でもありました。自分が第1話と最終回を書いているので、真ん中辺りで主人公の意外な過去や人間性、その辺りもチラ見せしていけるなっていうことで。エレアがAQUA PROJECTのデータを持っているのが明らかになったりもします。あとは、バーテンダーのアリサがジンに「今度は星の好きな恋人と来てよね」と言うんですけど、過去を忘れているジンは「え？」っていう感じで戸惑う。過去にはどうやら恋人と2人でこのバーに来ていたらしいということも、見ている人には分かるという匂わせもありました。そういう感じで、1話完結スタイルではあるけど、あとにつながる伏線がチラッチラッと入っている。そんなこともやれた回です。あとこの回は、自分も出演しているんですよ（笑）。冒頭のオフィスのシーンで、僕はタカオ役の唐橋（充）さんの後ろでパソコンに向かってカチャカチャやっていて、タカオが「あぁ〜」って後ろにのけぞるときに後ろから背中を押すキャラクターでした。『仮面ライダー555』（03 - 04）に唐橋さんが出ていて、その海堂というキャラクターがすごく面白かったので、お会いしたくて興味津々で見に行ったんですよね。キャスティングで唐橋充さんが決まったので「見に行きたい」と梶さんに言ったら、「だったら出てくださいよ」という話になって。大勢いる会社員の1人に過ぎないと思って行ったら、唐橋さんの真後ろの一番いい席が用意されていて、エキストラとは別扱いで一応芝居がある役だった。しかも目のアップなんかもあったりして。新宿からロケバスに乗って移動するときには、わざわざ唐橋さんの隣に座ってずっと『仮面ライダー555』の話をしていました。もうただのファンでしたね（笑）。

八木　あれで唐橋さんとも仲良くなったんだよね。

小林　後に自分のエッセイ集の装丁をしていただき、イラストも描いていただきました。あとは、この作品のあと、梶さんが演出、僕が脚本で及川奈央さん主演の舞台『Ｎｉｇｈｔ Ｍｅｓｓ』にも、唐橋さんが出演してくださったりして。そういう意味では、いろいろなつながりができた大事な回でもありますね。あとは光の魂……要は宇宙からやって来た生命体が、人間に乗り移ってまた宇宙に戻っていきますけど、この声優さんも、僕が自分で声をかけたんです。のちに『ＴＨＥ ＩＤＯＬＭ＠ＳＴＥＲ』というアニメでメインキャラクターを担当される今井麻美さんという方で、直前に僕が脚本を書いた舞台で主役をやってくれていたんですね。それで「なんかまたやりたいですね」という話をしていたら、梶さんから「この声、誰がいいですかね？」って相談されて。それでご紹介して、僕が自分でメールを送ってオファーしたのは今でも覚えていますね。「脚本家がこんなことまでやるんだ？」って思いましたけど（笑）。でもお願いしたら、「こんなうれしいことがあっていいんでしょうか！」と喜んでくれて。だからキャストで出てくださった方のつながりも含めて、特別な回ですね。

八木　小林くんにとっても思い入れの深い回ということで。

小林　ちなみに「TRAVELER」の大事なセリフはプロットで全部決まっていて、見直してみてこれにはちょっと感動しました。一番いいところのセリフですけど、「ここから先の宇宙にどんな惑星があり、どんな危険が待ち受けているかそれは分からない。しかしこの生命が続く限り、宇宙の深淵の謎を明かそうとするのは知的生命として最も根源的な衝動ではないか」というセリフは、ほぼほぼ使っています。実は藤子・F・不二雄先生のSF短編で「老年期の終り」という作品があるんですけど、それへのオマージュにもなっているんです。もともとクラークの『地球幼年期の終り』は宇宙に旅立つ話ですけど、「老年期の終り」は、もうこれ以上人類が宇宙に進出するのは意味がないから地球に帰ろうという時代の話なんですね。主人公の少年はそれに反抗して、出会った女の子とペットのインコかなんかと一緒に、さらに遠くの宇宙へと旅立っていく。僕はこの話がすごく好きなんですよね。ラストカットがとにかく素晴らしくて、旅立っていく少年の宇宙船を、語り部の老人が見送るんです。「とにかく未知の世界へ旅立ちたいという気持ちは、おそらく人類にとって一番根源的な欲求なんじゃないか」と。この辺のモチーフとか主人公の思い、モチベーションというのは「TRAVELER」に生かされていますね。

指令ではなく自分の意思で動き出すところが最終回に向かっての一番大きな転換点

八木　第11話の「AQUA PROJECT」だけど、これは最後に全部謎解きをするじゃない。

小林　伏線を回収していく回になっていましたね。見直したら、話を二転三転させているんですね。エレアが仲間を裏切っていたと見せかけて、それは敵を騙すためのフェイクだった……と、もう1回ひっくり返す。短時間でずいぶんややこしいことをやっているなと思いました（笑）。「ジン、ごめん。あなたを騙していたのよ」っていきなりキャラが豹変して、それで全員爆破して死んだと敵に思わせる。手の込んだことをやっているんで、見直して自分で笑っちゃいました。

八木　あれで地下に降りていくじゃない？

小林　完全に展開で見せていく感じになっているのが僕としては面白いところでした。あとはこの辺りでのアクション監督の小池（達朗）さんのアクションも冴えていて、エージェントがエージェントに襲われる感じとかはスリリングでしたね。真の敵の姿が見えないんだけど、主人公たちが追い詰められていくのは、サスペンス的に面白く盛り上げられたかなって思えるところです。今回は怪獣が出たり宇宙人がたくさん出てきたりという、そういう系の特撮番組じゃなかったので。リアルな形で主人公たちがどうやって追い詰められていくか、主人公たちが謎に近づけば近づくほど逆に追い詰められていくという回になりました。本来だったら、最終話の手前って特撮とかの物量で見せていくわけですけど、主人公たちが追い詰められていく展開で盛り上げていく辺りが『ＳＥＶＥＮ Ｘ』らしいところですね。

八木　グリーンバック合成とＣＧと現場のアクションでシャープに見せていく。それが『ＳＥＶＥＮ Ｘ』だね。

小林　ケイとエスがそこで若干対立してぶつかり合う辺りも、工夫したところです。エージェントたちは今までＤＥＵＳの指令を信じて司令通りに動いていたのが、3人に関しては自分の意思で初めて動き始めるのが最終3話なんです。そしてケイとエスは、ジンを信じるべきなのかＤＥＵＳを信じるべきなのかという形でいったん意見が分かれる。

それで銃を向け合うシーンもあったりして、あの辺りは各エージェントのキャラクターが立っていますよね。
八木　これがあったから、彼らのチームワーク感が最後に利いてくる。そして最後は4人が信頼し合って、一緒に起爆装置のボタンを押すところまでいく。
小林　普通のウルトラマンシリーズだと防衛チームがあって、基地があったり隊長がいたりして、その人の命令に従うというのがあると思うんです。でも今回は司令そのものの姿が見えないというのが大きな特徴ですね。通信しかこないし、本部があるわけでもない。この設定自体が新しかったわけですけども、今は結構そういう時代じゃないですか。みんなノマド生活をしていて（笑）。好きなところで仕事をして、呼び出しがあったら行くし、基本的には離れた場所でも通信し合ってリモートで働く。エージェントも全く同じで、あらためて「今」を感じましたね。そういうエージェントがこの回で初めて、指令じゃなくて自分の意思で動き出すところが最終回に向かっての一番大きな転換点でした。
八木　だから「ここで死にたまえ」とか言われてもすぐ反応できる。エージェントはDEUSに所属しているけれど最初から個人を大切にしていた。管理社会であり監視社会であるこの世界では、ここがとても大切なことだね。

テレビの世界と現実世界があるという面白い発想

小林　最終回のタイトルも最初は「EXTERIOR SAVER」というちょっと難しい感じでした。
八木　最後だから希望を持たせたいということもあって「NEW WORLD」というタイトルを考えたんだけど。しかし並行世界は2つの世界とかマルチバースとかいろいろあるけど、テレビの世界と現実世界があるというのは面白い発想だよね。小林くんと作っていると、お互いに意図している場合と、さっきの第1話のエンディングみたいに誤解からまたアイデアがふくらんだりすることもあって、そういうところが楽しいんだよね。まあ「NEW WORLD」は最後のタイトルとしては前向きな感じでいいんじゃないかなと思うけど、そこをもっと描くとしたら『ULTRASEVEN X 2』ということになる。これももちろん大人向けでね。15年後のジンやケイ、エレアやエスたちがやはりこの異世界の夜になにかと遭遇する物語。そして彼らの関係はどうなっているのかとか。楽しいね。

小林　ちなみに、最終話のジンのモノローグは第1稿からほぼ変わっていないですね。面白いのが、第1稿だとケイとエスはセブンXの正体を最後まで分かっていないんですよ（笑）。「なにか俺たちに大事なことを隠してないか？」「なんのことだ？」というやりとりがあって、ジンとエレアがごまかして終わっています。

八木　続編を作ることを考えればそういう展開になるけど、最後は綺麗に終わらせないとね（笑）。

小林　最終2話はシナリオ、プロットを結構たくさん直していますね。特に最終話はプロットが5稿までありますし、シナリオも7稿まであります。まあ通常の『ウルトラ』シリーズはこれくらいいくことも多いですけどね。最終話の第1稿では、回想でエレアが向こう側の世界からやって来たセブンの声と会話していて、これは変わっていないですね。

八木　「君の恋人の体を借りたい」っていうところね。まあこの辺の直しは微調整だよね。

小林　大事なことは第1稿でだいたい入っているので、主にシーンの順番とかセリフまわしですね。

八木　第1話は試行錯誤の時期だったから毎回大きく変更したけれど、ここまでくれば世界観も設定も見えているわけだから直しも微調整だね。

小林　見直してみて思ったのは、AQUA PROJECTの真相についてはケイとかエスも問題を共有していますけど、ジンとエレアの2人のシーンになったときに「まだ大事なことを聞いていない」ということでセブンの話を聞くわけです。つまり最終回でジンとエレア、ケイとエスの二手に分かれるところで、問題を切り分けて話をしているのが面白いなと自分でも思いました。最後の最後まで巨人の存在というものに関して語り過ぎない感じになっている。主人公にとっての過去になにがあったかという問題と、最終的なセブンとしての謎が切り分けられている。あと、異空間にいるグラキエスの3人が主人公とめちゃめちゃしゃべっているのも面白いですね（笑）。

八木　そこら辺もすごく悩んだ。どういうことをしゃべるんだろうか、というかそもそもしゃべるのか。

小林　第1稿だとさらにしゃべっていて、ジンに対して「われわれは新たな世界に進出しようとしているんだ」とパラレルワールドに関して説明しているんですね。そして「人類が初めて宇宙に旅立った瞬間」ということで、なぜかスペースシャトルの記録映像まで出てきている。「われわれは今、新しいステップを踏もうとしている。新しい時代の幕開け。並行世界にわれわれは行くんだ」みたいに、ずいぶんと丁寧に話していますね。

八木　それはとても具体的で人間的なことを話しているから、もっと抽象的にしたかったんだよね。

小林　それで短くなっていますね。この辺りはしゃべり過ぎている。しかもこれはセブンXにやられかけている間に挟まれるものなので、第1稿ではずいぶんのんびりしゃべっているなっていう印象です（笑）。

八木　まだキャラクターが見えてきてないから。最初はたくさんしゃべらせちゃうんだよね（笑）。

小林　シナリオの柱が「緑あふれるフランス庭園」となっているのも面白いですね（笑）。たぶんロケ場所が決まっているので、「グラキエスの空間」とかではなく、具体的に書いている。

八木　あれはロケハンを重ねて決めていた。左右対称のフランス式庭園なんだけど、横浜の洋館の庭だったね。

ちゃんとダンとアンヌも出る、だからみんなに分かってもらえる

小林　最初の古いプロットを見ると、最終回のタイトルは「ＵＬＴＲＡＳＥＶＥＮ Ｘ」になっていますね。

八木　最後はセブンにつなげるというのは最初から決まっていたことだよね。

小林　本来のウルトラセブンが並行世界からこちらに来ている。それが最後に分かるというのは、最初の段階から話し合っていましたね。それでちゃんとダンとアンヌも出る、だからみんなに分かってもらえるだろうっていうことで。それでシナリオの第1稿ではダンとアンヌの再会シーンが最後にきているんですね。

八木　でも、それをやっちゃうと『ウルトラセブン』の話になってしまう。これは『ＳＥＶＥＮ Ｘ』だから止めようっていうことにしたんだよね。

小林　プロットでは最終回の最後のシーンは、向こうの世界でダンとアンヌが再会して、アンヌが「お帰りなさい」と言っています。だから再会するというのは最初からやろうとしていたことですね。

八木　しかし思い返すと、このときに『ウルトラセブン』をできると聞いたときはとてもうれしかった。『ウルトラＱ ｄａｒｋ ｆａｎｔａｓｙ』が『ウルトラＱ』だとすると、『ウルトラマンマックス』はセブンタイプだけど王道の『ウルトラマン』で、この『ＵＬＴＲＡＳＥＶＥＮ Ｘ』は『ウルトラセブン』に当たるから思いっ切りＳＦをやっちゃえと考えた。そういう意味ではこれらは昭和の『ウルトラ』に対応する3部作になっているんだよね。

小林　確かに、八木さんにとってのウルトラ3部作でしたね。中でも『ＵＬＴＲＡＳＥＶＥＮ Ｘ』は、ウルトラシリーズでありながら革新的な大人向けのＳＦドラマにもなっていて、実は八木さんの個性が一番出ているんじゃないでしょうか。そして僕にとって、20代の若さで『ウルトラセブン』という歴史的作品の新作でメインライターを手掛けることができたのは、八木さんとのつながりのおかげです。本当に感謝しています。もう1つお話ししておきたい

のは、本作は放送終了後にノベライズが刊行されていまして、著者は僕の弟である小林英造なんです。今では僕と同じ脚本家をやっている英造ですが、執筆当時、まだ大学生でした。このノベライズは、テレビシリーズをそのままなぞったものではなく、テレビシリーズの隙間や過去を埋める書き下ろしの連作短編集になっています。『セブン』だから全7章です。僕は大枠を考えただけでほぼ英造の作品ですね。テレビシリーズと併せて読んでいただくと作品への理解が深まるということを、ここで宣伝しておきます。放送から15年経って、今でも作品を愛してくださっている方々の話を時々聞くたびにうれしくなりますね。ブルーレイボックスの発売を切に願っています。

Ai Ota | Writer

太田愛

『SEVEN X』を見ないと人生の損ですよ

『ULTRASEVEN X』では振り幅の大きい3本の脚本を担当し、作品世界を奥行きのあるものにした太田愛氏。『ウルトラマンネクサス』『ウルトラマンマックス』から続く八木毅監督との相性は抜群で、お互いへの信頼感も厚く数々の名作を共に作り上げてきた。そんな太田氏が、15年の歳月を経て『SEVEN X』に寄せる思いとはどのようなものなのか。あらためて振り返っていただいた。

「こういうのをやりたかったな！」というのが最初に強く思ったこと

八木　『ULTRASEVEN X』には前提として『ウルトラセブン』という作品がありました。『セブン』というのはSFであるとか、いろいろ深いテーマがあるということが言えると思いますけど、まずは太田さんが『セブン』についてお考えだったことから伺えますか。

太田　とにかく子供のときに見た印象が強烈で、見ながら「大人の作品」だというのは思いましたね。夜がとにかく印象的で、その夜の都市に響く靴音を子ども心に覚えています。また、社会問題を取り上げたようなお話が多かったように記憶していますね。割と正面から公害や見捨てられた人間を描いている場合もあって、楽しいばかりじゃない、かなり現実的なものを物語にしているなという印象を受けました。

八木　「夜の街に響く靴音」というイメージは確かにありますよね。さまよっているというか。

太田　地方都市に住んでいたということもあって、夜の都市の靴音はすごくスタイリッシュな感じがして印象的でした。あとは街灯の形やらせん型の道路の曲線というのも子ども心に映像的に残っていますね。とても近未来的で。

八木　お好きな作品については、『ウルトラマンティガ25年目の証言録』で詳しく語っていただきました。

太田　まずは上原正三先生の「あなたはだぁれ?」がとにかく印象に残っていて。それから「第四惑星の悪夢」、これも上正先生と実相寺昭雄監督（川崎髙名義）ですね。そして「盗まれたウルトラ・アイ」は市川森一先生の脚本ですね。あとは「ノンマルトの使者」、この辺のお話はした記憶があります。

八木　「盗まれたウルトラ・アイ」のラストは都会の夜をさまよい歩くダンですよね。それで「一緒に生きればよかったのに」というモノローグが入る孤独な感じでした。また、「第四惑星」とか「盗まれたウルトラ・アイ」は、今回の『SEVEN X』にも結構影響があると言いますか。もちろんそのままではないんですけど。『SEVEN X』も夜がテーマの1つでしたし、異世界だから異質な空間ということで。

太田　実は企画書のデータを掘り起こしました。これは『REBORN』のころのものですね。「この世界では街中に張り巡らされたモニターが政府の意図を伝え、さまざまな情報も与え大衆を引っ張る高度に情報化された管理社会である」という最初の設定から始まるんですけど、巨大な浮遊するモニターとかが目に見えてくるような感じがして「あ、これやりたい!」と最初から思いました。もう、「こういうのをやりたかったな!」というのが最初に強く思ったことですね。で、企画書の2ページ目には「この世界は宇宙人による侵略が水面下で、大衆には知らされずにすでに完了してしまった世界」と書かれていて、これもとても新しいなと当時思いました。管理社会自体は八木さんも触れられていた『1984』や『アルファヴィル』などがありますけど、情報を使ってというところが非常に斬新だなと感じたんです。破壊ではなく、人間の感性と頭脳を情報で支配して操る。しかもそれが完了している。その世界の中で物語が起こるということで、いろいろなものを思いついてしまいました。書きたいお話がどんどん出てきたんですけど、最初が「CODENAME〝R〟」ですね。この世界だったらこれができると思って、いただいてすぐに考え始めたのがこの第2話です。

八木　そうでしたよね。

太田　今になってこの企画書を拝見して、とても予見的なものがここにあったんだなとあらためて思っています。というのは、『SEVEN X』は2007年の放送ですからまだスマホが普及していなかったんです。2010年時点でもスマホの所持率はたったの4%ですから。ということは当時はガラケーの世界で、つまりはビッグデータがなかった時代なんですよね。でも『SEVEN X』の世界はビッグデータを用いた洗脳ですから、すごく先見的な設定だったんだなと感じました。そしてここに出てくる宇宙人というのは、たぶん八木さんの中にも資本と結びついた国家というイメージがおありだったと思うんです。実は2022年の12月9日に配信された共同通信の記事があるんですけれども、これは「防衛省、世論工作の研究に着手 AI活用、SNSで誘導」というものでした。つまり、現実にこういうことが起こっているんです。

八木　もう『SEVEN X』の世界そのままじゃないですか。

太田　ほぼ宇宙人的な感覚になっているんですね（笑）。この記事をたまたま目にしたものですから、あらためて『SEVEN X』の世界観がひたひたと現実化しつつあるという感じがしました。

今こそ『SEVEN X』を見る理由

八木　僕よりちゃんと『SEVEN X』の世界観を説明してくださって、ありがとうございます（笑）。お話をお聞きしながら思い出したんですけど、最初に太田さんにこの企画をお見せしてお願いして、すぐ「CODE NAME〝R〟」を書いてくださったじゃないですか。あのときも、あんまり言わなくても一瞬にして理解してくださって。それで「CODE NAME〝R〟」はすぐ出てきましたし、読んだときに「これなんだ、こういうのをやりたいんだ！」と思ったんですよね。

太田　ピタッと波長が合っちゃったんですね。だからほとんど説明なくシナリオをお渡ししたら、そのままスッと家に帰ってきたというのを衝撃的に覚えています（笑）。だからシナリオ打ち合わせってほとんどやらなかった気がするんです。

八木　実はここに至るまでは結構時間がかかっているんですけど、お会いして企画書をお見せしながらお話をしたらすぐにちゃんと分かってくださって。

太田　見えてくる感じがしましたね。それから政府広報の内容とか、いかにも無害な幸福の処方箋みたいなものがどんどん出されてくるというのもあったじゃないですか。いかにも健康的な表現を装いつつ、ドローンのように広告が流れていく。その情報が感性と頭脳を侵食していく恐ろしさは、すごくリアルに「あ、これだ！」と思いました。先ほど防衛省の世論工作の話をしましたけど、実はこういうことは戦時中にも行なわれていたんですね。これは『天上の葦』を書いたときに戦時中の文献をかなりたくさん調べたら出てきたんですけれども、日米開戦前に日本はアメリカのメディアをかなり調査しているんです。それが１９３７年の内閣情報部による極秘文書として残されていて、その中では「新聞の報道よりも写真の効果の方が絶大だ」という分析をしています。大衆の理性よりも、むしろその興奮に訴えるということですね。戦争の母体となるのは理性でなくして、実に大衆の興奮なのである。だから情報を用いて感情とか感性とかに入り込んでいくべきで、戦争というのはメディア戦だという分析なわけです。それで後には国策映画などもたくさん作られるようになっていきますし、情報を使った操作というのは連綿と進化してきたんだなというのをあらためて実感しましたね。ですから、今こそ多くの方に『SEVEN X』を見ていただきたいという気持ちになりました。

八木　そうですね。権力が情報操作で人々を支配する世界がどのようなものかがありますからね。

太田　実際に見返しても、深夜の低予算番組とは思えない世界観の作り込みには感動しましたね。私はたぶん円谷プロさんで45本くらい書いていると思うんですけど、特に「CODE NAME〝R〟」はその45本の中でも間違いなくマイベストのトップ5に入るほど気に入っている作品で。脚本も上がりもどちらもすごく好きですね。実は私はめったに自分の作品は見直さないんですけど、たまたま今回のお話をいただく少し前に不意に『SEVEN X』を見直したくなって夜中に見ているんです。それで今回のお話をいただいて、あらためて脚本も読み直して、それからもう1回見てということをしているんですね。それで思ったのは、深夜枠ということもあって完全にリミッターを外して書いているなと。難しい言葉を使っちゃいけないとか、そういう制限は全くなく書いていますね。だから読み返しても、「CODE NAME〝R〟」は撮影するのがかなり難しかったんじゃないかと思います。話もすごく観念的だし、非常に抽象度が高い会話をしていますでしょう。しかもほとんどオープニングの近くだったと思うんですけども、「UTOPIA」いう文字がパッパッとインサートされるじゃないですか。脚本にはないものですけど、あれを見たときに「もらった、これは！」と思いました。「UTOPIA」が入るタイミング、長さ……世界観がここで出来上がったというか、これは絶対傑作に仕上がっているなと思いました。本当に八木さんのセンスですね。八木さんのこ

© 円谷プロ

ジンを船に誘うアール（渡来敏之）。彼の目的は純粋だった。第２話「CODE NAME "R"」、六本木クラブ「コア」

とは『ウルトラマンネクサス』で組んで完全に信頼をしていたんですけれども、この世界観が一番向いているなって思いました。

八木　あの「UTOPIA」はテロップ処理じゃなくて、でかいのを美術に作ってもらって撮っているんですよね。「そんなの必要ですか?」って言われたけど、あんまり装飾がないシンプルな文字にすると言って。この言葉に存在感を持たせたかったから、ちょっとグロー（にじむ）しているじゃないですか。

太田　あの書体はすごく印象的でした。出てくるリズム感とかも、本当に「これは天性のものだな」っていう感じがしました。八木さんはすごく細かいんですよね。宮下ともみさんがOLの役で出ていて、タクシーで急いで移動しているところなんかも、走ってくるタクシーをちょっとした下りの傾斜があるところで正面から撮っているじゃないですか。あれが切迫感をすごく煽るわけです。そういう細かいところが全部集まって1つの世界を作っているというか。

八木　脚本が完全な構成なので、そう考えると細かいディテールの積み重ねというのが大切になるんですよね。道の傾斜もそうですし、実はあの世界だからクルマのエンジン音を変えているんですよね。電気なのかどうかは設定していないけど、普通のエンジンではないだろうということで。

太田　クルマの撮り方ひとつで切迫感が伝わるっていうのはすごいことだなって思いました。始まって数分のところですよね。あとはモノローグが入るシーンでは、俳優さんがスティルで動かないでカメラだけがグーッと動くというのがあって。あれはあまり日本の映像では見ない撮り方ですよね。カメラの動きが物語の状況や登場人物たちの気持ちと一体化していて、これもすごく感心しました。しかも全部のカットを近未来に見せているんですよね。これは生半可にできることではないなとすごく感じました。私はレンズに詳しくないんですけど、広角レンズなどを使っているのでしょうか?

八木　はい。画角としては広角を（望遠も）使っています。近未来に見せるためにロケ場所の選択やフィルター、ライティングとかいろいろと実験しているんです。

太田　「CODE NAME〝R〟」は好きなシーンが山ほどあるんですけれど、特に「ジン、ともに船に乗ろう」と言ってアールが駆け出すところの幸福感に満ちた疾走は素晴らしいですね。まだ「船に乗れるんだ」と信じているアールが駆け出していくわけですけれど、この幸福感に満ちた疾走は本当に胸が詰まるというか切ないというか。ああ、八木さんならではだなという気がしてすごく好きでしたね。

八木　あそこでは、おっしゃっているようなアールの気持ちを表現したかったので、彼も走っているし、カメラも近づいていく。だから交差しているんです。それで動きでも躍動感とか気持ちを表現しています。太田さんと最初に組んだ『ネクサス』の憐編でも彼が変身するときにバーって寄って行くんですけど、あれも不安定だけど疾走する気持ちを出せないかなと思って。短い間しか使えないんですけど、そういう演出で撮ったと思うんです。

太田　あそこもすごく好きでしたね。私自身はセリフに精魂を傾けるんですが、それを画にしてくださったときに思った通りの空気がそこにあるんですよね。でも、脚本家としてはそういうことって実はめったにないんです。だから何度見直しても「これは傑作！」って思います。とにかく多くの方にぜひ見ていただきたい作品ですね。ただ、内容については説明しにくいんですよね（笑）。好きなセリフはたくさんありますが、ものすごく観念的な話なので。

八木　太田さんはアナウンサーの原稿も書いてくださっていますよね。「ナイアシンがどうこう……」みたいなものも含めて。

太田　そう、政府広報とかも全部書いているの（笑）。天候のこととか、「孤独で心の病を持つ人が増えています。積極的に犬や猫の小動物を飼いましょう」みたいなこととか。そういう幸福の処方箋というアナウンサーの原稿も次から次に浮かんできて全部書いているんですよね。それから、ケイはこの世界を離脱したい人たちの気持ちが分からないという風に設定していたんですよね。そして、船が迎えに来るのを待っている人たちのことを「誰よりもこの世界を信じた人たちなんだ」とアールが言うわけです。「幸福になるための処方箋っていうのが次々に送られてきて、その幸福を実感できない人たちはまるで不治の病であるかのように」というセリフもあったと思うんですけど、それも八木さんの世界観にすごくインスピレーションを得て書いたセリフですね。そして「帰ろう、まだ見ぬ故郷へ。そこで待っているのは本当の私」……これが中心のモチーフだったと思うんです。で、割と長いト書きも書いているんですね。「アールも本当の自分が分からない。アールも帰りたいのだ。まだ見ぬ故郷、本当の私が待っている場所に。ジンにはアールの気持ちが分かる。ジンも不安だから」というように、珍しく内面のト書きを書いたりしていますね。とにかく作品の出来が非常によいので、これから映像を志す方には必ず見ておいていただきたい1本だなと思います。

「ちょっとこれ、なにが起こったの?」

太田　そういえばこの第2話の打ち合わせのときだったと思うんですけども、話はお互いに分かっちゃっているのでなにか別の話をしていて、それで「女性エージェントが1人いればいいよね」みたいな話になって。「なんでこのホンじゃなくて違う話をしているんだ?」と思ったんですけど。

八木　「CODE NAME〝R〟」はすぐできちゃったから、結構そっちの話をしましたよね。

太田　あのときに女性が1人いたらどうかしらみたいな話になったのは、秘密を抱えている人が2人いますでしょう。ジンは記憶がなくて、エレアはその秘密を知っている。で、なんにも秘密がないプレーンなエージェントはケイだけだった。バランスとしては、主要登場人物の中で秘密を抱えている人が抱えてない人よりも多い場合は、隠さなきゃいけない部分が非常に多くなるのでお話の展開がすごくしにくくなるんですね。それでもう1人、なんの秘密も持っていないエージェントがいた方が話は回しやすいんじゃないかな。だったらエレアが最後まであまり語れないので、エスという女の人にしようってなったんですね。じゃあ、エレアとの対比をつけて過激な武闘派にしよう（笑）。あのときに、こういう感じにしようというのを決めたような気がします。

八木　それで第1話にも出したんですよね。さかのぼって、そういう構成にしようっていうことで。最初に太田さんに相談したときはまだ全体の構成ができていない時期だったから、第2話にエスは出てこない。それでエスの話も書いてくださるっていうことになったんですけど、「CODE NAME〝R〟」もあるからいいのかしらって（笑）。

太田　本格登場回は「CODE NAME〝R〟」の次なので、アクションもやろうかなという話もそのときにしましたよね。「DIAMOND〝S〟」の話全体はオーソドックスにいこうと思っていて、ケイとエスが初めて会って、強い女性にちょっと気圧されてしまうケイというのを描いています。ちょっと可愛い感じですよね。

八木　ケイはあそこで幅が出ましたね。

太田　ジンが重いものを背負っているしすごく真面目なので、全体を転がすためにもケイには少し軽さっていうものを持ってもらいたいなと思っていて。そしてエスの登場に合わせて、一本気でまっすぐなんだけど、ちょっとおっちょこちょいなところも入れてみたりしました。なにをしても、たいていいつもエスに気圧されてしまう（笑）。

八木　確かに尻に敷かれている感じでした（笑）。

太田　アクションはお任せという感じだったので、場所なんかは全然指定していなかったんですね。だからジンとケイが真夜中に潜入するところは、フロアとかどこか広いところでするんだろうなと思っていたんですけど、完パケを見たら階段を使っているんですよね。階段を飛び降りて回転しながら着地するんですよ。それで思わず「ええ?」って声が出ちゃって（笑）。最後まで見ていないのに、そこだけちょっと巻き戻してそのカットを見直したりもしました。最初のアクションもすごかったんですけれど、あそこは「ちょっとこれ、なにが起こったの?」というくらいの目が覚める格闘でした。

八木　木で作ったセットじゃなくて本当の階段ですからね。着地に失敗したら怪我しちゃいますよ。

太田　「誰か骨折していないか?」と思うくらいでしたよね。顔が映るところは全部自分で体を張らないといけないので、ジンとケイの2人ともすごい運動神経でしたし。あとはスタントのプロのすごみも感じましたね。あれは並の人じゃないっていうか、まあそもそもエージェントだから並の人ではないんですけど（笑）。

八木　普通のスタントマンでもなかなかあれはできないんじゃないかと思いますね。

太田　できないと思いますね。あの回は監督が鈴木（健二）さんで、カメラマンが新井（毅）さんですよね。新井さんが本格登場のエスをかっこよく、可愛く綺麗に撮ってくれて、自分では楽しい回に入るお話になりました。

八木　ケイとエスの掛け合いも軽妙でした。

太田　「地球人擬態マニュアル」というのもあそこで出てくるんですよね。「あるのかそんなもん?」ってケイが本気で驚いていて（笑）。「それがなかったらどうやって地球人のふりするのよ?」とエスに言われても、なにか言おうとして言葉が出ない……。それで「人間の……真似を……するとか?」と返したら「おさるね」なんて軽く言われてしまう。

八木　あれがいい形で2人が近づいていくきっかけになっていて、可愛らしいカップルになりましたよね。

太田　なんだかんだ言いながら、ケイが一番エスのことを心配していてね。エスの右ストレートが炸裂して氷嚢を当てているケイも非常に可愛らしかったです。あの回は鈴木さんも結構楽しんで作ってくれている気がします。そのシーンのエンディングでは珍しくジンがエスに制裁を受けるというオチでしたね。「え、俺?」って(笑)。
八木　制裁を受けるところは映っていなくて、ジンの「え、俺?」という顔でそのシーンが終わる。洒落ていますよね。
太田　しかもそこで終わらないのが面白いところで、最後に1つ、オーソドックスにSF短編のラストっていう感じのものをくっつけています。あれは最初に書いたときは子どもにしていなかったんですけど、八木さんが「これは子どもにしたら?」と言ってくれて「それでいこう!」となりました。夕方の台所に子どもがすーっと入ってきて、1人でジュースを飲む。それがオーラスの「実は……」というオチになっているんですけど、あそこを子どもにしたのはナイスでしたね。
八木　僕が「子どもで」って言ったのは忘れていましたけど。子どもはブラッドベリの短編とかにもあるじゃないですか。あの感じですよね。
太田　そうそう、地下室でキノコを作るやつなんかね。
八木　やっぱり無垢な子の方がちょっといいかしらっていうのがあって。
太田　生活の中に平らに入っている感じがリアルでインパクトがありますよね。あのエンディングも好きでした。

「RED MOON」は「SF×ミステリー」

太田　では八木さんに撮っていただいた「RED MOON」の話にいきましょうか。これもすごく好きな作品ですけど、出したときに八木さんが「これは僕が撮りますから」と言ってくださったんですよね。でも、100年前が出てくるお話なんですよ。簡単に100年前なんて言うけど、そんな風景がどこにある、撮る方の身にもなってみろと思うんですけどね(笑)。その100年前の物語の回想が断片的に入ってくるんですけれども、間接話法的な映像で描かれていて、そこがすごく素晴らしいなって思っています。断片の1つ1つが割と象徴的な感じで、例えば父親に結婚を反対される、叱責されるシーンは拳でドンとやるだけで余計なセリフを全然入れない。私ももちろんセリフは書いていないわけですけれども、ああいうところって割とやっちゃう監督さんの方が多いんですよ。しゃべらせたりとかね。でもそれは全然なくて、2人が見つめ合っているシーンなどいくつか断片が入るのがすごく象徴的で、かえって断片と断片の間をつなぐ時間を思わせるんですね。そういう象徴的な回想シーンのお手本だと思うので、これも映像を志す方にはやっぱりすごく見ていただきたい。あと覚えているのは、八木さんと2人でホンを読んだときに「前編後編にならないかな」「この辺りまでを前編にして」なんて話したことですね。

八木　30分枠でしたけど、せめてもうちょっと長かったらよかったですね。

太田　そういえば『SEVEN X』では毎回、八木さんと「これは前編後編でやりたいよね」と言い合った記憶があります。でも30分枠って実質20数分しかないわけですから、そこでこれだけ濃いものが作れたというのは、やっぱり「お互いにいい仕事をしたな」という感じがすごくあります。達成感のある作品でした。

八木　2クールとか4クールあったら本当にいろいろできましたけどね、前後編にもできたでしょうし。

太田　これは私が書いた3本の中では「SF×ミステリー」なんですよね。

八木　謎解きを最後の最後までやっていますからね。

太田　最後の最後に一番大きな謎が解かれるんですけれども、すごく素晴らしかったのは八木さんが画で全部説明してくれたんですね。一応分かるようにセリフにして書いてあるんですけれども、八木さんがそれを読んで画にしてくれています。あそこの画の動きは素晴らしかったですね。そして「ああそうか！」って、たぶん見た人は全員が納得する謎解きが最後に来る。たぶんSFでミステリーをやったのはこれが最初で最後なんじゃないかなと思うんですけど、本当に八木さんでよかったなって。八木さんじゃなかったら分からない話になっていたかもしれないって（笑）。

八木　あそこはCGチームが頑張りました。大変なカロリーだったと思いますけどあれを見せれば一発で分かります。

太田　すごく頑張ってくれました。あの長いセリフを言っただけでは分からないかもしれない、そういう内容を画でバッサリ見せられるというのが素晴らしかったですね。今回見直した感想としてメモには「見事の一言」って書いています。でも好きなところはいっぱいあるんです。例えば最初にグラスメモリアっていうのが出てきますでしょう。双眼鏡の形をした記憶装置であり記録装置であり、見たものが記録されているものですね。ちょっとノスタルジックでアナログなものにハイテクな機能を入れたかったんですけれども、そのグラスメモリアが最初に登場するシーンですね。かすかに揺れるブランコの上にグラスメモリアが置かれているという設定で、謎の男を追いかけてきたジンが公園に入っていくと、ブランコが揺れる音が先に入るんですよね。そして、そこからパンダウンして初めてブランコの上のグラスメモリアが見える。ここもやっぱりセンスを感じましたね。ブランコの「キーキー」という音があって、そのあとでグラスメモリアが見えてくる。これでレトロな双眼鏡の形をしたなにか、普通じゃないものが物語の中心に座るんだというのが一瞬で分かる。八木さんは冒頭で物語の世界観を作られるのがすごくお上手で、これは『ネクサス』で組んだときから感じていたことです。

八木　冒頭は、見ている人に世界に入っていただくための重要な導入ですからとても重視していますね。

太田　それからケイとジン、エスの3人がそれぞれに謎を追っていくシーンですね。それぞれ別々のラインを追いかけていくので実は理解していくのがすごく難しいんですけれども、それをすーっと1つの音楽でつないでしまうことで分かりやすく、入りやすく演出されていて。あそこもすごく感心しました。もう、最後にこれができて本当によかったなって。12本しかない中で縦筋に関係ないものを3本も書かせていただいているんですけど（笑）。そういえば企画書には最終回までの流れが割と細かめに書かれていて、その後に注釈として「以上の前提のもと、1〜9話のエピソードは1話完結、深夜ならではのハードでスタイリッシュな物語を並べます」と書いてあるんです。だから最初に読んだときに「あ、ここだ。私がやるのはここだ！」って思いました（笑）。この単発のところで、1話ごとに違う味のもの、作品を書こうと。しかも深夜の設定なのでリミッターを外して、ホラーでもスリラーでもSFでもメロドラマでもなんでもできるっていう感じだったので3話全然違うものを書かせていただいた。最後にいいシリーズでお仕事をさせていただいたな、悔いのないいいシリーズに参加させていただいたなと思っています。

八木　太田さんも円谷作品は『SEVEN X』が最後でしたけど僕もテレビシリーズはこれが最後だったんです。

太田　期せずして2人ともそうだったんですよね。でも本当にやれてよかったな〜って思いますし、八木さんがいてくれたから撮れたんだと思います。

「お仕事でこんなに楽しくていいのかしら？」

八木　太田さんに入っていただいて、第2話のときにすぐ理解してくださったのでそのホンをみんなに見せたんです。もちろん他の人が理解していなかったというわけではないんですけど、「こういうことですから」って。やっぱりちょっと悩んでいるところもあったので、太田さんには助けていただいたところもすごくありました。

太田　だいたいSFとかでも好きな本が似ていたりしましたから。『ウルトラマンティガ 25年目の証言録』では好きな映画や本のお話をしましたけど、かなりかぶっている感じでしたよね。

八木　実際、よくSFの話をしていましたもんね。

太田　「やっぱり雪と言えばトリュフォーだよね」とかね（笑）。

八木　『華氏451』(66)のラストですよね。原作にはないけど撮影当日の朝、雪が積もっていてっていう。

太田　あの雪はマイベストに絶対に入りますとか、会うとそういう話ばっかりでした。ホン打ちよりも他の話をしていることが多かったですね。あまり説明しなくても、ホンはもう分かってるんでということで。

八木　そういう雑談をしながら方向性の確認もできたのかもしれないですけど、好みも一緒だし楽しかったですね。

太田　不思議なくらいドンピシャっていう感じで、だからご縁ですね。亡くなられた原田（昌樹）監督と八木さんには全幅の信頼を置いてホンをお預けしていて、完成を見ていつも「ああ、やっぱりよかった」と思っていました。だからこのときは最後に一緒にお仕事ができてうれしかったです。

八木　僕の方は『ネクサス』で組む前から、『ティガ』『ダイナ』で助監督をやりながら素敵なホンだなとずっと思っていたんですね。だから『ネクサス』で初めてご一緒できてうれしかったですし、あれを映像化することを一生懸命考えてやりました。それからは楽しく一緒に作らせていただいて光栄でした。

太田　私も「お仕事でこんなに楽しくていいのかしら?」って思うくらいで（笑）。相性っていうんですかね、そういうのが合わないとどんどん違う方にいってしまうこともあるんですけど、本当に安心して仕事をしていました。

八木　「こういうのが撮りたい」というのを書いていただけるので、本当に僕としてもピッタリだったんです。ありがとうございます。

太田　逆に言うと、「こういうのを撮ってもらいたかった」というのを書けたのですごくうれしい感じでした。この本を読んでくださった方はぜひ『SEVEN X』を見ましょう。見ないと人生の損ですよ（笑）。

福田卓郎

Takuro Fukuda | Writer

なぜかまた名刺を出す宇宙人が出てきてしまった（笑）

『ULTRASEVEN X』では、非正規雇用が一般化した現在の社会を予見したような「HOPELESS」の脚本を執筆した福田卓郎氏。ウルトラマンシリーズへの参加は『ウルトラマンマックス』以来で、『マックス』ではプロデューサー／メイン監督を務めた八木毅氏からの信頼は厚い。明るさと暗さがないまぜとなった独特の作風について、そのルーツも含めてお話いただいた。

東宝特撮では『サンダ対ガイラ』が一番好きなんじゃないかな

八木　福田さんは大学生のころから活動を始められたということですけど、日本大学芸術学部を選ばれた時点で映画志望だったのですか?

福田　子供のころから映画、特に怪獣映画が大好きで。それで封切りの日に映画館にお弁当を持って行って大体朝から夕方までずっと見てっていう感じだったんです。田舎なので、夕方からは成人映画に変わっちゃうのでね（笑）。そういう感じで映画を好きだったから「将来なにをやるんだ?」みたいなことを考えると、なんとなくそういうことをやりたいなっていうのもあった。でも現実的に考えるとテレビドラマだろうと思って、東京のテレビ局に入ろうと考えたんですね。でもあるとき、東京のテレビ局に入っても結局ディレクターになれるわけではないということに気づいてしまって。だったら日芸の映画学科に行こうって。それなら映画の勉強しかしないしね。あと浪人中に早稲田の商学部とか経済学部に行った友達を見て、「嫌だなあ、こんな勉強はしたくないな」と思ったのもあって（笑）。それで日芸に行くことにしたっていう感じです。

八木　怪獣映画が最初にあるんですね。

福田　原点はやっぱりそこですね。僕は『モスラ』（61）が大好きだったんです。

八木　僕も大好きです。エキゾチックで素敵ですよね。

福田　実は蛾が嫌いなので、なぜ『モスラ』を好きなのかは自分でもよく分からないんですけど。

八木　実際に蛾が目の前を飛んだりするとびっくりしちゃいますけど、あれはいい映画ですよね。普通の蛾には感情移入できないけど、モスラには感情移入できるからですかね。

福田　たぶんそうでしょうね。あとは子どものころに見て夢でうなされた『フランケンシュタインの怪獣　サンダ対ガイラ』（66）とかも、やっぱり好きなんです。ブルーレイが出たらすぐ買いましたけど、東宝特撮ではたぶんあれが一番好きなんじゃないかな。

八木　僕はもうちょっと幸せなやつの方が好きなので、『サンダ対ガイラ』はどちらかというと難しいんですけど（笑）。あれはどの辺がお好きなんですか？

福田　まあ「海彦山彦」じゃないですか。それで、やっぱりガイラが怖かったっていうのがあるのかもしれない。それで逆に好きなのかな。あとはメーサー殺獣光線とか気持ちよかったし。海で追いかけられる夢を見て、うなされたのはよく覚えていますね。
八木　福田さんは『ウルトラマン』以前に特撮映画の体験をされている世代ですからね。
福田　僕の場合は『ウルトラマン』の記憶もなんとなくはありますが、どっちかというと『ウルトラセブン』の方がど真ん中の感じですね。
八木　僕の場合は再放送ですけど、やっぱり『セブン』が最初の記憶なんですよね。
福田　僕は明るいのが好きだと思うんだけど、なぜか『サンダ対ガイラ』と同じでちょっと暗い『セブン』の方が印象に残っている。
八木　確かに福田さんの作風は明るいというか、根っこはポジティブじゃないですか。でも東宝特撮では『サンダ対ガイラ』が一番で、『マン』よりは『セブン』なんですね。とても興味深いところです。

「侵略に来ました、どうぞよろしく」って名刺を出すウザい宇宙人

八木　福田さんのお芝居は僕も大好きですが、とにかく笑いますよね。それで最後は前向きな感じで終わるのが素晴らしい。
福田　仮に暗い話をやっても、最後は前向きで終わるみたいな感じですね。暗い話を舞台で作っていると、稽古場に行くのが嫌になりますから（笑）。まあそういうのは得意な人がいるから、その人にやってもらえばいいやって思いますしね。
八木　確かにホラーとかも作ると「しばらくこれはいいな」と思いますね。作るということについては面白いんですけど、入り込んでいるとだんだん暗い気分になってくる。好きな人は好きなんでしょうけど、続けて作りたいとは思

わないということはあります。それはともかく、『就職戦線異状なし』（91）でデビューされて。

福田　そこから少しテレビも書くようになって、みたいな感じですかね。

八木　『ウルトラマンマックス』のときは金子監督が紹介してくださったんですけど。

福田　『マックス』は呼んでもらえてうれしかったですね。『ウルトラマン』だあ！って（笑）。それはよく覚えています。でもいま見たら「なんて贅沢なんだろう」って思いますよ。

八木　あのときはシャマー星人というキャラクターを作ってくださったんですよね。

福田　なんでいつも名刺出すんだろう？っていう（笑）。

八木　宇宙人が名刺を出すのは印象に残りますよね。でも、日本人のビジネスマンというか……われわれも含めて基本的に日本人はみんな名刺を出すわけです（笑）。明るくて楽しいお話を作っていただきました。

福田　「侵略に来ました、どうぞよろしく」って名刺を出すウザい宇宙人ですね。人を小馬鹿にしているというか、馬鹿馬鹿しい宇宙人でしたけどね。

八木　あれは評判がすごくよかったので2回出てもらったんです。

福田　だから1回目は殺さなかったんです。最後は逃げていなくなるっていう風にごまかしていますよね。それで2回目は「猫に食べられたんじゃないか？」っていうところで終わりました。

八木　あれはどっちか分からないですよね。

福田　一応、死んだ風にはしていないです（笑）。

八木　『ウルトラ』には本当にいろいろなバリエーションがありますけど、侵略者という鋳型にはまってしまう場合も多かったりします。そういう点から見てもシャマー星人は面白い。しかも1回目と2回目で役者さんが変わったというのも不思議な感じで（笑）。同じやつなのに人間態がちょっと違うところも馬鹿にしているっていうか。
福田　ただ2回目のときは、エリーがアンドロイドじゃなくなるっていう方がどっちかというとメインだった気もしますけど。エリーとピグモンが入れ替わるっていうね。
八木　ピグモンがカイトにデレデレしていて、ミズキとかコバとかみんなが微妙な感じになっている。あの回でアンドロイドのエリーも感情というものをちょっと知るし、ピグモンは最後にマックス（カイト）を守るわけじゃないですか。
福田　もう1本を書くときに「あるものでやってほしい」という感じだったので、八木さんにじゃあシャマー星人を出していいですかっていうのは聞いたような気がする。で、「だったらレッドキングとピグモンもいいですか」って（笑）。自分の好きなものを出してしまった回ですね。
八木　最高でした。あの回はエリーとピグモンがすごく可愛いですよね。ピグモンって女の子だったのかなって思いましたけど。
福田　栃原（広昭）さんは「男だろう?」って言っていたような気がするけど、聞かないふりをしていました。
八木　「それは決まってないですから」ということで。ミズキの天然な感じもあそこでよく出ていましたね。渡来（敏之）さんの強烈なお芝居も素晴らしかったですし。あのコントラストがいいんでしょうね。
福田　あの回は初稿から直しがあんまりなかったような気がしますね。いつもこんなに楽しく書ければいいのにって思いましたけど。
八木　楽しく書いていただいて、現場も楽しく撮影しているというのが一番いいんですよね。画にその楽しさが出てきますから。だから『マックス』ではクリエイターの皆さんになるべくストレスがいかないようにと思ってプロデューサーとしてやっていましたし、現場にもギスギスしない人たちが集まっていたんです。

「自分を倒すんだったら、自分に協力しているこの人間たちも倒せよ」

八木　『マックス』から1年ちょっとで『ULTRASEVEN X』が始まるときにお声がけさせていただきました。自由に書いてくださいというのは『マックス』と一緒でしたけど、今回は深夜だというのが決まっていたので、子ども向け、ファミリー向けというところはなかったじゃないですか。

福田　それに『セブン』だっていうのもあって、じゃあやっぱり『マックス』とは全然違うテイストのものにしようというのはあったんです。でも、なぜかまた名刺を出す宇宙人が出てきてしまった（笑）。

八木　でも子どもの目線を気にしないというところでは突っ込めていますよね。

福田　『セブン』だからっていうのは結構考えていて、問題意識みたいなものはちゃんと入れようと思ってああいう話にしたという記憶があります。

八木　やっぱり『セブン』にはテーマ性みたいなものがあるという認識ですよね。

福田　『セブン』ってそういうものだと思っていたので、全然疑問も抱かずそういうものにしようと思っていましたね。せっかく『セブン』をやるんだからっていうことで。

八木　タイトルからして「HOPELESS」じゃないですか。これは福田さんが作られた言葉だと思いますが、当然「HOMELESS」を意識されているわけですよね。

福田　最初は「希望なき人々」というプロットでずっとやっていたんですけど、『SEVEN X』ってみんな英語タイトルだったじゃないですか？　それに出てくる人がホームレスっぽい人で希望がない感じだったので、じゃあ「H

OPELESS」にしようっていうことでしたね。
八木　マーキンド星人に雇われている人たちは今の言葉だと「派遣」ですよね。
福田　マーキンド星人に非がないわけではないんだけど、よく考えると言い返せないなにかがあって。
八木　彼は最初から自分の仕事をしているだけなんですよね。
福田　だから「自分を倒すんだったら、自分に協力しているこの人間たちも倒せよ」と言うわけじゃないですか。その人間たちは分かっていて協力しているんだから。
八木　雇われているとはいえ、分かってやっているから罪としては同じですよね。
福田　それでジンがなんのために戦うのかをちょっと考えるということでもあった。こんな人間たちのために戦うのか……っていう。
八木　「好きにさせてよ」っていう人たちもいるし、お金のために魂を売っちゃっているような人もいる。これは人間世界の縮図なのかもしれないですけど、やっぱりジンは彼らを守るという意味では、別け隔てをしないということですよね。
福田　それでも……ということですよね。
八木　いい人だけを守るというのでは、選択をしてしまっているのでおかしなことになる。だから「いい／悪い」じゃないんですよね。あるいは、あそこまで追い詰められた人がいることへの批判ということがあったのかもしれないですし。
福田　でもあのころって、経済はまだそこまでひどくなかった気がするんですけどね。今の方が作品の世界に全然近いですよね。

タマル（小宮孝泰）とマーキンド星人の珍しいツーショット。第3話「HOPELESS」

八木　見直すと街の雰囲気とかも明るいんですよね。「派遣」の問題もここまではなかったですし。

福田　当時は近未来と言っていましたけど、ちょうど15年後の今みたいな雰囲気だなと思いましたね。

小宮（孝泰）さんはマーキンド星人を飄々と演じてくれてよかったです

八木　宇宙人は侵略者ばかりじゃないということはひとつあって、シャマー星人も独特でしたけどマーキンド星人は商人でした。

福田　あれはマーチャントと商人《あきんど》を合わせているんです（笑）。それで本人には地球を征服するつもりなんかはなくて、要するに商売していますってことですよね。『ウルトラマンX』でまた出てきたんですけど、林（壮太郎）さんが使ってくれたのかな。商売人という形で出してくれて、あのときは「やった！　生き残っていた！」って思いましたね（笑）。

八木　あれが生きていると、地球征服を企んでいるクライアントが誰かを追及されちゃうという問題がありますけど（笑）。

福田　あのときはずっと宇宙人態で出ていたから、別の個体だったかもしれないけどね（笑）。

八木　その後は『ウルトラマンタイガ』（19）にも出ているみたいですけど、造形もいいからスーツが残っていたんでしょうね。このころのスーツって結構残っていないんですけど、残っていたんだったら素晴らしいことです。キャラクターの個性という意味でも目立ちますしね。

福田　林さんは「使いやすい」って言っていましたね。

八木　使いやすい怪獣とか宇宙人はキャラクターが明解でいいんですよ。ピグモンやバルタン星人がいい例ですけど、個性があってシンプルで力強いキャラは何度も出てきますよね。同じようにマーキンド星人は実際に見ていて楽しいですし素晴らしいキャラです。
福田　人間態は小宮（孝泰）さんが飄々と演じてくれたのでよかったです。
八木　抜群なキャスティングでしたよね。冒頭部分のカメラ目線の演技なんかも面白くて引きつけられます。
福田　キャスティングを見たときは、「ああ、ぴったりだな」って。
八木　あそこで感情移入できないと滑っちゃうんですけど、キャスティングがとってもいいですよね。
福田　でも完成したのを見たら、自分が思っているよりもちゃんと『セブン』の世界になっているなと思いましたね。夜の撮影が多いとかいろいろあって、世界観が台本で読むより具体的に見えたというのも大きいかもしれませんが。
八木　不思議な余韻がありますよね。最後にマーキンド星人はなにか言いかけるんだけど、答えを聞けないまま死んじゃうし（笑）。『セブン』って変な余韻のある話が多かったですけど、そこに連なるムードと言いますか、そういうものを感じました。
福田　なんとなくですけど、「馬鹿馬鹿しいものだけじゃなくて、問題意識があるものもやれるんだぞ」と見せられたかなっていう（笑）。
八木　それはもちろんですよ。実際にシリーズが続くんだったら、「今度はシリアスなやつもやりましょう」って言ったと思うんです。今日は『サンダ対ガイラ』のことを伺ったので、今度はそれもやってみましょうかとか。
福田　実は僕はホラーとかも好きで結構見るんですよ。でも自分でディレクターをやりたいかって言ったら、「う〜ん？」と思うけど見るのは好き。これはお芝居でもあるじゃないですか？　アングラ的なものも、自分じゃ絶対やらないけど見るのは好きなんです。

八木　書く場合は監督に振っちゃうから大丈夫ということですね（笑）。
福田　そうなんですよ。だからやっぱり自分が撮るなら楽しいやつがいいですね。

日本でもSFがいっぱい作られたらいいなぁ

八木　そういえば（金子）二郎さんが福田さんとはよく飲みに行くとおっしゃっていました。
福田　最初にじんのひろあきさんに声をかけてもらって一緒にやったとき（『ハッピーエンドの物語』／91）の仲間ですからね。それに二郎くんと僕が見ているものって割と重なっているものが多いんですよ。配信とかで海外の連ドラで共通したのを見ている人って周りになかなかいないんですけどね。この間は『ハウス・オブ・ザ・ドラゴン』の話なんかをしましたけど、今は『ウェンズデー』とか。
八木　『ウェンズデー』大好きです。それから『ブラックミラー』なんかもすごいなって思うし、ああいうやつをやりたいんですよね。
福田　そういえばコミコンで発表された『ＡＫＡＲＩ』（22）を見ましたよ。あれは何日くらいで撮影されたんですか？
八木　あれは3日で撮影したんです。『ＡＫＡＲＩ』の特撮は『ＳＥＶＥＮ Ｘ』で追求した斬新で独創的な表現をすべて実写でやって、さらに進化させたという感じです。だからＣＧとか合成は一切使っていなくて、爆発なんかも全部やっちゃっています。あと『ＳＥＶＥＮ Ｘ』では爆発は青とか緑にしているんですけど、今回はドライアイスを爆発させてそれに色をつけたりしています。あとはライティングですね。色彩と照明にはこだわって作りました。
福田　向こうの配信を見るとＳＦのアンソロジーとかいっぱいあるから、日本でもこういうのがいっぱい作られたらいいなあって思いますよね。

八木　アメリカってすごいなと思うのは1958年に『トワイライトゾーン』を発明しましたからね。でも『SEVEN X』ではちゃんとSFができましたよね。

福田　しかもDVDの特典がすごく豪華でしたよね。「すごい!」と思って今でもちゃんと取ってありますけど。

八木　あれは全部撮影で使ったもののデータから起こしているので、銃とかVCとか全く一緒なんですよ。今からだと作れないと思うので、絶対に取っておいた方がいいですよ(笑)。では最後に、福田さんが『SEVEN X』に対していま思うことを聞かせていただけますか?

福田　やはり『ウルトラセブン』は自分にとって特別で、その名を冠した作品に参加できたことはとてもうれしく今でも誇らしいですね。今回、あらためて見直してみて『ULTRASEVEN X』は他のウルトラと比べて確かに異質だけど、それだけに今でも色あせない面白さを持っているのだと思いました。大きな制約がなく好きな物を書ける……ということはそうそうあることではありません。そんな場を作ってくれた八木さんには本当に感謝です。

金子二郎

Jiro Kaneko | Writer

『SEVEN X』では「自分らしさ」を出せました

第5話「PEACE MAKER」の脚本を執筆した金子二郎氏。氏の兄は映画監督の金子修介氏で、兄弟でタッグを組む作品もあるなど、その仲の良さはよく知られているところだ。今回はそんなお2人の育った環境の話から伺い、二郎氏の作品の根底に流れる反戦への思いを紐解いていった。また『ウルトラセブン』への思いや、トラウマになったアニメ『海のトリトン』など、創造の源泉となった作品についても話していただけた。

戦争はいけないんだというのは当たり前のこととしてあった

八木　二郎さんと初めてお会いしたのは『ウルトラマンマックス』のときでした。あのときよくお聞きしていたのはお父様が共産党の闘士だということ、そしてお母様が切り絵画家で素晴らしい作品を作られているということです。

金子　まあ、子どものころは他の家を知らないじゃないですか。だから特殊な環境だなんて思ってはいなかったんですけど。わが家では、例えばベトナム戦争の時代にはベトナム戦争が家庭で話題になって、戦争はいけないんだというのは当たり前のこととしてあったんですね。しかも左翼の家は平和運動が始まるので、8月は両親それぞれが忙しくなるんです。と言いつつ父は19歳で徴兵されて、そのころは右翼少年だったそうですね。ところが千葉で塹壕を掘っている間に肺病になりまして、東京大空襲も千葉の陸軍営巣地から見ていたようです。で、今の新宿高校出身でエリート意識があったみたいなんですけど、軍隊に行って殴られまくって嫌になった。そんなときに、病院で隣のベッドに寝ている兵士から「金子二等兵、この戦争は負けるぞ」って言われた。それで戦争が終わったらすぐ共産党に入党して活動するのですが、当時の共産党は今と違ってちょっと過激だったと思います。それで渋谷の区議選に共産党から出たり落ちたり（笑）。まあ選挙は大体落ちているんですけど。そういう中で労働運動が必要だということで労働運動をまとめる機関を作って、そこで働いている間にベトナム戦争が始まったんですね。それで「ベトナム戦争反対」というゼッケンを付けて8年間通勤をしたということでちょっとした有名人になったんです。母親とは共産党運動で知り合ったんですけど、2人とも貧乏だったけど結婚して、兄貴が生まれ、その7年後には僕が生まれました。生家は渋谷区初台のバラックでしたね。そこで4歳まで育って、三鷹に越して来たらもうちょっとまともな家になった。父親は、今度はゼッケンを付けて三鷹から浜松町まで約6年通い続けた。だから幼いころは他の父親もみんなゼッケンを付けていると思っていたんです（笑）。

八木　本当に特別な環境ですよね。そこで金子修介監督と二郎さんが育ったということで。

金子　もちろんゼッケンを付けないで会社に行く日もあったんです。どういう日だったのかは分からないけど、ちょっと嫌になったとか、あったんじゃないでしょうか。そうすると僕が「お父さん、付けないの？」って（笑）。そういう笑い話はのちに聞かされました。

八木　家を出てからずっとゼッケンを付けているのは大変ですよね。

金子　中には「今の日本の好景気はベトナム戦争のおかげだぞ」とか食ってかかる人もいたらしい。あるときなんかは眼鏡が割れて募金箱も壊れて、泥だらけになって帰ってきたこともあった。そのときは泣いて「もう止めよう!」と言った覚えがあります。怖かったですね。あれは小学校の中学年くらいになってからでしたけど。そういう家で育ったから、僕もブレずに反戦っていうのは思っていましたね。例えば子どもだったら「向こうが悪いやつだったら攻めてもいいじゃないか」と思うものじゃないですか？　そういうこともちゃんとつぶしてもらったというか。

八木　詳しくはあとで話したいと思いますが、これは『ULTRASEVEN X』に書いていただいた脚本にも通じるテーマですね。

金子　『ウルトラセブン』に関しては、ちょうど兄が中学に入っていたので見なくなった年ということで見ることはできなかったんです。テレビが1台しかなかったので。だから再放送で何回も見たという方なんです。それでもやっぱり「ノンマルトの使者」はなんか覚えているんですよ。「攻めていたのはこっちじゃないか」みたいな話はトラウマのように残りましたね。

八木　キリヤマ隊長が「地球はわれわれのものだ」と言いますけど、実は侵略者は地球人の側だったっていう。

金子　あとは「超兵器R1号」の話とかもね。

八木　「それは、血を吐きながら続ける悲しいマラソンですよ」というダンの有名なセリフがありますね。

金子　子どものころには楽しいとは思わなかったけど、すごく覚えてはいます。最初はやっぱり分からなかったけど、小学校高学年ぐらいになって再放送を見て分かったのかな。当時は、再放送の回数ってすごかったじゃないですか。

八木　僕も『セブン』は再放送世代ですけど、最初から「ノンマルト」を分かっていたかどうか。「超兵器R1号」はギエロン星人が最後に切られて綺麗な花園で死ぬわけですけど……。

金子　『SEVEN X』の話を無理矢理つなげるわけじゃないけど、小学校の同時期に夢中になっていたのが手塚治虫原作のアニメ『海のトリトン』（72）で。僕の書いた「PEACE MAKER」にはオリファムっていう緑色の物質が出てくるんですけど、あれは『海のトリトン』のオリハルコンから取っているんですよ。やっぱり緑色の最終兵器で、主人公のトリトンの生命線なんです。それで彼をずっと追いかけてくるポセイドンっていうのは怪人とか怪獣だったんだけど、その敵の本拠地に乗り込むと普通の人たち、ポセイドンの一族が生活していたわけ。でもトリトンは持ち込んではいけないオリハルコンを持ち込んで、彼らを全滅させたんです。その最終回を見たときには、兄貴と2人、テレビの前で「あぁ～？」ってなりました（笑）。

八木　主人公がなんの罪もない人たちを全滅させてしまった。

金子　だからすごく嫌なものが残りました。監督は富野由悠季（当時は富野喜幸）さんですけど、そういう最終回だったんです。こんなのを見たらトラウマになるよっていうくらいの衝撃でした。トリトン族とポセイドン族は共存できないという話ではあったんですけど。

「監督、それを言い出したのはあんただよ！」

八木　反戦の話を伺っているときにも思いましたけど、「PEACE MAKER」では地球を舞台に2つの種族が争っているじゃないですか。それぞれが侵略されていると思っているのかもしれないけど、結局はただの戦争ですよね。二郎さんは「これで相手を殲滅できます」という風にセリフで「殲滅」という言葉を使っていますけど、最後は両方ともが全滅してしまうわけで。

金子　記憶をたどると、実は「殲滅」って言ったのは八木さんなんですよ。脚本打ち合わせで最後に「ここはどうしようか？」という話の中で、「殲滅がいいんじゃないですか？」って。僕は「そこまでいっちゃうか！」という気持ちになって、「ああ、そっちの方がいいな」と思ったんです。

八木　それはすっかり忘れていて、でもあの作品では「殲滅」という言葉がキーだと思っていました（笑）。当時も二郎さんと話していて、反戦のこととか、お父様の話も聞いていましたし、脚本を読んでそういう言葉が出てきたんですかね。

金子　「監督、それを言い出したのはあんただよ！」というのは、逆に脚本家は覚えていますよ。まあ、悪い場合の方がより覚えていますけど（笑）。「これはちょっとどうだったんだろう？」っていう思いがずっと残りますからね。で僕は現場のために書いているという姿勢をずっと貫いているので、現場でできないものを書いてもしょうがないなというのがある。現場の人が乗れないんだったら、それはダメだなと思っているので。

八木　脚本の直しって難しいですよね。プロット段階だったら「こうしましょう、ああしましょう」っていうのは言いやすいけど。今のは「殲滅」っていう一言だったかもしれないけど、ものすごく緻密に構造があるじゃないですか。だから下手なことを言うと壊れちゃう。

金子　「殲滅」に関しては一歩踏み込んだ言葉だから、ちょっとヤバいかなというのはありました。最初のころはもうちょっと柔らかい言葉にしていたはずで、確か「相手を圧倒することができる」みたいなことを言っていたんじゃないかな。そこからちょっと踏み込んだ言葉だったので、「おお！」って思いましたね。でもまあ、どっちかが最終兵器を持っていたら、相手も最終兵器を持っているだろうなというのはありましたけど。

八木　核戦争みたいなものですよね。反戦ではなく戦争をしようとしていたわけだから、これは「ノンマルト」のキリヤマと一緒です。

金子　まあ、せっかく『セブン』をやるんだったらという気持ちはあったでしょうね。僕は福田卓郎さんとよく2人で飲むんですけど、僕の方が卓郎さんよりちょっと先にオファーをいただいていて、飲みの席で「こんなの考えているんだけど」みたいな話をしたんですね。それで「やっぱり『ウルトラセブン』って名が付くんだからそういうことだよね」なんて言っていたら、その翌日くらいに「八木さんから連絡があって、僕もやることになった」って。卓郎さんは卓郎さんで労働問題を持ってきたでしょう。うーん、面白いなって思いましたね。

八木　あれはアルバイトっていう言い方をしていますけど、今だったらたぶん派遣ということだと思います。

金子　派遣問題ですよね。卓郎さんは劇団で若い人も抱えているから、そういうのを目の当たりにして労働問題を持ってきたんだろうなって感心しました。

『ウルトラマンマックス』のオープニングのこと

金子　父の話に戻るけど、子供のころのことでいまだによく思い出すのは、「日本は平和だと思うか？」と聞かれるんですよ。で、「世界のどこかの国で戦争が起きているのに、日本だけ平和っていうことはあり得ないんだよ」って言われて。じゃあ、俺はどうしたらいいんだよって思うわけですけど（笑）。そんなことをこの歳になっても思い出しますね。例えばウクライナで起きていることに対してもなにもできない。だからといってそのまま見ていればいいのかっていうと、親父の幽霊が「ゼッケンを付けたらどうだ？」とか言っているような気もするし。「プーチンはウクライナから手をひけ」ってね。

八木　お父様は「アメリカはベトナムから手をひけ」というゼッケンを付けて通勤されていたわけですから。

金子　実は親父のゼッケンはまだ持っているんですよ。それは核戦争時代のものなんですけど、この間ちょっとしたデモに行こうと思ったときによくよく考えたら、あれを付けて電車に乗る勇気はとうてい持てないですね。デモ会場に行けばみんなプラカードとかを持っているから平気なんだけど、家を出たところからすぐっていうのは……。そんなことも思い出しましたね。

八木　相当勇気がいることだと思います。

金子　まあでもなかなかテレビドラマのプログラムの中では自分らしさを出せないんですけど、『SEVEN X』では八木さんのおかげで「らしさ」を出せました。その前の『ウルトラマンマックス』「超音速の追撃」ではロック好きの自分を出せましたし（笑）。だからこの2つは楽しくてしょうがないっていう感じですね。

八木　「超音速の追撃」ではロックバンドも出しましたからね。しかも曲まで作っちゃって、怪獣の名前はヘイレン（笑）。二郎さんの趣味全開でした。

金子　でもヴァン・ヘイレンは大好きだから、本当はやられる怪獣の名前にはしたくなかったんです。だから速弾きギタリストの名前をいろいろ当ててはめてみたんですね。例えば初めにいたずら描きしたデザイン画はインギーだったけど、これはイングヴェイ・マルムスティーンから。あとはポール・ギルバートから取ったギルバートとかもあったかな。でも登録商標かなんかで使えなくてヘイレンに落ち着いた。

八木　抜群に楽しい話になりましたね。

金子　弾けましたよね。あのときは金子監督も僕も脚本のタイム感が分からなくて、ちょっとショートだったんですよね。それで監督の変なアドリブがたくさん入っているんですよ（笑）。それがまたファンキーな方向に行ったんだと思います。

八木　金子監督も現場のアドリブとかちょっとした撮り方が楽しい方ですから。ちなみに二郎さんはお母様の切り絵の影響も大きいですよね。なにしろ『マックス』のオープニングの切り絵も二郎さんですから。

金子　黒い紙で切ったんですけど、あれ、実際は意外と大きいんですよね。全部残っています。でも初代の『ウルトラマン』は実は切り絵じゃないんですよね。もうちょっと簡単な感じで。でも金子監督が切り絵だと思いこんでいて、「二郎、やれるだろ?」っていう感じだった。だから「光栄です」って受けましたけど。

八木　オープニングは普通に人が出てくるものじゃなくて様式美がいいから、シルエットにしようという話から発展したんですよね。

金子　昔の怪獣を出せるというので、もう小学生の自分が躍り出ているような感じがしましたね（笑）。それでいつか作ったのを覚えています。そのあと、今度は『SEVEN X』がすぐに入ってくれたのでうれしかったですね。

怪しい標語「HAPPY PLANET」の裏にあるもの

金子　実は「1冊1年でノートに書き残そう」と思って、2007年の2月からメモを取り始めたんです。このころもう両親の体調が悪くて。その記録を残しておこうというのもあったんですけどね。これを見ると4月30日には「今日はコナミスポーツクラブがないので『リボーン』を考えよう」なんて書いています（笑）。

八木　『ULTRASEVEN REBORN』は『SEVEN X』のことですから、それは「PEACE MAKER」ですね。

金子　監督は鈴木健二さんですよね。円谷プロは八幡山に移っていて。で、5月10日は「午後1時から円谷プロ。鈴木監督を経堂まで送り、そのあと親の病院に行く」となっています。そして5月19日は「『リボーン』を数行書く」（笑）。6月11日には『SEVEN X』になっていて、直しを送っていますね。

八木　二郎さんは現場にも行かれていると思いますがいかがでしたか?

ボーダ星人とウルトラセブンXの戦闘。第5話「PEACE MAKER」

金子　本編はあんまり行けなかったのかな。でも東宝ビルトは行きやすかったんですよね。クルマを停める場所に苦労もなかったし。それで3日連続くらいで通ったことがあって暑かったから7月ですね。「東宝ビルト近くの高速道路高架下で『ＳＥＶＥＮ Ｘ』の撮影を夕方から見学。ロケ弁を食べてそそくさと帰る」だって（笑）。知っている俳優さんも何人か出ていたので現場に行っているんですね。そういう思い出もあってオンエアが非常に楽しみでした。割と早く10月にはオンエアだったし。そういえば今回、造形はどなたでしたっけ。

八木　ボーダ星人は開米プロだと思います。

金子　ボーダ星人は顔が開くのがよかったですね。それで弱い方のチャムダ星人はみんな同じ顔っていうのが面白い。演じてくれたやべけんじさんには会えなかったんですけど、彼はその前の『百鬼夜行抄』（07）にも出てくれているんですよ。だから2回連続でやべけんじさんなのでびっくりしました。同じようにちょっと日和る役なんですけどね。で、チャムダ星人の名前は佐藤、鈴木……って、日本に多い名字から使っていて個性をなくしているんです。

八木　そういうところでは『ＳＥＶＥＮ Ｘ』の世界観をうまく表現してくださっていますよね。モニターの存在の怪しさとか、そこに出てくる「ＨＡＰＰＹ ＰＬＡＮＥＴ」という言葉もすごくよかったなって思います。

金子　ＤＥＵＳがいて、基本的なコンセプトは外来星人に対処するということでしたよね。ただ前の『ウルトラセブン』で平和は構築されているわけだけど、それってあり得ないだろうという気持ちもどこかにあって。それが全体の流れのテーマだったんです。だからそういう怪しさは出したかったし、そこを担当させてもらいたかったということで。八木監督の大好きな『ブレードランナー』的な世界で、そこに巨大モニターが浮いている。じゃあそこに「強力わかもと」じゃなくてどんな言葉を出すのか。

八木　あの世界は『ブレードランナー』のビジュアルで、やっていることは『１９８４』のビッグブラザーが見ているという監視社会です。だから「HAPPY PLANET」みたいな怪しい標語はすごくよかったです。

金子　しかもみんなそれを信じている。

八木　そういう文明批判的な側面はありますね。『1984』が現実のことだというのと同じで、『SEVEN X』も現実のことだっていう。それからキャスターが最後に「私たちの星は平和です」なんて言うじゃないですか。あれは「ノンマルト」の「地球はわれわれのものだ」に近い感覚がありますね。

金子　黒人と白人が握手をしているちょっとしたニュース映像も作ってもらいましたけど、イメージはやっぱり中東ですよね。あそこが最後の戦争の場所になるだろうということで。しかも劇中では肌の違いによる戦争は克服しているのに、「HAPPY PLANET」なんて言っている酔っぱらいがお兄ちゃんにからまれている。そういうところも自分では好きでしたね。そう簡単に争いはなくならない、人はくだらないことで争うんだっていうことで。このあとに僕は『ケータイ捜査官7』(08-09)をやるんですけど、零戦で出撃しようとする青年と、未亡人になって戦後70年を生きてきたおばあちゃんが、ケータイと無線でつながるという無茶苦茶な話(「遠い夏の空と」)を作っているんです。あれは書きあげたときに「あ、こんなの書いちゃった!」っていうくらいのものでしたけど、実は今回と似たようなことがあったんです。八木さんから「殲滅」という言葉をもらったように、このときは鶴田(法男)監督に「最初からボーンといっちゃおうよ」って言われて「あ、書ける」と思ったりして。

現実にない世界に一歩入る瞬間が好き

八木　二郎さんとしては、脚本を書かれるときにどんなことに気をつけていますか?

金子　もちろん人間の感情の移り変わりっていうのは一番大事なんだけど、僕はやっぱりなにか「ドカーン!」という特撮を見たいし、そういう表現をしたいんですよね。自分でもそっち系の人だなと思うので。

八木　「ドカーン！」というのは具体的には？

金子　必ずしも大怪獣である必要はないんです。現実にない世界に一歩入る瞬間っていうのが、どんな映画でも好きなんですよね。もちろん大怪獣は大好きだし、大怪獣を見上げている人の芝居も好きですけど。ちょっと大人になってから思ったのは、異物が現れたときの人の反応っていうのが面白いなということで。だから『ＵＬＴＲＡＳＥＶＥＮ Ｘ』の話に戻ると、中華料理屋とか町の酒屋にボーダ星人が現れるじゃないですか。しかもとっても昭和ライクなお店でね。ああいうのが面白い。昭和テイストにするっていうのは鈴木監督の趣味でしたね。

八木　『ＳＥＶＥＮ Ｘ』を見直して印象的だったのは、ディストピアを描いているんですけど、今の目で見ると結構幸福そうなんですよ。街の雰囲気とかも含めて、あれから15年でずいぶん変わっちゃいましたよね。

金子　なにしろ3・11の前でしたからね。

八木　そのあとにはリーマンショックなんかもあったし、日本は経済的にもどんどん悪くなっちゃった。だから街をバーンと撮ると、撮られた年代によってすごく変わっている。

金子　人々の表情も違いますよ。『マックス』の街頭シーンなんかも違和感があって、今と違うなと思いますね。今は低予算の作品でト書きに「街に楽しそうな家族たちがいる」なんて書いたら、「エキストラが大変なんだよ」なんて言われちゃう時代です。だからそういう情景なんかがない作品も多くなりましたね。

八木　たった15年やそこらでこんなに変わってしまうものなのですね。しかし今日は久しぶりにお話をして、当時の活気のある脚本づくりを思い出しました。本当に繊細なので余計なことは言っちゃいけないし、でもちょっとでもいいものをと思って全員がやっていたんですよね。

金子　八木さんは積極的に参加してくれたからやりやすかったですね。

八木　ありがとうございます。

金子　長谷川（圭一）さんは好きなミステリーに挑戦してきて面白かったな。「ああ、みんなが政治的なことをやるわけじゃないんだ」っていうのは、長谷川さんのを読んだときに思いましたね。でもあれも『ウルトラ』の枠だからできることですよね。

八木　あれはちょっとホラーが入っていますけど、『ウルトラ』は本当にキャパシティがあって。だからできるっていうことも多い。『宇宙大作戦』（66 - 69）とかもそうですけど、これがいいところですよね。『SEVEN X』はそんな『ウルトラ』といいますかSFならではのよさが存分に生かされたシリーズになりました。二郎さんの「PEACE MAKER」はその最たるものですよね。『ウルトラ』の可能性、SFの可能性を大いに見せつけてくれた傑作だと思います。

金子二郎写真館

東宝ビルト6st。第5話「PEACE MAKER」の撮影準備中

東宝ビルト5st前。第2話「CODE NAME “R”」の廃倉庫前などの設定で何度も登場した特撮の聖地

センターの背姿の人物が監督の八木毅。奥でエレア・加賀美早紀がカメラを覗き込んでいる

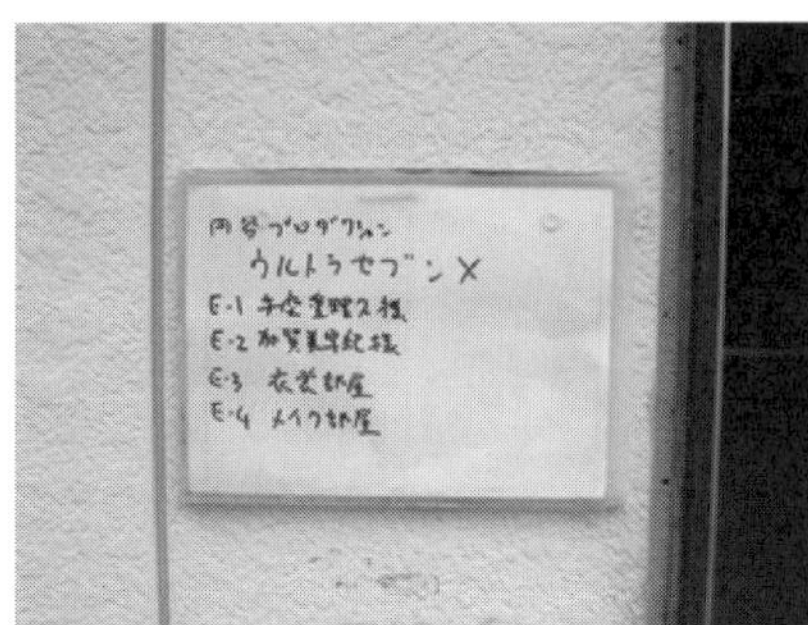

東宝ビルト、メイクルーム・控え室前。作品名とキャスト名が張り出される。これは第11話「AQUA PROJECT」撮影時のもの

林壮太郎

Sotaro Hayashi | Writer

他者との共存みたいなテーマは僕の中にもずっとあるみたいです

『ULTRASEVEN X』では「YOUR SONG」を執筆した林壮太郎氏。氏は照明助手としてキャリアをスタートし、のちには小池達朗氏主宰のアルファスタントジムでアクションも学ぶなど、通常の脚本家のイメージとはかけ離れた一面を持っている。今回は『ウルトラセブン』への思いからウルトラシリーズへのかかわりなども含め、縦横無尽に語っていただいた。

大人になると『セブン』を見るのがちょっとしんどくなってくる

八木　この『ULTRASEVEN X』は並行世界の話ですけど、ある意味では『ウルトラセブン』の続編でもある。なのでまずは『セブン』のことから伺えますか？

林　僕はリアルタイム世代ではないじゃないですか。でも小学校のときに再放送でブームがちょっと来て、朝早い時間……学校に行く前の6時とか6時半に放送していたんですね。ただ、『セブン』って一撃必殺で終わっちゃう回もあって「え！　全然戦わないじゃん！」と思ったりして（笑）。あとは子ども心にトーンが暗くて難しいという印象ですよね。それに「え？　これの続きはないの？」みたいな、こっちに問いかける感じで終わる回も結構多くて。子どもとしては、「これの続きどうなっているのかな？」と思っていると全然違う話が始まっちゃうし。『セブン』の印象ってそういう感じでしたよ。まあ大人になるにつれてだんだんと深さも見えてくるわけですけど。だから子どもが見ても分からないっていうと乱暴かもしれないけど、ちょっと難しかったなっていうのが最初の印象です。

八木　そうですね。僕はのちには実相寺（昭雄）監督の作品に傾倒しますけど、子どものときには見た記憶がないんですよね。つまり印象に残っていないということなんだと思います。

林　怪獣の印象だとやっぱりエレキングとかは好きで、そういうエピソードは子ども心に楽しかったりするんですけどね。

八木　たぶん3歳か4歳で見ているんですけど、やっぱり、満田（稭）監督の最終回の印象がすごくあって。ダンとアンヌの最後の別れのシーンは幼心に強烈に印象に残っているんですよね。だから『セブン』っていうと長い間ずっとあれだったんです。

林　確かに最終回の印象は強いですよ。バンって変わるあのシーンは、技術とかは分からないけど画的にすごいなって。もちろん子どもだから「画的に」なんていう発想はないんですけど、子どものどこかにガン！ってインパクトを残しましたよね。

八木　満田さんにインタビューをしたときは（『特撮黄金時代 円谷英二を継ぐもの』）、「もうこれでSFとか怪獣ものは終わりだ」というお別れのつもりで撮っていたとおっしゃっていました。それが子どもにも通じたんじゃないかなと思うんですよね。男と女の関係なんてまだ分からないし、ダンが帰るっていう意味も分からない。

林　それでもガツン！とくるんですよね。

八木　なにか分からないなりに崇高なものを感じたんでしょうね。

林　それが成長するとやっぱり「ノンマルトの使者」ですとか、あの辺りになりますよね。年齢が上がっていくにつれて、描かなきゃいけない事情というか、作家の思いというものが見えてくるので。書籍なんかを読んでも、裏にある思いとかものちのち知ってくるわけじゃないですか。でもそうすると、今度は見るのがちょっとしんどくなってくるんですよ。今まで感じてきた熱量以上のものが入ってきちゃうので、こっちも体力を持っていかれる。もう、見るのがクタクタになるくらいなんです。

八木　『セブン』は子どものころの印象でも話せるし、見るときの年齢、時代背景によっても印象は変わってきますね。

林　確かに年齢によって好きなエピソード、印象に残るエピソードが変わっていくシリーズのような気がしますね。子どものときはエレキングとかカプセル怪獣にワクワクして、「ああ、ウルトラアイを盗られちゃった！　どうしよう」みたいな感じで（笑）。それで大人になってくるとドラマパートの方が徐々に気になってくる。ただ「ノンマルト」なんかにしても、みんなが言い過ぎているのでちょっと気恥ずかしいっていうのはありますよね。

八木　でもいつ見てもやっぱりよくできているなと思います。内容はもちろんですけど、デザインとかもみんなすべてがかっこいいですしね。

林　僕はそんなにSFが大好きっていうわけではなくて、ジャンルではアクションとかの方がどっちかといえば好きなんです。でもそんな僕でも『セブン』のメカニックはかっこよくて好きですね。銃の形もかっこいいし、なんといってもビデオシーバーは子どもの憧れじゃないですか。ドリルが付いたマグマライザーもいいし、ウルトラホークは分離したりして、ああいうメカはかっこよかったです。ゴテゴテしているわけじゃないし色も含めてシンプルだけどなんかかっこいいっていう。

このころ、YUIの歌をよく聴いていた

八木　というような流れですから、『SEVEN X』は当然ですけどオリジナルの『セブン』に対するリスペクトがあるんですけど、40年後の作品で深夜だから物語が重要になるし、ミニチュア特撮はできないしということで。あとは参考にしたアメリカのテレビシリーズのこととかも含めて、いろいろと林さんにお話ししたと思います。

林　このとき実は深夜アニメと深夜ドラマを掛け持ちしちゃっていて、僕は最初入っていなかったんですよ。でもすぐに呼ばれるんです。だから掛け持ちではあったんですけど、八木さんの作品だし、合間を縫ってやりますよっていうことで入った感じですかね。梶組は2本あって、片方は（小林）雄次さんでした。そういう意味では梶組は作家の色が出ましたよね。雄次さんは得意のロマンティックファンタジーで、僕は僕でやりたい放題、好き勝手にやっている（笑）。

八木　歌ありアクションありで（笑）。

林　元純烈の小田井涼平さんも出てくれていますけど、あれは当て書きに近くて。梶さんは「イメージは彼だ」って言っていましたね。『SEVEN X』の役者陣はみんな綺麗な顔をしているので、気障なセリフも決まるんですよ。それはなんとなく分かっていたので、圧倒的にそんな話でした。しかもガンアクションありでね。これに関してはダメを言われた記憶がないんですけど、「最後に変身してからはあんまり戦わないでね」みたいなことは言われたんですよ。一撃必殺でお願いって。

八木　特撮はやっていなくて、変身すると全部合成カットですからね、合成カットには制限がある（笑）。

林　だから馬鹿正直に一撃必殺にしたんです。でも他の人の回を見たら「あれ？　そこそこ戦ってんじゃないか！」って（笑）。僕のは出た瞬間に「ボン！」ですから馬鹿正直すぎたなって思ったんですけど、言ってみればオリジナ

ルの『セブン』みたいな感じもある（笑）。あとは変身前のアクションが多めなので、そこでバランスを取る感じなのかなって。ちなみに僕はヒーローものを書くときは割と直球勝負でいくんですよ。これぞヒーローものです！っていう作風でいくんですけど、『SEVEN X』は侵略SFなので周りが変化球を投げ過ぎていて、逆に僕が変化球に見えちゃうっていう。

八木　第1話はヒーローの意義としては直球ですけれど世界観は異世界での異色なお話ですし、第2話からはガラッと変わって、ヒーローというよりもハードSFです（笑）。

林　侵略SFというので作家陣がみんなノリノリで書いていたんでしょうね。僕も「分かった分かった」ってパパパと書いた気がします。あと、このころ僕はミュージシャンのYUIの歌をよく聴いていたので、それでたぶん歌手が出てきたんですよね。で、ギターが出てきたらギターケースから銃は当たり前だよねって。それは『続・荒野の用心棒』（64）とかのマカロニウエスタンの影響ですね。それでケースを蹴ってくるくる出てくる銃を空中でつかんで構えるとか、そういうことをやっています。ジンはあんな衣装だから、それは当然回転しながら撃つよ、とかね。しかもちゃんとタンブルウィードがコロコロ転がってきたりするんですよ。あれを見て「あ！　草コロコロ」って脚本に書いたかもと思って。

八木　普通はそういうことまで脚本には書かないものですけど、林さんは割と書きますよね。

林　たぶんあれは演出じゃない気がしますね。でも逆に、「横に飛びながら撃つ」とかは書かなくても、「避けつつ銃を撃つ」って書けば横っ飛びをしながら反撃するのを梶さんが撮ってくれるのは分かるので。面白いのは、これのずっとあとにアクション監督の小池（達朗）さんと知り合うことになるんです。坂本浩一監督と仕事をしている関係で小池さんと知り合って、小池さんがやっていたアクションジムで2時間くらいのお稽古を若い役者さんと一緒に受け

バドリュードとウルトラセブン Xの戦闘。グリーンバック合成で巨大戦が演出された。第6話「YOUR SONG」

ていたんです。だから僕は前回り受け身もできるし、ふかふかのマットさえあれば背落ちもできたんです（笑）。コロナ禍になってもう2年くらいやってないから今は分からないけど。

八木　背落ちができる脚本家って聞いたことがないですね（笑）。

林　あと旋風脚もできます。これはジャンプして回転しながら蹴るっていうものですね。

八木　小池さんのところで学ばれたんですから本物ですね。

林　あらためて見直して思ったのは、これは異星の女の人と地球人の共存・共生じゃないですか。僕の『ウルトラ』の出発点は『コスモス』ですし、『ウルトラマンギンガS』（14）でもメトロン星人と女の子の交流というのをやっているんですよね。で、わざとじゃないんですけど、最後にジンが言うのと同じようなセリフを主役の礼堂ヒカルにも言わせている。しかも、のちのちシリーズ構成をやることになる『ウルトラマンタイガ』は異星人と地球人の共存みたいなことがテーマになっている。だから僕がウルトラシリーズにかかわるときは、どうしても根っこに『コスモス』があるんだなって思って。怪獣との共存から広がって、他者、違う世界の人との共存が横たわっているんですね。あと『タイガ』のころって差別的なこととかにものすごく怒っていて、それが色濃く出ちゃっています。なんで自分たちのことを味方してくれる宇宙人であるウルトラマンは応援するのに、自分たちに都合の悪い宇宙人を迫害するのかとかね。そういうことをセリフで書くくらい、他者との共存みたいなものが重要なテーマだった時期の作品なんです。でもこれは『コスモス』から始まってずっとあることで、ウルトラシリーズに関してはどうしてもそれが出ちゃうんですよね。

八木　『ＳＥＶＥＮ Ｘ』では怪獣と共存とは言っていませんが、既に宇宙人がたくさん来訪し共存している世界の物語です。実は『ＳＥＶＥＮ Ｘ』の前に、２００２年ごろですが、形になってはいないけど『ＵＬＴＲＡＭＡＮ ＺＡＸ』

という企画を書いたんです。その物語の世界では宇宙人が既に人知れずたくさん地球に潜伏していて、でもそれはみんながみんな侵略ということではなくて、商売に来ているのもいればエージェントもいる、もしかしたら修学旅行で来たのかもしれない（笑）。つまり宇宙人と地球人が共存している。そんな世界を舞台にして異なる星のウルトラマン同士が戦うという話でした。そういう世界観の延長で『ＳＥＶＥＮ Ｘ』を構想したんです。だからウルトラシリーズは根底にこのような「他者との共存」というテーマがあるのかもしれないですね。

同じ音波が武器にも優しい歌声にもなる

八木　では最後に、15年経ってあらためて『ＳＥＶＥＮ Ｘ』に思うことなどをお聞かせください。

林　意欲的な作品だなっていうのは当時から思っていたんですよ。深夜の特撮ドラマということもありましたけど、年齢層をちょっと上げてというものですからね。その上で、『ウルトラセブン』という冠が付いているものをやるプレッシャーみたいなものはみんな相当あったと思うんです。だって、どう考えたってなにか言われるに決まっているじゃないですか（笑）。それをやったプロデューサーとか八木さんはあらためてすごいなって思います。

八木　言い訳じゃないですけど（笑）、これは『ウルトラセブン』をやるというのが先に決まっていたんです。

林　でも引き受けるのも勇気がいるじゃないですか。

八木　『セブン』は一度はやってみたい憧れでしたから。でも『メビウス』で「怪獣使いの遺産」を撮ったときはもう大変でしたね（笑）。15年経ったらだいぶ変わりましたけど。

林　時が経つと結構和らいでくるものなんです。あらためて評価がされたりしますし。

八木　実際には、本当はなにをやってもいいんですよね。『ウルトラＱ ｄａｒｋ ｆａｎｔａｓｙ』「踊るガラゴン」

ではガラゴンが踊っているわけですし、『マックス』では「狙われない街」というのもやっているわけで。だから過去作に対する冒涜といった考えに縛られ過ぎずに面白ければいいでしょうということで、そこはオリジナルを作った上原正三さんや実相寺監督の方が発想は自由ですよね。

林　でも思い返しても、この作品は苦労した記憶がなくて楽しかった記憶しかない。梶監督もああいう演出をしてくれたし、のちに知り合う小池さんもかっこいいガンアクションを撮ってくれましたからね。そういえば地方局で『セブン』のあとに『ＳＥＶＥＮ Ｘ』を放送してくれたところがあるんですよね？

八木　それはＫＢＳ京都ですね。休みの間に『セブン』をずっと再放送していて、終了後にそのまま続けて『ＳＥＶＥＮ Ｘ』をやってくれたんです。あれには感動しました。

林　分かってますよねえ。そういうのは本当にうれしいです。

PART 4 スタッフ・アクター編

AKIKO OMOTE
表有希子

TETSUYA UCHIDA
内田哲也

TAKAHIRO SAITO
齊藤高広

IKUKO SHIMANUKI + YOSHIHITO TAKAHASHI + SAISUKE SATO
島貫育子 + 高橋義仁 + 佐藤才輔

TATSURO KOIKE + HIROMI SHINJO
小池達朗 + 新上博巳

TETSUJI HAYAKAWA + KAZUHIKO UEDA + NORIFUMI KOJIMA + TOMOHARU SHIMADA
早川哲司 + 上田和彦 + 小嶋律史 + 島田友晴

表有希子

Akiko Omote | Producer

若手は若手で頑張っていたけど、ベテラン勢のフォローもあった

円谷プロのプロデューサーとして全体を仕切ったのは表有希子氏。『ウルトラQ dark fantasy』『ミラーマンREFLEX』『ウルトラマンメビウス外伝　ヒカリサーガ』でもプロデューサーを務め、その貴重な経験を本作に惜しみなく注ぎ込んでいる。円谷プロでは先輩に当たる八木毅氏とは「同じ釜の飯を食った」仲なので、遠慮なしに制作の裏側をお話しいただこう。

『ウルトラQ dark fantasy』でプロデューサーに

表　私は『ウルトラQ dark fantasy』で初めてプロデューサーになったんですけど、あのときは（円谷）粲さんがエイベックスさんと水面下で『ウルトラQ』の企画を進めていたんです。当初は王道特撮ドラマを目指していましたが、予算的なこともあり深夜帯で進めることになりました。サブタイトルをつけることは決まっていましたが、そこから深夜をイメージして案を練り直し、最終的にコンセプトそのままの『dark fantasy』に決まりました。深夜の特撮ということもあり、テレビシリーズの予算感ではなく、低予算の特撮にチャレンジする最初

の作品となりました。もともと私はテレビシリーズでさまざまな作品の制作経理を担当し、作品制作にかかわるすべての伝票管理をしていました。その経験を生かせたことは大きかったと思います。

八木　表さんとずっと話していたのは、深夜だし海外ドラマみたいな新しいことをやりたい、このまま停滞しちゃいけないよねっていうことで。だから映像と音的には探っていて、ちょっと特殊な感じがするよね。頑張っているなって思う（笑）。

表　スタイリッシュで、しかも大人向けで。

八木　『ｄａｒｋｆａｎｔａｓｙ』以前はやっぱり子どもが見るというのが前提になっていて、ファミリー向けでいいものをちゃんと作るっていうことでやっていた。だけどこれは深夜だし自由にっていうことでやっていた。

表　それでもやっぱり『セブン』のよさでミステリー要素もありコメディ要素もあり、いろいろなものが入っているといいねみたいなのもあって。単発でなるべくさまざまなものを入れたいというのは意識しましたよね。だからプロットは一斉に集めて、面白いプロットをこの作品の中に当てはめていくという方法で。これは『ｄａｒｋｆａｎｔａｓｙ』でもやったことですけど、同じようにやりましたよね。太田愛さんは企画当初に第2話を書いてくれていて、確かあれはみんなが気に入って第2話に入れたんです。

八木　『ＣＯＤＥ ＮＡＭＥ〝Ｒ〟』を書いてもらう前に太田さんと打ち合わせて、『ＳＥＶＥＮ Ｘ』では『１９８４』（ジョージ・オーウェル）的な監視社会をやるっていう話をしたらすぐに出来上がった。だから「これは絶対に僕が撮りますから」って言って。いま考えるとかなりハードだからもう少し温まって（後半）からでもよかったのかもしれないけど。

表　『ＳＥＶＥＮ Ｘ』のＤＶＤのリーフレットで小林雄次さんが「全体を通して第2話が一番好き」という話をして

ウルトラセブンX：新上博巳、デザイン：酉澤安施、造形：原口智生

いるんですけど、小林さんに書いていただくのは『darkfantasy』が最初でしたよね。まだ新人だった小林さんにプロットを出してもらって。そうしたら「レンズ越しの恋」が本当によくて、あそこから始まっているはずなんです。人のつながりもそうだし、『darkfantasy』から始まっていることって結構あったんですよね。もちろん人のつながりもそうだし。

八木　だから『darkfantasy』って掘っていくと実は面白い。草刈正雄さん、堺雅人さんが同じ回に出ていたりするし。ゲストもクリエイター達も豪華。実は『ウルトラマンマックス』の序章的な側面もあるしね（笑）。

筋肉を盛りつけなくても中の人がでかいから、すごくかっこいい

表　セブンXのマスクはいろいろな方に描いてもらったんですけど、最終的に西澤（安施）さんのものに決まって。そのマスクの原型を起こすときには、原口（智生）さんにお願いしたんですよね。円谷プロの作品として忘れてならないのは、商品化を意識した造形や小道具の準備、そしてそれらを映像中でかっこよく露出させることというのもあって。フィギュア化することは常に念頭に置いて作品制作の準備をしていましたから、予算がなくても造型で手を抜くことはありませんでしたし、これについてはしっかり時間を取るんですよね。それでいろいろこだわりを込めて作ってくれて。八木さんと話してイメージしていたのは、アメコミの筋肉隆々としたキャラクターの感じでしたよね。大人向けって言ったときに、バットマンみたいなスーツの印象が頭にあった。それを踏まえて原口さんがマスクを作ってくれたんですけど、アクターもガタイのいい新上（博巳）さんで。あのキャスティングもあえてそうしたんですよね？

八木　もちろんそう。新上さんは背も高い上に体もでかいから、いつも問題になる「造形すると頭が大きくなってしまい全体のデザインのバランスが崩れる」という現象を回避できた上に、原口さんの造形技術が素晴らしかった。しかも強度が高い。それがあったから『SEVEN X』はうまくいったと思う。

表　ビジュアルがめちゃくちゃかっこよくて。仕上がりを見て、東宝ビルトのスタッフルームでみんなが「これは絶対いいね！」って高揚したのは覚えています。

八木　筋肉を盛りつけなくても新上さんご本人が大きいから、すごくかっこいい。

表　あれはよくできていましたね。スケジュールを見たら、「2007年の6月15日ホン読み」って書いてありますね。で、6月20日には八木組がクランクイン。全撮影が終了したのが8月末あたりですから、だいたい撮影期間は2ヶ月でした。普段のテレビシリーズに比べるとかなり短期間で撮影を終えています。にもかかわらずスタッフもキャストも仲が良かったですよね。スタッフ編成はミニマムだし、スケジュールもタイトだけど、みんなが作品を盛り上げようとしている熱気がありました。八木組では(与座)重理久くんが誕生日のときにケーキを出したりもして。(伴)アンリちゃんの実家がケーキ屋さんなので。あとは鈴木監督の誕生日にもアンリちゃんがケーキを持ってきてくれましたね。

八木　八木組のときは調布の浴風会で撮影したあとかな。ケーキを持ってきてくれて、あれはおいしかったね。

表　私はなにかの仕上げのやり取りと重なって、実は『SEVEN X』の現場にはそんなに行けていないんです。小山(信行)さんが制作プロデューサーで現場担当、あとは中井(光夫)さんもいたので。でも、後でケーキのことを聞いて本当にうらやましかった(笑)。キャスト同士も本当に仲が良くて、それがいい意味で現場の原動力になっていたと思います。

八木　低予算の割に劇用車がキャデラックとシトロエンだけど、あのキャデラックは小山さんのだからね。

表　小山車と八木車でした（笑）。

八木　エージェントっていう設定はかなり初期から決めたね。

表　予算が最初に走っていたから、どうやったら『ウルトラ』をこの世界観にハメられるだろうみたいなところから発想すると、やっぱりエージェントにする必要があった。だから制服がないし基地もない。3人が集まるところもソファが1つ置いてある殺風景な部屋。本当は決まったセットがある方がたくさん撮れるし効率はいいんだけど。

八木　でもセットは作れないからっていう中でそこは割り切ってよかったよ。ロケセットで設定することはできなくもなかったかもしれないけど、そうすると現実から飛躍できなくてつまらないしね。

女性はかっこよく、ミニスカート、ヒールも別にいいじゃないか

表　思い返すと「『セブン』だから許される」ってみんな言い訳をして（笑）、監督がそれぞれ遊んでいましたよね。特に梶（研吾）さんは、一度に2人がカメラを覗き込むとか、急に目線が星人の方になるとか、すごく変わったことをしていて。

八木　ずっと目線だけでやったりもしているしね。

表　そんな立ち位置ないでしょう？みたいな役者同士の立ち位置とか、変わった撮り方をしていましたよね。でもそれはカメラのチーム体制とも関係があって、1台とかでやっていましたから。そうするとカットバックしてこっち向き、あっち向きってやっていると時間がどんどん経ってしまう。そういうこともあって、たぶんいろいろ頑張ってくれたんだと思うんですよね。

八木　そういうのが好きだったというのも大きいと思うけど（笑）。本編班のカメラが1台というのは実は伝統で日

本映画のシステムだよね。実相寺組が早いのも実は片押し（1つのシーンで一方向をまとめて撮影して時間を節約する方法）っていうか、カットバックがほとんどないというのもある。ライティングはすごく凝っているけど、カットバックはなしでっていうね。

表　それで引きで撮ってっていう。

八木　そう。あれは勉強になった。梶さんの作品もそうだけど、面白い画が続けば別にカットバックする必要はないっていうことなんだよね。

表　あと、それまでは特撮とかもビルトの屋外ステージでイントレを組んで、アオリで怪獣などを撮るオープンセットを作ってやっていたじゃないですか。でもあれもお金がかかるので今回は全部セットの中で、なんにもないグリーンバックでやってみようということでいろいろトライしていましたよね。あとはワイヤーアクション。セブンXも第3話で夜の工場を背景に吊られたシーンがあって、あれはすごかったですね。このときは確かロケ場所の時間制限がなかったので、朝方に明るくなるまで撮影していたような気がします。だけどみんな次の日はお昼からは撮影開始っていう感じで。結構詰め詰めのスケジュールだったから、これをずっと続けていたら体力的にもいろいろ難しかったかもしれない。

八木　小池さんは現場で殺陣をつけてああいうすごいことを軽々とやる。合成じゃないから、重量感というか現場ならではの力強さがやっぱりよかった。

表　鈴木監督の回はエージェントが強いところを見せなきゃいけなかったから、殺陣もすごかったですよね。ビルの階段とか結構狭いところで殺陣をやっているんですけど、実はあれはめちゃくちゃ大変なことで。限られた時間の中で何回もやっていましたね。あとは『ｄａｒｋ ｆａｎｔａｓｙ』から続いて「女性」の目線ということも考えていたので、アンリちゃんの衣装も女性から見てかっこよく見えるようにしたいという思いがあって。エージェント衣装の胸元がちょっと開いていたりミニスカートをはいたりしていました。それでニーハイブーツヒールっていう。ああいうのも今まであんまりやっていなかったことです。いつ危険が迫るか分からないのに、どんなときも自分の着たいものを着る、自分のスタイルを持っている強い女性として見てほしくて。ヒールでミニスカートだから、かっこよく走るのは難しいんだけど、彼女（アンリ）はエージェントらしく振舞うために頑張ってくれましたよね。

八木　記号化されたちょっとか弱い女性の役回りではなくてね。ジンとエレア、ケイとエスは対等で一緒に戦う。スタイリッシュっていうのは形式だけじゃなくて思想ということだよね。

表　ロングヘアの彼女を選んだのもそういうことがあったんですよね。本当はアクションとかでは役者の顔を隠してしまうので邪魔だからよくないんですけど、殺陣のときに髪が乱れて揺れるのは残したいからって顔の脇で髪を一部留めている。ああいうキャラクター設定とかも結構やっていきましたよね。

八木　やっぱり特撮ってちょっと保守的なところがあるから記号的になっちゃうじゃない？　そういう意味では女性だけじゃなくて、ジンもウルトラマンシリーズではあんまりないタイプだよね。

表　重理久くんの不良っぽい感じの主役、あれも結構「本当にこの子でいいの？」みたいな声は社内にあったんです。でも今回の主役は女性が魅力的に感じる人を選んでほしい、基本的には表が決めていいって言われていたので。

八木　ジンとケイはあの2人しかあり得ないから、そういう社内の声を聞く気は全然なかったけどね（笑）。

表　重理久くんの体型とか立ち振舞はよかった。でも歩き方は『ウルトラ』の主人公っぽくない。不良っぽいんですよね（笑）。

八木　性格は男らしいけど顔はちょっと細っそりしていて繊細な女性的な感じもある。だから一般的な『ウルトラ』

の主人公らしくはないんだけど、今回はすべて変えて新しいものを作りたかったから重理久にした。オーディションの現場ではみんなで「いいね」と言っていたよね。最後に確認で2人を見て「すぐ電話しよう」って。

表　殺陣のポーズとかも取ってもらったと思うんだけど、それがすごく決まっていたんですよね。今回はアクションが多いっていうこともほぼ決まっていたので、というのもありますかね。

八木　あとは背が高いのがいいって言っていて。だから男性は2人とも180センチ以上あるし、エスも背が高い。しかもヒールを履いているから170センチ以上なんじゃないかな。

八木組はロケ先が一番多くて、一番お金もかかっている（笑）

表　『SEVEN X』はそもそも『ウルトラセブン』放映40周年記念作品ということですけど、あの『ウルトラセブン』が現在に甦ったっていうほどはお金が使えなかった。だから別空間にセブンが現れたという設定にして、最後にはダンとアンヌ、ご本人たちにも出ていただきました。なんとか『セブン』のエッセンスを別の空間で生かせるようにということを考えていましたね。

八木　並行世界だから、ジンとエレアにはダンとアンヌの要素が入っている。あと『セブン』には巨大化しない話もあるし、怪獣が出てこない「第四惑星の悪夢」みたいな名作もある。つまりはSFである、ということ。

表　だからなんでもありだし、それだからこそ『SEVEN X』も作ることができたんですよね。

八木　表さんはプロデューサーだからお金やスケジュールを見ていたと思います。その辺の話も聞かせてもらえますか？

表　スケジュールとかもやっぱり詰め詰めにしているわけですよ。2本で10日間くらいでしたから相当ですよね。しかもこのときはいろいろ作品が並行で制作されていて『生物彗星WoO』があったし、『怪奇大作戦』とかもやろうとしていた時期でした。年間スケジュールを見ても、「合成で14日間」とか決めてやらないとスタッフが確保できなかったりして。合成班は円谷プロの中に1班立っていたんですよね。

八木　それが円谷CGチームで、早川（哲司）さんたちだよね。

表　CGチームは祖師谷の円谷プロ入り口の右側、前は営業部だったところに入っていて。本編の合成をするチームの方は別棟の古い日本家屋でした。『darkfantasy』も『SEVEN X』もそういうチーム編成でしたね。『WoO』はNHKのCGチームが入っているので違うところでやっていたんだけど、編集と合成はこっちでやっていました。でもお金がないなっていう割に『SEVEN X』のCGは頑張っていますよね。

八木　最終回なんて「こんなにやってくれていいの?」って感じだったけど。素晴らしかったね。

表　思い返すと夜のロケがとにかく多いんですよ。だから昼間になにを撮影するのかみたいなことがあって。しかも10日間で2本を全部撮らないといけないから、演出部はすごく苦労してスケジュールを組んでいたと思います。だけどやっぱり夜までに待ち時間が出てしまう。それが毎日だから可哀相だったし現場はかなりピリピリしていましたね。まあ鈴木（健二）監督のときはさすがに10日間で3本は無理だから、ちょっと長くはしましたけど。シリーズ後半は深夜のロケが立て続けで、開始なんかも少し遅くしたりして。あと美術部さんは翌日の建て込みをほとんど泊まり込みでやっていたりして、まあこれは『darkfantasy』でも同じでしたけどね。だから監督にもかなり無理をお願いしていたと思います。さっきもちょっと言いましたけど、私はあまり現場には行けなくて、朝、新宿で「行ってらっしゃ～い！」ってお見送りをするんですよね。ただ東京でやるロケのときは行けたりもして、深夜の麻布十番のマンションにも行ったし工場も行ったし、第4話で潜入捜査をする建物にも行きました。見返すと実はロケ場所は結構いろいろ使っているから、「これは結構（予算的に）かかっているわ」って思いましたけど（笑）。

八木　ロケ現場に行ったシーンで特に思い出深いところはある？

表　ジンとケイとエスが初めて3人そろって撮影するシーンとか、鈴木組の「DIAMOND〝S〟」とか。アンリちゃんが潜入捜査するっていう、エスというキャラが立つかどうか現場で見極めたかった。エスの初めての殺陣シーンもあったんだけど、立ち会ってみてこれでよかったと確信できたりして。でも八木組はロケ先が一番多くて、一番お金もかかっている（笑）。

八木　みんなが隠れている廃墟は2つあったんだけど、1つは木更津で、銃を向け合うのは栃木県・佐野のレジャーランドの廃墟。

表　あとは本栖湖に絶対行きたいということで。最後、あれはやっぱり行きましたね。

八木　最終回の湖は行かないとね。さて、いろいろ思い出して語っていただきましたが、表さんにとっての『SEVEN X』という作品はどういう存在ですか？

表　当時は八木さんも自分も若かったですけど、20代後半から30代の人たちが集結して、お金もない中でいろいろなアイデアを出し合っていましたよね。どういう新しい『ウルトラ』を提案できるかを毎日のように考えていたっていうのがまずあって。あと、さっきも言いましたが円谷プロってプロットを先に集めて、いいプロットに話を当てはめていくというやり方をするんですね。「まさに今、この時代にやるのにふさわしいアイデアを考えてください」って投げかけて、いろいろな人のアイデアを取り込んで1つにまとめていく。特に今回は最初と最後だけ決めたら間ではいろいろなことをやっていて、そこに監督とか脚本家とか、演出部はもちろん美術部とか撮影部とかが「こうやったら面白いんじゃない？」っていろいろなアイデアを出してくれていた。12本を2ヶ月とかで作っているから、相当キツキツのスケジュールで体力的には絶対厳しかったはずなんですけどね。しかも編集作業にも監督とかカメラマンは立ち会っているわけですから……。みんな大変だったと思いますし、よくやってくれたなというのが大きいですね。

八木　僕は映画の『大決戦！超ウルトラ8兄弟』の撮影準備で最終話のカラコレに立ち会えなくて、それで（高橋）義仁さんにやってもらった。

表　あとは何と言ってもキャスト。主人公がこれまでの好青年のイメージのヒーローではなくて、闇を持っているちょっと不良っぽい仕草の方をキャスティングしていて。しかも女の子もエージェントとして戦うし変装して潜入捜査もするし、仲間意識も強いというのをちゃんと描けていた。監督が入れ替わるので、キャラクター設定について迷いもあったようですが、最後にはみんな自分なりにこちらの意図を汲み取って、肉付けをしてくれていたと思います。そんなキャストとスタッフを含めたチームが一丸となっていた感じがしますね。

八木　それは本当にそうだと思う。チーム意識が強かったというか、みんなで助け合いながらやっていたね。

表　あと低予算で、かっこいい特撮を見せるためのアイデアをテレビシリーズで経験を培った方々がいろいろ出してくれたというのも大きいですよね。私たちは若手だったけど、カメラマンの義仁さんは当時40代だったのかな。私もプロデューサーとして立たせてもらいましたけど、制作プロデューサーとして小山さんがいたことで現場は安定していました。私を円谷プロに連れてきてくれた恩人であり、いろいろと仕込んでいただいたベテランプロデューサーのサポートのおかげで、いろいろなことにチャレンジすることができた。だから若手は若手で頑張っていたけど、ベテラン勢と一緒にこの作品に携われたことは本当に光栄でした。

内田哲也

Tetsuya Uchida | Designer

曲がりなりにも独特の世界観は作れたという自負はあるかな

『ウルトラマンティガ』を皮切りに平成三部作の美術を手掛け、後には『ウルトラマンマックス』で八木組に合流する内田哲也氏。『ULTRASEVEN X』でもその手腕はいかんなく発揮され、クールで硬質な作品世界の基調を作り上げた。撮影スタジオである東宝ビルトの通路を街の一角に仕上げるなど、さまざまなアイデアが盛り込まれた『SEVEN X』の舞台裏を明かしていただこう。

現実なのか夢なのかイメージなのかも分からない白い部屋

八木　最初に内田さんと話したときには「SFで『ウルトラセブン』です」っていう話と、水の中に男が浮かんでいるというイメージ、あとは白い部屋に誰だか分からない女性がたたずんでいて、こっちを振り向くというイメージがあるんですっていうような話をしたと思います。それで内田さんがあの白い部屋のセットを作ってくださって。

内田　アングル限定みたいな感じでね。あれはあんまり説明的にならないで、見ている人も「なんなんだろう?」っていうようなものだったな。

八木　あのセットは逆側がない3面のセットでした。それで窓外にライトを仕込んでっていうものですね。

内田　後半では芝居が増えて、あれをベースに増築したんじゃなかったかな。

八木　部屋に入ってくるシーンが必要だったから、後半は階段と逆面を作ったんですよね。

内田　ああいう芝居ができるように作り足したということだよね。

八木　パネルで分割されているから、もちろん着脱できてっていうものでしたし。

内田　だから終わったらバラして別のセットを建てたりしてね。それであのセットは捨てないで取っておいて、組み替えたり新たにちょっと作り足したりもして使っている。第1話の時点では振り向くとか本当にパーツ、パーツみたいな感じだったけどね。どこだか分からないみたいな撮り方だったからああいう風な感じで、後々出てきたらそのときに考えようやっていうノリでね（笑）。第1話の時点でホンが全部はなかったでしょう?

八木　最後まではなかったです。

内田　もちろん大まかな流れは分かっていたけど、個々の話数の具体的な話、どういうシーンがあるのかっていうのは第1話を作っているときには全くなかった。だからしょうがないので、これはホンが出てきたところで考えようっていうことだったね。

八木　こういうときはどこまで作るかなんですけど。切り返しはないから片押しだけど、足元がちょっと入るから地面はちゃんと作っているんですよね。

内田　床は作っているね。ただ設定としては、とにかく最初は彼女が誰なのかは分からないわけじゃない。だからみんながなんだか分からないところから始まっていて、とにかく手探りだったよね。あとはライティングでちょっと怪しげな、どこだか分からない感じにするっていうのが狙いだったかな。

八木　この世界なのかあの世なのかも分からない感じで、実際に思い通りの雰囲気でした。
内田　確かに、現実なのか夢なのかイメージなのかも分からないくらいだったよね。
八木　その探り探りの中でも美術はとても重要でした。もちろんＣＧも音楽も役者もみんな大事ですけど、画の全体のトーンとしては白い部屋と街がキーでしたから。男が水に浮いているというのは合成でしたしね。
内田　モニターに支配されているという設定なので、どうしても近未来の街の設営は必要だっていうのもあったよね。ロケで汐留の綺麗な遊歩道とかは使っているけど、「それ以外はどうすんだ？」「どこまでできるんだ？」っていうところでね（笑）。

東宝ビルトはわれわれのアトリエ

八木　あの未来都市の路地はロケだけでは無理なんじゃないかということで、内田さんが「やっぱり東宝ビルトを飾ろう」と言ってくれたんですよね。
内田　それは自分で言ったんだっけ？
八木　そうですよ。「え？　ここを？」って思いましたから（笑）。
内田　撮影スタジオだからパッと見は倉庫だもんね。だからビルトは近未来にならないだろうって普通は思うよね（笑）。でも、ビルトだとやりやすいっていうのがあった。映画だったら街へ出て飾って作り込むとかもできるけど、テレビの撮影で時間もない中でそれは難しいからね。あとは照明部に頼らないといけないわけだから、そうするとビルトは貸し切りでやりやすい。建物はプレハブの倉庫みたいなものだけど、そういう計算があったのかな。
八木　やっぱりビルトはわれわれのアトリエなんですよ。

内田　なんにでもなるっていう場所だから。使ったのは撮影所の建物と建物の間だけど、後ろの壁を変えたり、飾る電飾を変えたりしていろいろな一角にしたよね。
八木　ネオン管なんかがいろいろなところにある世界観でした。あのネオン管は青と緑と赤でしたね。クラブ「デルフィ」のシーンでも使ったと思いますけど、重要なのはすべてのカットに光源があるということですね。
内田　認証システムなんかも、あちこちのロケに持っていっているよね。だから1個作ったら徹底的に使うということで。それでどこでも使えるようなデザインにしたっていうのはあったかな。だからネオン管とモニターの灯りっていうのがテーマで。あとはバランスで、全体の予算で1話当たり幾らというのを考えつつ、最初の世界を作るのに半分以上の予算を使ったと思う。その代わり、作ったものは立てたり横にしたりして使い回す（笑）。例えば柱に付ければ街灯になるし、取り外して床に置けば間接照明になるみたいなことでね。あの手この手でした。
八木　白い部屋のあとに街が重要だっていう話をしたと思うんですけど、この場所に来る前のコアものすごく飾りましたよね。まずは暗いっていうのが非常に重要で、光は全体に回ってはいないわけです。
内田　コアも結構飾ったよね。あの雰囲気はよかったよ。
八木　淡いふわっとした感じはフォギーのフィルターを入れて撮っています。いくつかテストをしたら、暗い状況で使うからでしょうけどブラックプロミストがよくて。しかも普通はそこまで入れないっていう濃いのを入れたんですよ。だからフワっとしているじゃないですか。
内田　深夜のモノトーンの世界のムード、あれはいい感じだったよね。
八木　キャラクターにも色を使ってないから背景に色があるととても効くんですよね。
内田　それで背景に赤を入れたりしていて、これで独特の世界観になっていたよね。

ギラギラしたクラブはいくらでもあるけど、そういう普通のクラブでは面白くない

八木　内田さんには『ウルトラマンティガ』からお世話になりましたけど、いつも言われていたのは脚本を読んで役者がどう動くかを考えるということでした。

内田　クラブ「デルフィ」は最初にエージェントが落ち合う重要な場所なわけじゃない。それはやっぱり、ある程度力を入れなきゃならんなっていうところではあったよね。ギラギラしたクラブはいくらでもあるけど、そういう普通のクラブでは面白くないし。やっぱりこっちで手を入れて、なるべく物語に寄せていくっていうのかな。もちろんストーリーに関係がないクラブだったら別にそのままでいいんだけど。

八木　あれはとても重要なクラブでしたからね。

内田　ベースとして六本木のコアっていうクラブがあって空間としてはいいので、あとはこっちでどれだけ味付けできるかっていうところで結構飾り込んでやったなあ。

八木　コアのムードってなんだかよかったんです。実際のコアは真っ暗ですから写しても面白くはないけど、六本木の地下にあって怪しい雰囲気があったじゃないですか。だからそこを飾ってもらうとその雰囲気が出るかなと思って。

内田　『SEVEN X』では1回行っただけだったのかな。

八木　第1～2話をまとめて撮ったので1日だけでしたね。

内田　最初だけだったよね。これだけ飾ると、飾りの時間っていうのはやっぱり結構必要になるからね。撮影開始の1時間前に行ってできるようなものじゃない。前の日の通常営業が終わってからとか、午前中に美術部が入って飾って、午後から撮影ってなるからね。そうするとやっぱりリース代もかかるしね。

八木　『SEVEN X』はそれまでのウルトラマンシリーズと違ってお金も時間も潤沢に使えないという制約があっ

て、その中でやれることをやろうとみんなが努力をしたと思っています。お金も時間もないっていうところがあって、こういうちょっと特殊な企画が出来上がったんじゃないかなと。

内田　僕らも深夜の『ウルトラ』というか、深夜の円谷作品は初めてだったじゃない。だから実験という意味でもあったわけだよね。それで「ちょっとやってみよう！」、深夜だから失敗こいてもいいやみたいなムードもあったわけ。内緒で言うとね。『SEVEN X』は『ウルトラQ dark fantasy』より後だったよね？　ああいう経験も踏まえて「ビルトでできるよ」っていうのがあったのかもしれないけど。

八木　『ウルトラQ dark fantasy』が低予算の最初でしたね。あれは本当にお金がなくて、でも実はキャスト、スタッフが豪華で隠れた名作ですよ。

内田　バラエティに富んでいて今でもやっぱりいいよね。あれも思い出深い作品で、語ることがたくさんあるよ。

「光るモノ、いっぱいあるよ。才輔さん！」

八木　『SEVEN X』では一から世界観を作らなくちゃいけないというのがあって、内田さんには光の描写を考えていただきました。

内田　ナイターで見えちゃまずいものは暗くして消して、見せたいものだけ見せれば十分こういう画が撮れるという勝算は頭の中にあったんだよね。そんなに大芝居は撮れないけど……っていう。

八木　すごく斬新な画ができましたよね。

内田　例えば路地なんかでも、スリットの空いたパネルに後ろから照明を当ててもらってシルエットみたいにするとかね。それで、地面は絶対に濡らしてもらって映り込ませてっていう。

八木　こういう街は実際にはないですし、もしあったとしても撮影はできないですよね。水をまいて人にどいてもらってアクションしてなんていうのは、考えられませんから。じゃあビルトに作るかっていうことですから、すごいことをしましたよね。

内田　深夜枠でお金がない割には頑張ったよね。

八木　暗いのが重要で、光を全体に回していないですからね。だから陰影があるっていうか。ジンが目覚める部屋も面白いですよね。

内田　これは例の白い部屋と壁を使い回しているはずだよ。本当になにも置かないっていう部屋でね。

八木　柱に光源が入っていますよね。

内田　なんでそう考えたのか今となってはよく分からないんだけど（笑）。台本を読んだイメージだったのかな。印象づけるものっていうことでボーンって光っていて、ジンが窓から飛び降りるんだよね。

八木　窓の外はグリーンバックになっていました。後に『ブレードランナー』のメイキングを見たら、傘に全部蛍光灯を仕込んでいるんですよね。だから傘を持っている人がみんなフワッとしている。

内田　そうそう、棒のところが光る傘になっていたね。でも『ＳＥＶＥＮ Ｘ』も明かりで攻めるっていう狙いはあったんだよ。だから謎のパネルをいっぱい作ったな。灯入れ……後ろからライティングをできる、透過できるパネルをいっぱい作っているよ。

八木　謎のパネルは『ティガ』のころからいっぱいありましたけど、あのころは透過していなかったですよね。

内田　だからこれは意識して「明かり！」っ思っていたんじゃないかな。なるべく明かりを裏から当てられるようにっていうことでね。

八木　夜の話が多いからという話をしていたこともあるんでしょうね。

内田　でも、それだけ照明部が大変だった（笑）。こっちで電飾を仕込めればいいんだけど、なかなかそんなお金もないから照明部に「これ後ろから当ててね」なんてお願いして。だから（佐藤）才輔さんが全部当ててくれたんだよね。もう照明部頼みというか……照明部が当ててくれなければただのスリットのパネルになっちゃうのでね。こっちが一方的にデザイン画を描いて、「こういうパネルがこれだけあるんだけどいける？」「なんとかする！」っていう感じでさ（笑）。ただ照明部も予算でライトの数は決まっているし、当然芝居の人物にも当てなきゃならないから、美術の背景の方にまで照明を当てるっていうのはなかなか難しい。まあでもビルトっていう撮影所でやっているから、積み込んで持って行かなくてもいいっていうのはあったのかな。

八木　僕もデザイン画を見て「ああ、光っているな」と思いました。

内田　「光るモノ、いっぱいあるよ。才輔さん！」ってね（笑）。

八木　「こういう世界だよ」って、内田さんがイメージ画で世界観を描いてくれたわけですね。

内田　もちろん監督と話をしていて、その上で美術デザイナーがこういう世界でいくよっていうことなんですけど。ビルトでやるんだったらこんな風に、これくらいまではできるよということでしたね。

八木　決まりがないというところでは大変でしたけど、冒険しましたよね。

『セブン』のおかげで間違った大人になっちゃった（笑）

八木　内田さん的には『ウルトラセブン』体験というのはどういうものでしたか？

内田　今回は「『セブン』か〜！」とは思ったけど、内容は全然違うからね。僕はもう完全に『セブン』派っていうか、長谷川（圭一）とか樋口（真嗣）さんとかと同じですよ。『セブン』のおかげで間違った大人になっちゃった（笑）。僕は小学校のころだけど、『セブン』で初めて宇宙の中の地球というのを意識した。子ども心に、地球は宇宙に浮かぶちっぽけな1つの星でしかないんだっていうのを感じたわけ。だから『セブン』だよ。なにがなくても『セブン』だね。もう夢中で見ていたから、あれがきっと自分の原点ですよね。でも、いま見ても面白いってすごいことだよ。

八木　心に残る話がいっぱいありますよね。

内田　成田（亨）さんのメカのデザインとかも洗練されているよね。それで『ウルトラマンティガ』をやることになったら、あれは『セブン』に影響を受けているような人たちが寄り集まって作っていたからね。それは一生懸命にならざるを得なかった。だから『ティガ』『ダイナ』『ガイア』の3年間は、あんなに一生懸命にやったことは人生にないですよ。後々まで残るわけだから、やっぱり恥ずかしいことはできない。50年、下手したら100年も見られちゃうからね。

八木　内田さんとはずっと一緒にやってきましたけど、みんなそうなんですよ。ちょっとでもよくする。そういう考え方で作品にかかわっていました。

内田　『ティガ』『ダイナ』『ガイア』のころは30代半ばくらいで血の気も多かったからね（笑）。で、中でも『ガイア』は到達点だったんじゃないかな。まあ『セブン』は置いておいて、『ガイア』は『ウルトラ』の頂点だと思っている。やれることは全部やるっていう意識で、『ティガ』『ダイナ』で経験を積んだ上での集大成になっていたわけだよね。それでお金を使い過ぎちゃったということもあったんだけど。

八木　『ガイア』については、また機会をあらためてじっくり伺いたいと思っています。

内田　でも『ウルトラマンマックス』でまた八木に呼んでもらって、その流れで『ＳＥＶＥＮ Ｘ』ということだよね。

ただ『SEVEN X』のときは三池（崇史）さんの映画が入っちゃっていて、信頼のおける瀬下（幸治）デザイナーに現場の任務を任せていた。もちろんホンは全部読んでいたし、要所要所は瀬下と話をしながらやっていたけど。

八木　でも世界観を構築していただいていたので、今回はその辺を中心に伺うことができてよかったです。『ティガ』からご一緒していたので思うんですけど、やっぱり作品の内容だけではなくて、現場の熱意とか熱い思いって重要じゃないですか。そういう空気感を作らないと、いいものはできない。だからスタッフは重要ですよね。『ダイナ』『ガイア』ではみんなよく飲んでいて、寝ないで現場に行くのに近い状態だったりして。ただ、飲んでいても半分くらいはみんなで熱く作品の話をしていたんですよね。

内田　ああいうのが今はなくなっちゃったな。「こんなホンでいいのかよ!」とか、「もっとここをこうした方がいいんじゃないか?」とか意見を言って、さらに自分の仕事を増やしているみたいなことではあったけど（笑）。台本にも書いてないことを膨らましちゃって、自分で自分の首を絞めてというのは結構あったよね。やっぱりそれだけ思い入れが強くて真剣に取り組んでいたということで。

八木　では最後に『SEVEN X』を担当されてのご感想をお願いいたします。

内田　15年も経ったなんて早いよね。『SEVEN X』は実験の気分でやっていて、じゃあ実験だとしたら成功したんだろうかどうなんだろうかっていうのはあるんだけど（笑）。でも、曲がりなりにも独特の世界観は作れたという自負はあるかな。限られた予算と日数ではあったけど、その中ではやった方かなっていうね。

八木　アメリカでブルーレイが出たから見返しましたけど、15年経っても全然見られますよね。つまりは古くなっていないわけですから。世界中にファンがいますし。やっぱり実験は成功したんですよ。

内田哲也氏によるデザイン画

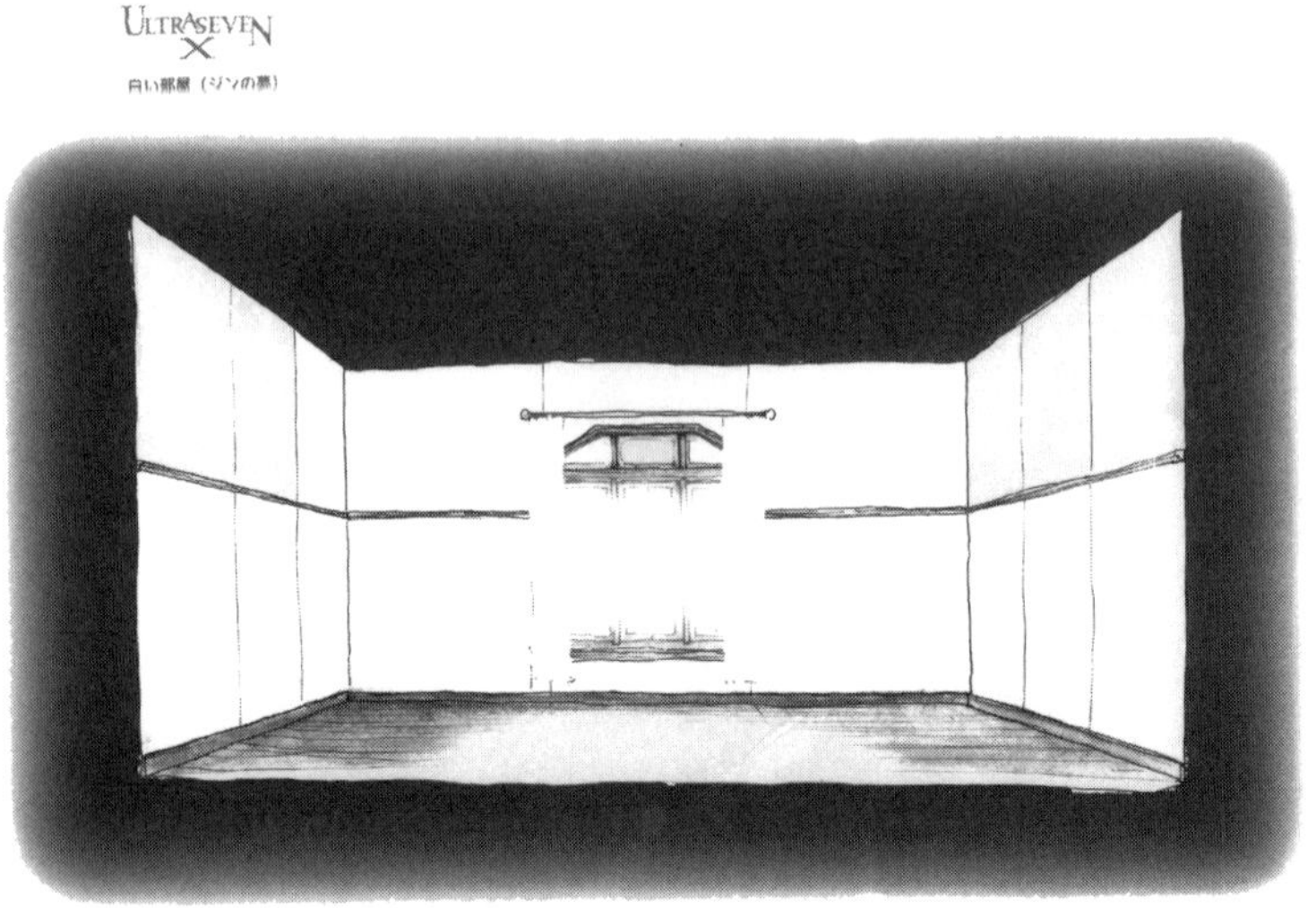

第1話「DREAM」、最終話「NEW WORLD」に登場する「白い部屋」。ジンの記憶の深層にある謎のイメージ

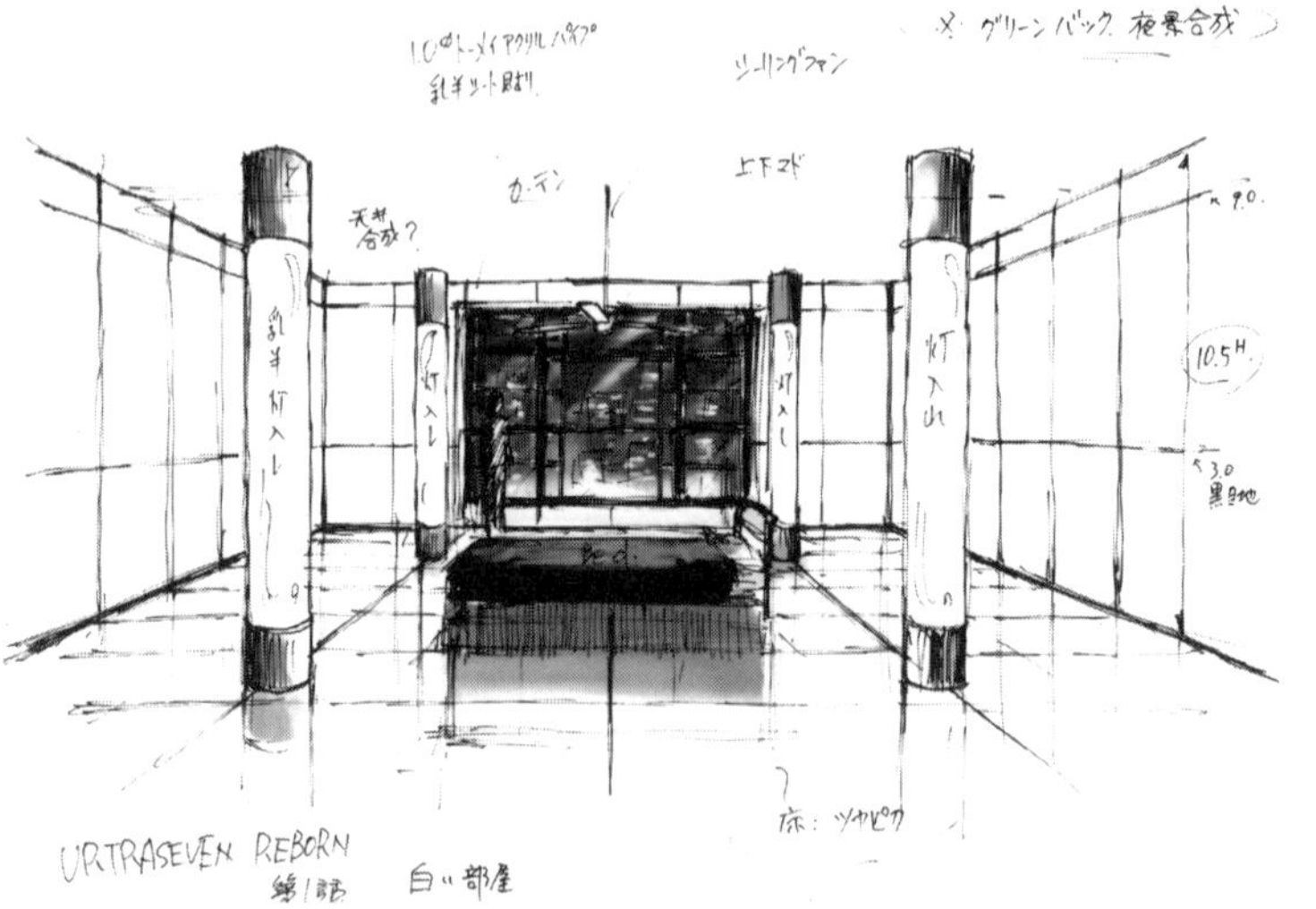

第1話「DREAM」でジンが目覚めるどこかの部屋。窓の外には合成用のグリーンバック幕が吊られている。壁は上の「白い部屋」の流用

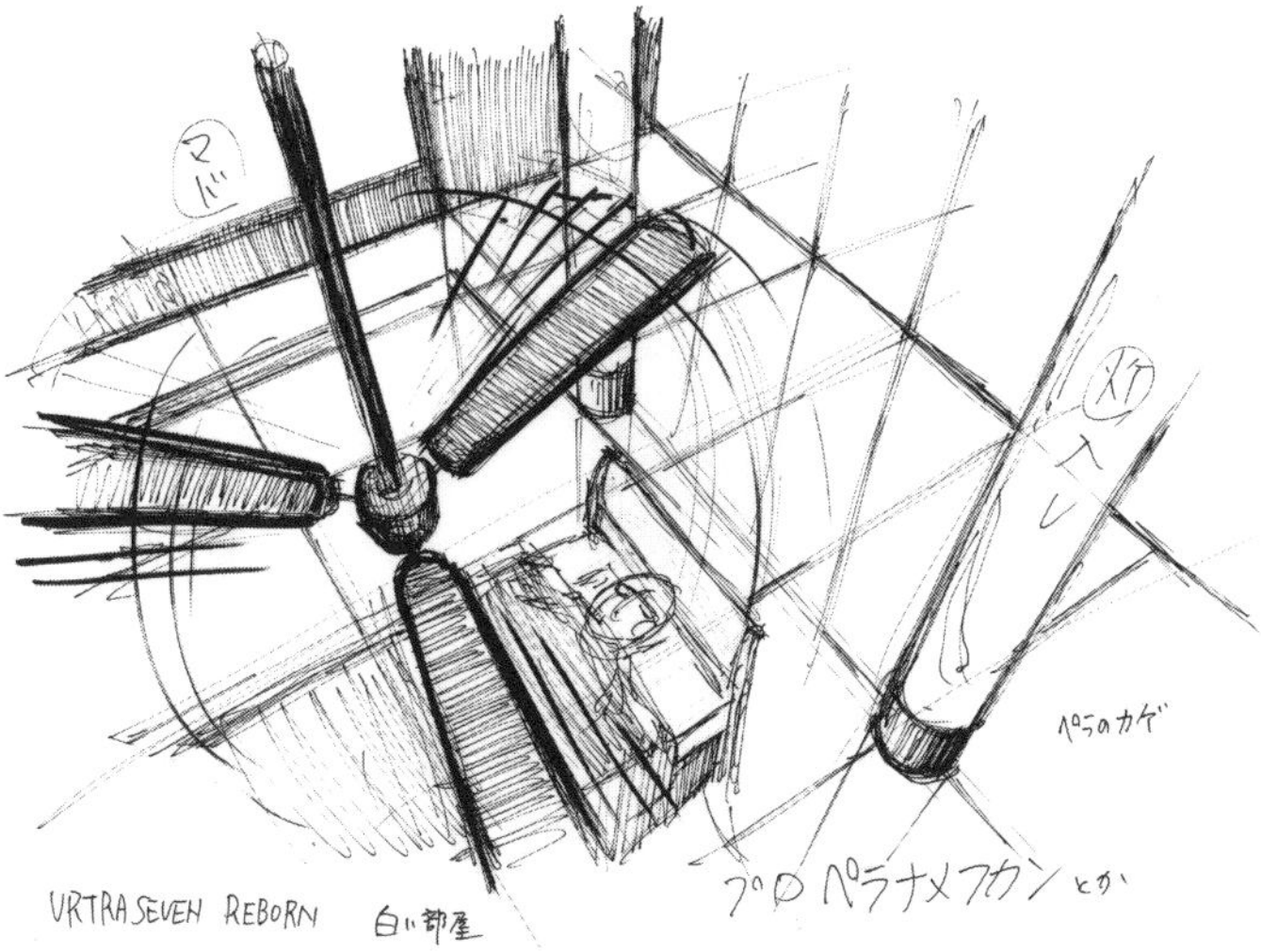

ジンが目覚めた部屋のカメラポジションを考えたイメージ画。テレビシリーズではここまで丁寧にイメージボードは作らないが、美術内田さんの気合いが感じられる

ULTRASEVEN X
ジンの部屋

第１話「DREAM」に登場するジンの部屋。新宿のハウススタジオを飾った。詳細なイメージ画。色合いは完成作品と異なりグリーンに転んでいるが、これもカッコいい

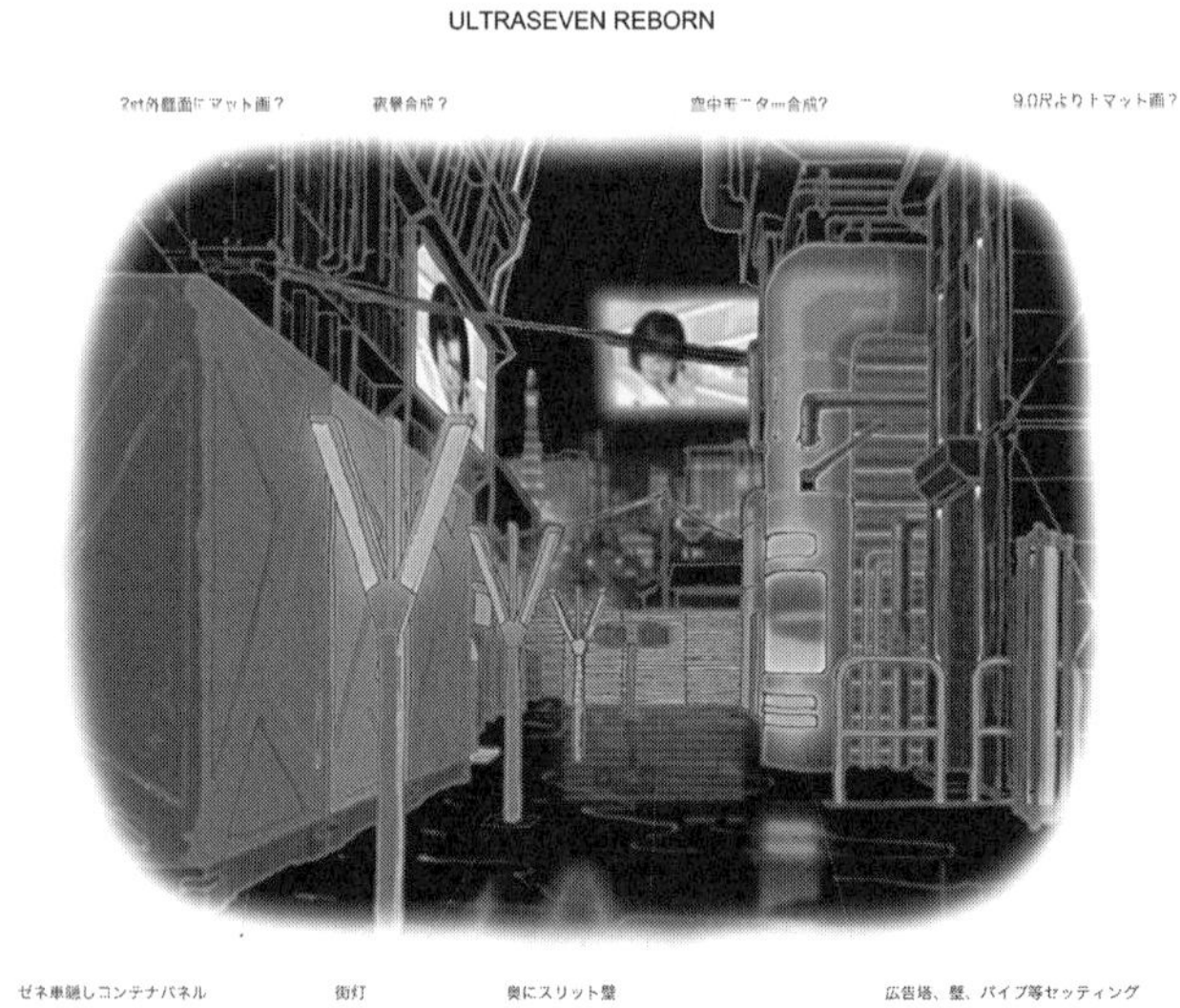

東宝ビルト２st横の通路を未来道路に改造。美術と照明、操演と撮影。全スタッフのイメージの結晶で、その基本コンセプトがこのデザイン画だ

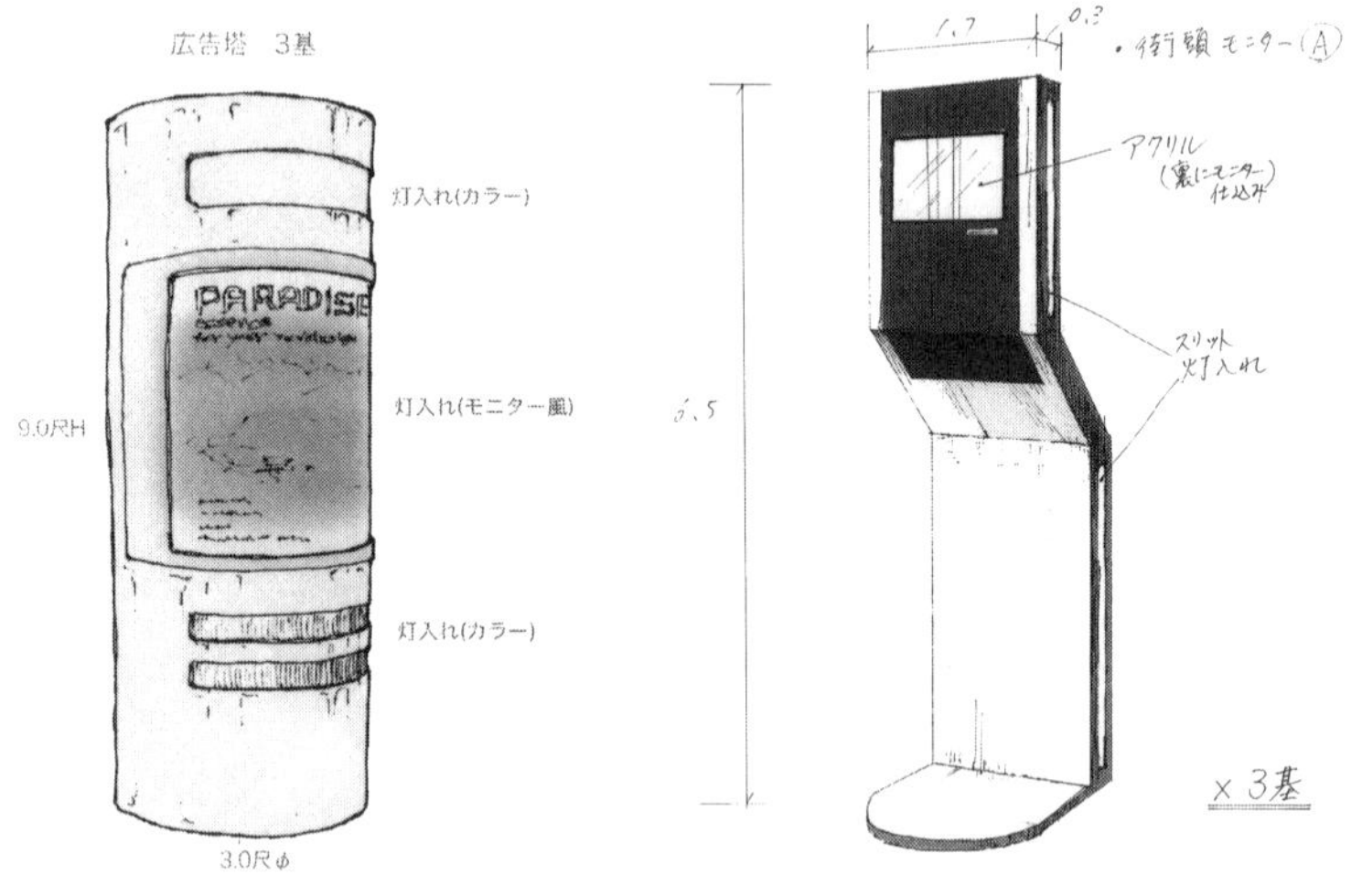

左が広告塔、右が街頭モニター。全話にわたる「都市の路地」は、東宝ビルト2st前の空間に、このようなオブジェをたくさん並べて近未来の都市を演出している。CG映像をモニターで流して、気分は未来世界

街頭モニター　2基

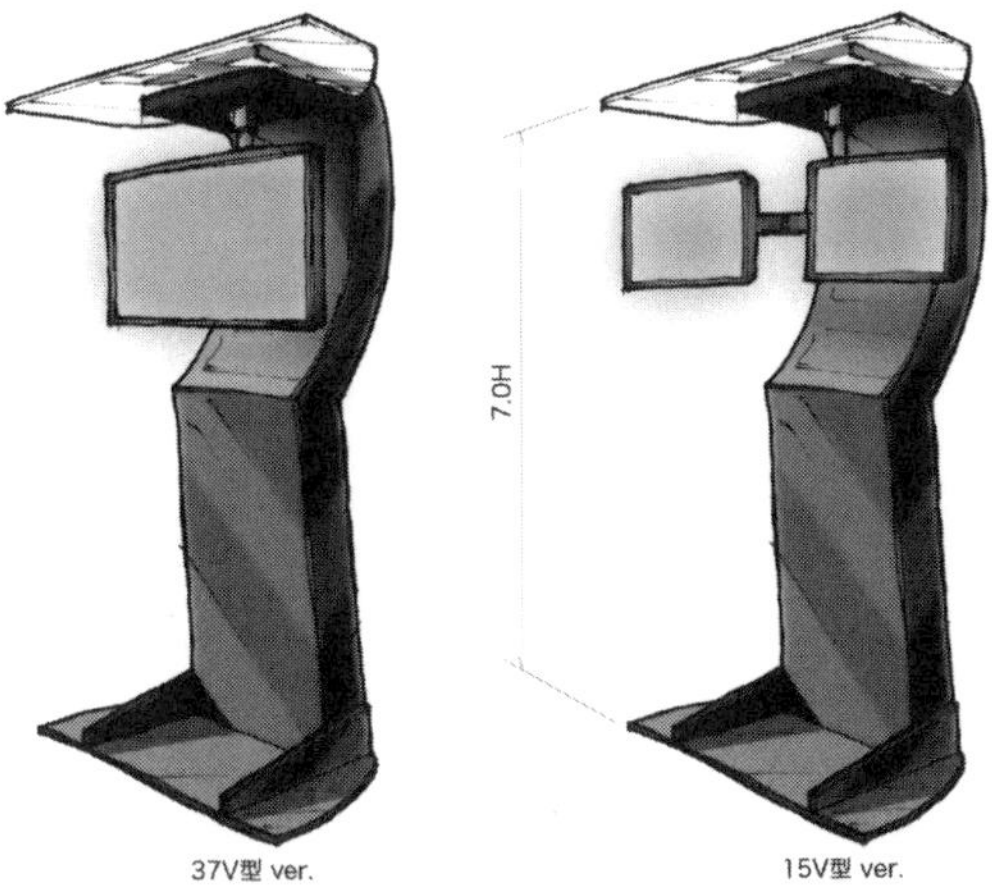

街頭モニターはビデオ出力できるように作られていた。モニターからは円谷CGチームが制作した映像がループで流されて、やはり気分は近未来

街灯　4基

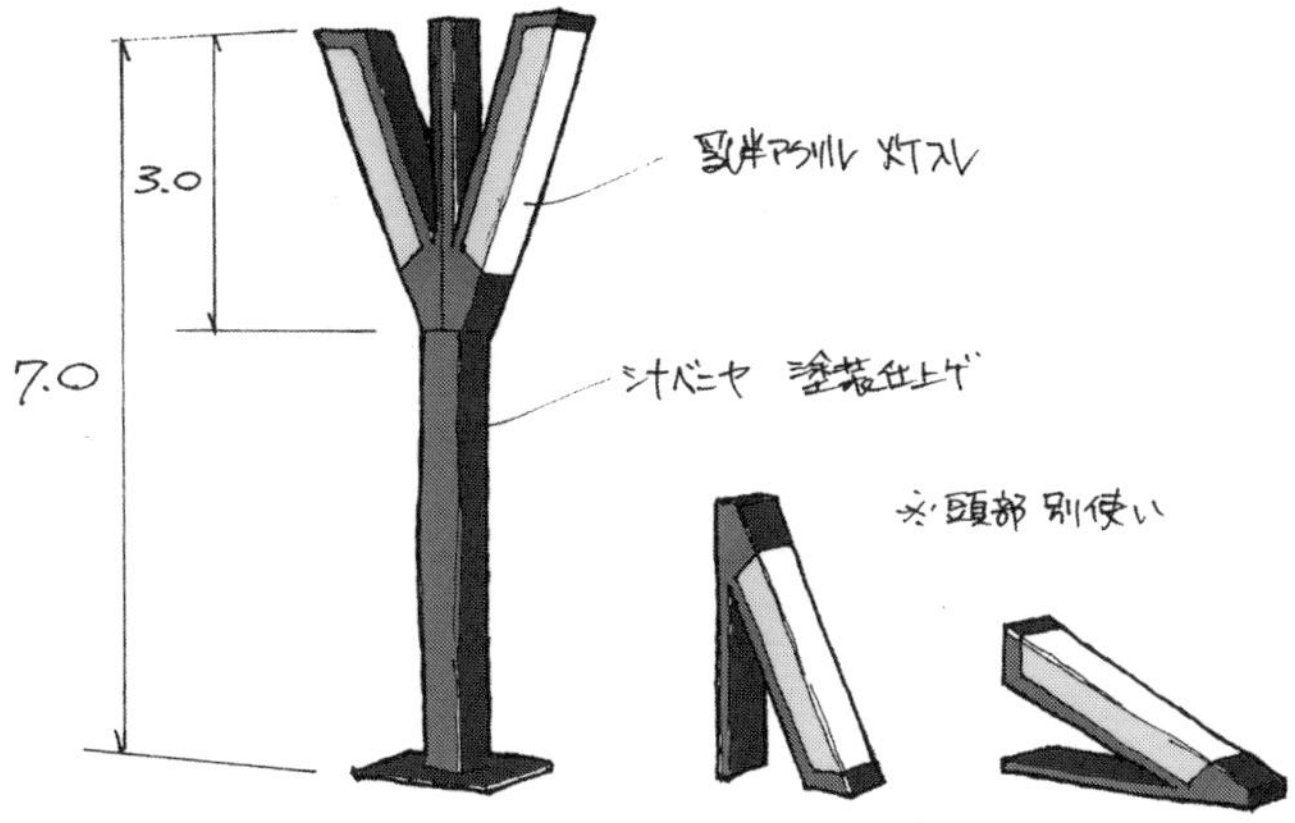

未来的な意匠の街灯。このような特殊で斬新、美しい街灯があることによって、ここが別の世界であることがよく分かる

第1話「DREAM」のクラブ「デルフィ」はダークで怪しい感じのクラブ「コア」を、洗練された未来のクラブに飾り変えている

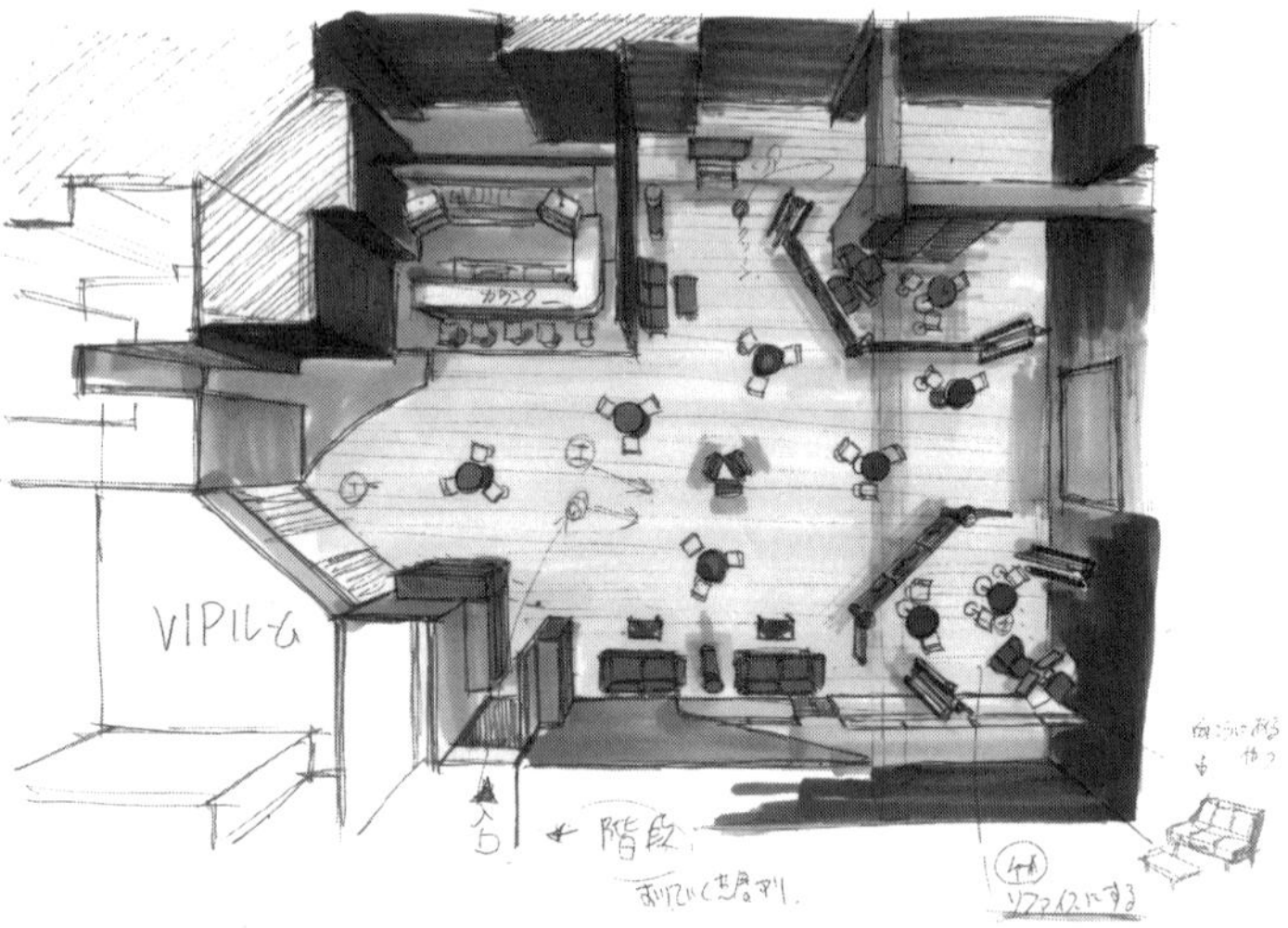

クラブ「デルフィ」を上から見た図。右下の部分がジンとケイが話したソファ席。左上がジンとアールが話したカウンター。VIPルームは撮影に使用しなかったので控室に

ネオン管（青／緑／赤）　各色6本（計18本）

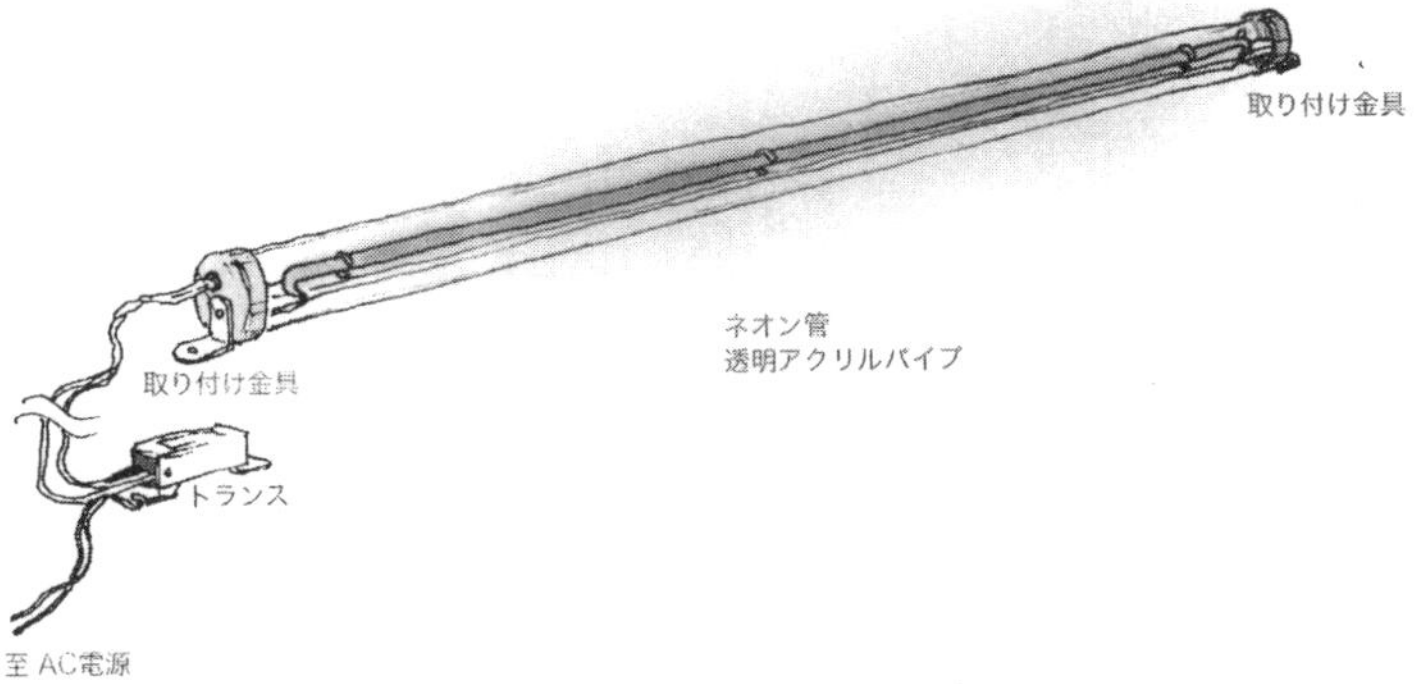

ネオン管は青緑赤の3色で計18本。これをさまざまな場所に配置して光らせて未来感を表現した。フレームの中に光源があることはとても重要

ULTRASEVEN X
エージェントルーム

第２話「CODE NAME "R"」に登場したエージェントルーム。ジンの部屋と同じビルの地下室を飾って撮影した。光の表現が重要なのでデザイン画にもそれが描かれているし、明暗のタッチも表現されている

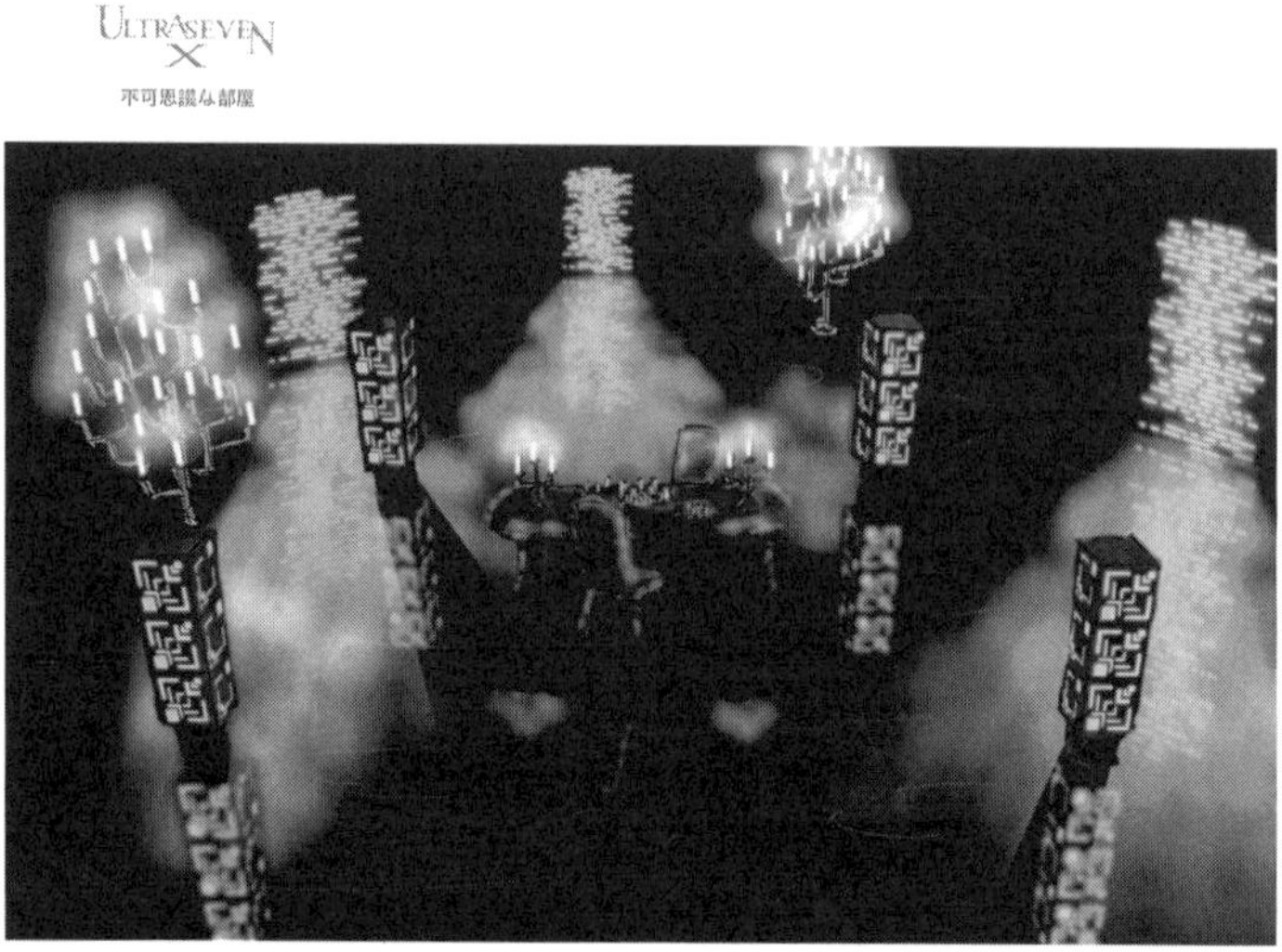

第１話「DREAM」に登場した不思議な部屋。東宝ビルトのスタジオに飾り、フォグを焚いて水を撒いて撮影した。ビルトはなんにでもなる万能の空間。われわれのアトリエです

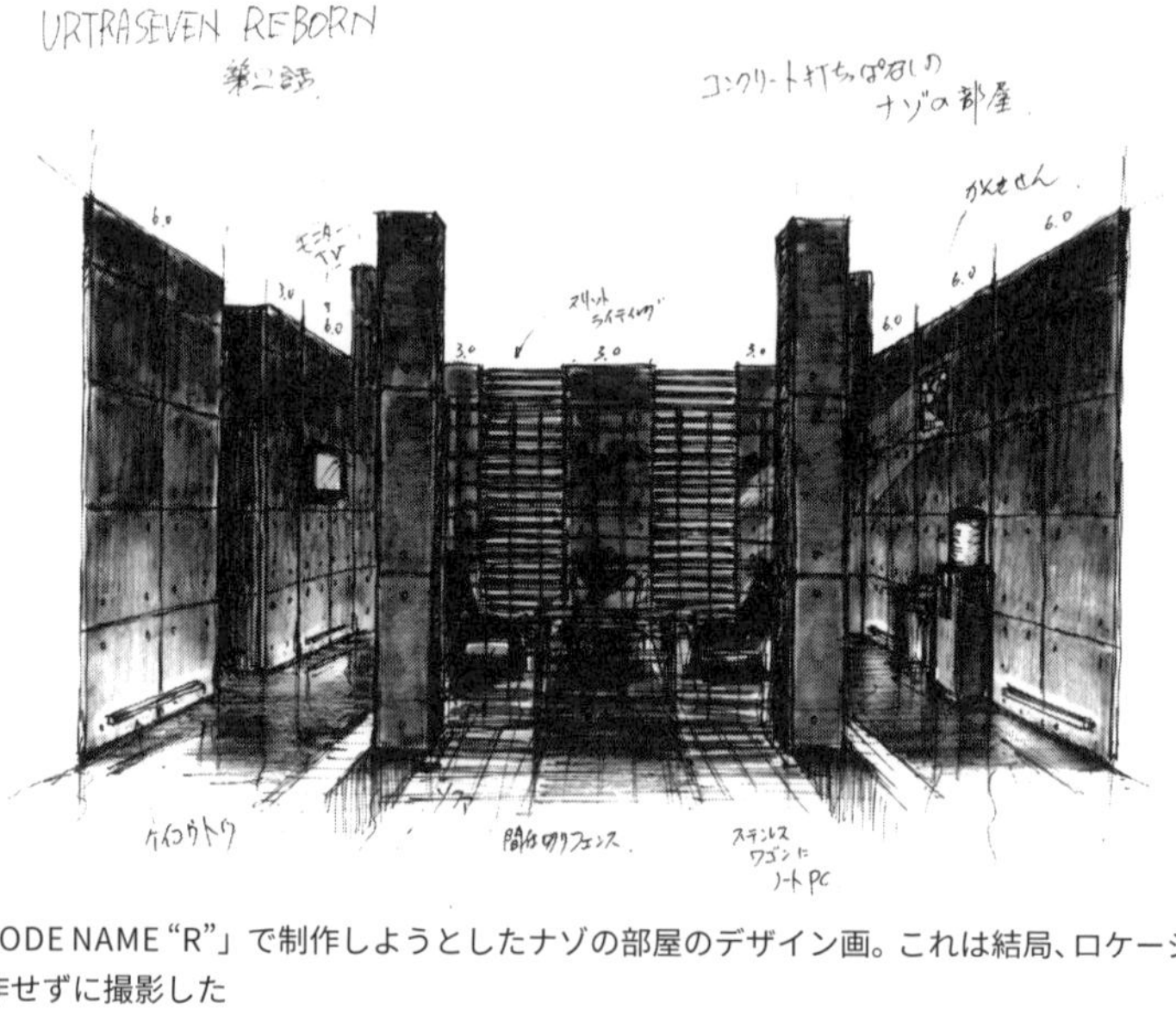

第２話「CODE NAME "R"」で制作しようとしたナゾの部屋のデザイン画。これは結局、ロケーション処理にして制作せずに撮影した

ULTRASEVEN X　エレア銃

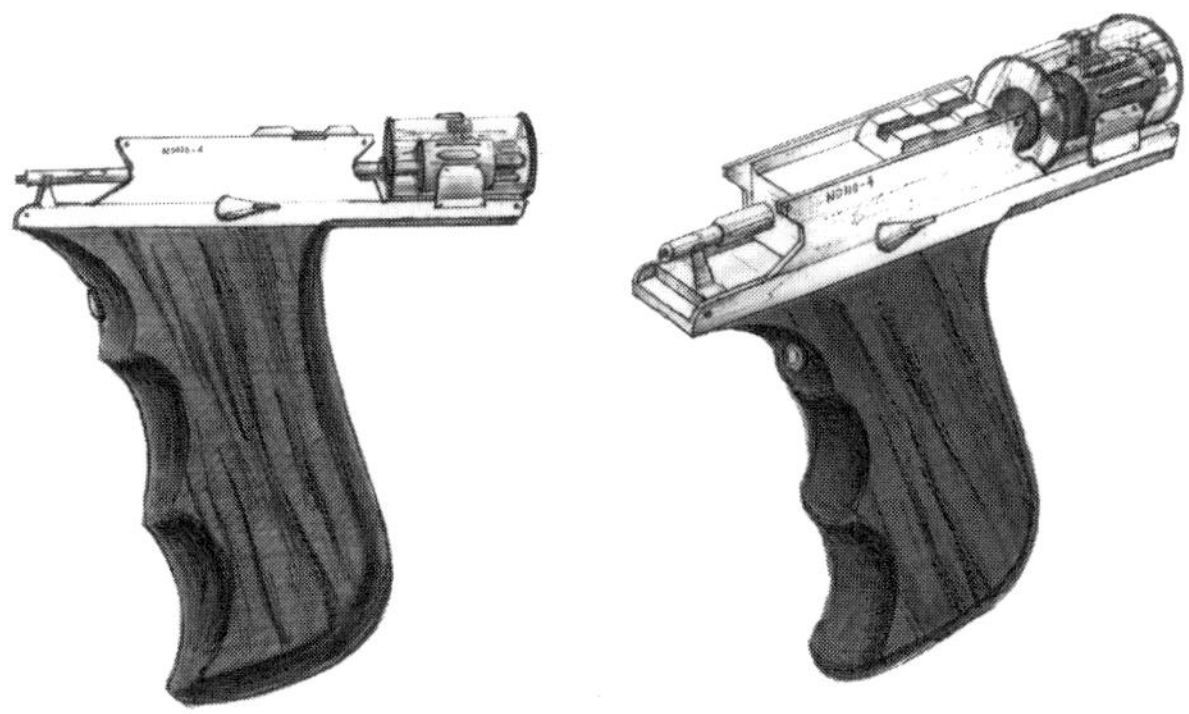

『SEVEN X』に登場する小道具は商品化を考えないでデザインされているから美しく複雑で斬新。色はシルバー

ULTRASEVEN X Ep.7　ナタルの二丁拳銃

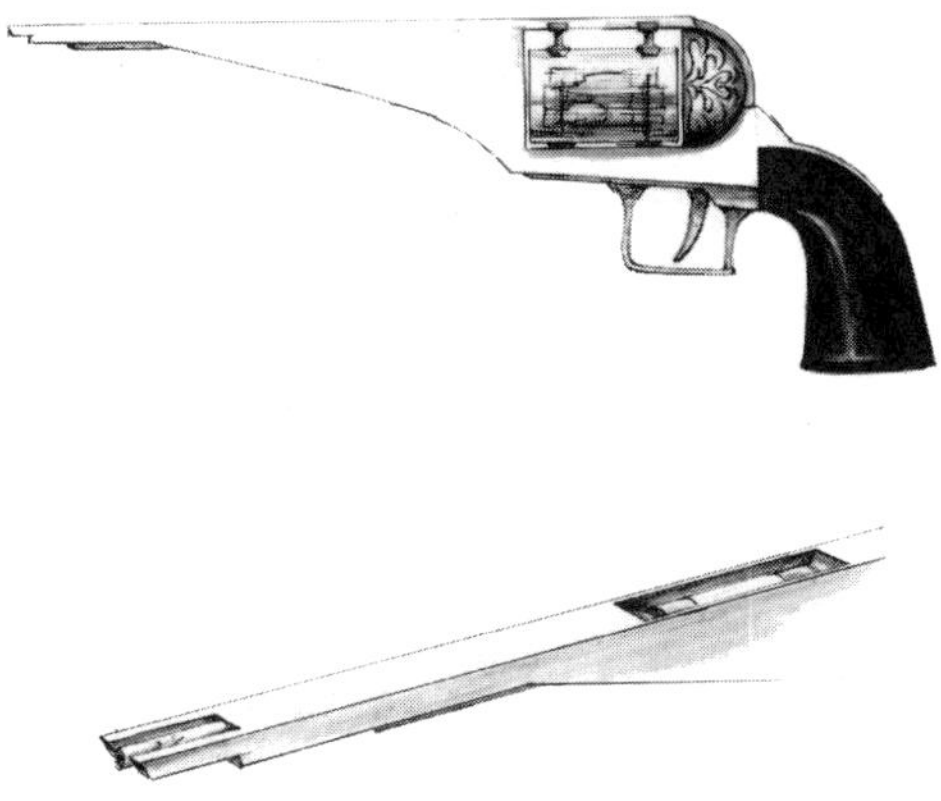

同じくシルバー。昔から未来はシルバーだと言われていたし、実際に美しい。未来とレトロの融合形で独自の存在感がある

齊藤高広

Takahiro Saito | Composer

そのときの感覚でいろいろな足し算・引き算の繰り返しだった

ギタリストの菰口雄矢氏とともに『ULTRASEVEN X』の劇伴を担当した齊藤高広（当時の表記は斎藤高広）氏。70曲にも及ぶ作品を提供したということだが、その振れ幅は非常に大きいと同時に、近未来的な世界観を十全に表現するものであった。こうした音楽はいかにして作られていったのか、その詳細を伺っていこう。八木毅監督との久々の再会はオンラインでの対談となった。

まずはいきなりアナログシンセのお話から

八木　今日はよろしくお願いいたします。齊藤さんの後ろには素敵なものがいっぱい見えていますね。

齊藤　今日は自宅の作業場からつないでいるんですよ。後ろにあるシンセは、半分くらいはコレクターズアイテム的なところがあるんですけど（笑）。

八木　当時もお話をしたと思いますけど僕もシンセが大好きで（笑）。カメラの角度的に見えづらいんですけど、一番上のシンセはなんですか？

齊藤　これはシーケンシャルのプロワンですね。その下がローランドのジュノー60で、これはマイファーストシンセです。
八木　実は僕はコルグのポリ61がマイファーストシンセなんですよ。ジュノー6と迷ったんですけどね。ポリ6に比べるとエフェクターがイマイチで、見かけはデジタルっぽいけど全然デジタルじゃない（笑）。でも、味のあるシンセでしたね。今もあるんですけど。ジュノー60の下にはなにがあるんですか？
齊藤　下は2台ともモーグですね。プロディジーとマイクロモーグで、その下にはモーグザソースが置いてあります。で、ちょっと見えない位置に置いてあるんですけど横にはミニモーグの復刻版のボイジャーもあったりして。あとはプロフェットT－8をマスターキーボードとして使っています。
八木　すごいですね。いきなり脱線してしまいましたが、齊藤さんのスタジオを見られてよかったです。今回は『ULTRASEVEN X』の音楽のことをお伺いしたいのですが、まずは齊藤さんが音楽を志されたきっかけ辺りからお願いできますか。
齊藤　最初に音楽に触れるきっかけは、自分の叔母がヤマハの講師をやっていたのでちょっとエレクトーンなんかをかじらせてもらっていて。でも当時はそんなに関心はなかったんですよ。ただ、中学のときにYMOがブレイクして、そこでシンセとかそういったものに興味を持ち始めました。それでそこからそのままテクノに行くのかと思いきや、どうしても当時は10代で機材をそろえることもできずで……。
八木　今とはだいぶ違いますよね。当時はコンピューターもシンセサイザーも高かったですから。
齊藤　今だとアイフォンとかアイパッドでも作れちゃう時代ですけど、当時はそれなりのものがないとテクノはできなかったので。一方で高校生くらいから今度はジャズとかフュージョンに興味を持つようになって、さらに大学に入ったら同級生の影響でさらにいろいろなものを聴くようになったんですね。そうやってちょっとずつ視野を広げていく中で、演奏することよりも制作の部分に興味を持ち始めたんです。でも当時はレコーディングとか制作について日本で学べる環境はあまりなかったのでアメリカに渡りまして、そこでエンジニア関係の勉強もしましたし、作曲・編曲の理論とかを学んだりしているんです。

八木　アメリカに音楽留学をされたわけですね。

齊藤　ボストンにあるバークリー音楽大学というジャズで有名な学校なんですけど、当時はエンジニアリングとかシンセを使ったプログラミングとか、そういったものも結構積極的に教えていて。テクノロジー系の学科に進んで、その一方でジャズの理論とか編曲も勉強するという形で2年ほど過ごしていました。で、学校で学んだことを生かしてインターン的な仕事をしてもいいというビザを取って、やっていたのはなぜか制作とかではなくてパーティで演奏するバンドだったんですけど（笑）。ビザが切れたタイミングで日本に戻ってきて教室で音楽を教えたり、知り合いと組んだバンドなんかで活動したりしていたら、たまたま円谷さんとの出会いがあって『ミラーマンＲＥＦＬＥＸ』や『怪奇大作戦セカンドファイル』の最初のやつを手がけさせていただいたというような流れですね。

中近東系の楽器をテクノに乗せる＝無国籍テクノ

八木　そういう流れで『ＳＥＶＥＮ Ｘ』に入られたわけですね。

齊藤　その途中では祖師ヶ谷大蔵駅の発車メロディとかも作っていました（笑）。

八木　それは今でも駅で聴けるやつなんですか？

齊藤　聴けると思いますよ。『ウルトラマンの歌』『ウルトラセブンの歌』を担当させていただいて、駅メロ風にアレンジしましたね。

八木　それはいいですね。ところで、オリジナルの『ウルトラセブン』はご覧になっていましたか?

齊藤　僕は今55歳なので世代的にもちろん再放送にはなりますけど、初期のウルトラマンシリーズは子どものころに結構見ていましたね。『セブン』も再放送で何回も見ていますけど、やっぱり内容は割と大人だなっていう印象があって。単純明快な感じではなくどこかメッセージ性がある。映像的にもメトロン星人のちゃぶ台とか、いま考えるとかなり斬新ですよね。あとは最終回のダンがアンヌに自分の正体を話すところでクラシックが流れたりして、いま見てもそういうところは色褪せないものがありますよね。だから普通に子どもに向けたというよりは、ちょっと大人に向けた面もあったのかなっていうのは思います。

八木　僕も『セブン』は再放送世代ですし、齊藤さんとは同い年だったんですね。だからYMOの話とかシンセの話といった共通項があったのか。われわれの世代はテクノの洗礼を受けていますから気が合うわけですね。ではそういう中で『SEVEN X』の企画が来たわけですけど、最初に僕の方からいろいろご説明したと思うんです。

齊藤　参考になる世界観みたいなことで、『ブレードランナー』とか『X-MEN』を提示された気がするんです。というのは『ブレードランナー』はもともとすごく好きだったし、『X-MEN』の方はDVDを借りに行った記憶があって、その結果ちょっとハマっちゃって購入したんですよね（笑）。だからああいう未来世界の街の雰囲気とつながるイメージなのかなというのがまずはあって、でもそこにセブンXがどういう風にからむのかなというのはありましたけどね。

八木　齊藤さんにお渡しした音楽メニューでは『アルファヴィル』とか『マルホランド・ドライブ』（01）とかも参考作品として挙げています。『X-MEN』はこの音楽メニューには見当たらないので、口頭でお伝えしたということでしょうね。冒頭部分には「不思議・不条理・愛・存在・救済などの概念を基本に構築される完全に新しいスタイルのSFドラマです」というようなことも書いてあって。

齊藤　そうだったと思います。だから画を見たときに「ああ、なるほどな」というのはありました。作曲用に音のない映像だけをいただいたときに「こういう世界観なんだな」というのが明確に分かったので割と入っていきやすかったですね。

八木　すごく作品に合う音を付けてくれましたよね。

齊藤　あのときはギタリストの菰口雄矢くんにも結構手伝ってもらっていて、派手めなギターの曲なんかは彼に任せています。で、ちょっと機械的なものとか、バックで流れているような音楽……例えばクラブのシーンのなんともいえない無国籍テクノみたいなものは自分が作ったりしていて。もちろんお互いどちらにも参加はするんですけど、そういう役割分担でやっていったと思います。

八木　バーとかクラブの後ろでかかっている曲はよかったですね。あのときは無国籍な雰囲気が欲しかったので、ヨーロッパだけじゃなくて中近東とかトルコとかギリシャの旋律でいけませんかねという話はしましたよね。結果的にあがってきたものがぴったりな感じだったから第1話から喜んで使わせていただきました。

齊藤　たまたま中近東系の楽器のサンプルや音源を持っていたので、「あ、これは使えるな」って。それをテクノに乗っけるというようなことをしているんですよね。

八木　メニューを見ていると、音楽の傾向の1つとして「激しいリズム系のもの。硬質なトランス系のテクノなどのイメージ。旋律は中東系やアジア系が混じるのもよいでしょう」なんて書いてありますね。それが無国籍テクノになっていったんでしょう。

『惑星ソラリス』のほのかな影

八木　あとは「1．ノイズやシンセサイザーのパッド、生楽器を使用したホラー映画などで多用されるメロディーが薄い、またはない雰囲気重視のスタイルのもの」というのも傾向として挙げていますが、この辺も『SEVEN X』の世界観には欠かせないサウンドだったと思います。それから齊藤さんはシンフォニーもやってくれましたよね。

齊藤　割と最後の方はそういうオーダーがあったように思います。オリジナルの『セブン』のメロディをさりげなく仕込んだりしているんですけど、オリジナルを見ていた世代としてはああいうのはうれしかった記憶がありますね。

八木　最終回のあそこはでも難しかったですよね。音もそうですけど、画もそうで……当たり前ですけど、どこからどう見ても『セブン』ですもんね（笑）。

齊藤　オリジナルキャストまで登場しますからね（笑）。

八木　僕も齊藤さんの気持ちは分かるんですけど、オリジナルキャストを撮っていてなんだかすごく不思議な気分でした。オリジナルの世界から派生している並行世界での話だから無関係ではないんだけど、あのオリジナルキャストは最終回まで出ないじゃないですか。でも最後に出てきて存在感を発揮する。とても不思議な感じでしたね。

齊藤　それ以外の部分はそれほど『ウルトラセブン』を意識しなかったというか、全く別のドラマを作っているのかなっていうくらいの感じでやっていたんですけど。でも今になって思うと、やっぱりオリジナルと同じようになにか独特なものがあったなという感じはしますね。

八木　あのオリジナルはSFであるという気がするんですね。だから『SEVEN X』もSFではあろうとしていて。それは齊藤さんの音楽もそうですし、キャスティング、カメラワーク、ライティング……やっぱり全員で『SEVEN X』という新しい作品を作ろうとしてやっていましたよね。これは奇をてらうとかそういうことでは全くなく。

齊藤　その辺りはあがってくる映像からもすごく伝わってきましたよね。あとはホンもちゃんと読ませていただいていたので、ホンを先に読んで想像した上でまた映像を見て……という感じで入り込んでいった記憶がありますね。

八木　脚本を読まれてイメージしたものとあがってきた映像のギャップなどはありましたか？

齊藤　むしろ「これはどんな画になるんだろうな？」ということを考えていて。そういう興味を持ってホンを読んでいた感じですね。それで映像を見て「あ、なるほど」というところで曲を作り始めるというか。あとは1曲だけクラシックをエンディングで使いましたよね。あのときはそのために曲を作るのではなくて、あの曲がハマる感じがしたんです。それでそういう選択をしたと思うんですよね。

八木　第9話「RED MOON」ですね。あれはバッハで、『惑星ソラリス』でも使われている曲なんですよね。

齊藤　確かに『惑星ソラリス』の話もしましたね。

八木　後半はあれ以外にもバッハ的な曲やバッハそのものをやっていただいていて、ちょっと宗教音楽的な雰囲気がいいかなと思っていたんですよね。でも「RED MOON」に関しては完全に〝以心電信〟ですね。

「これは普通の劇伴の雰囲気とはまた違うんじゃないかな」と思った

八木　オープニングの10秒のサウンドロゴみたいなもの、あれはいかがでしたか？　今までの『ウルトラ』だと勢いがある感じとか、これから始まりますっていう感じが求められますけど。今回はちょっと違うテイストだし難しかったかなと思うんですけど。

齊藤　あれは結構しっかりソフトシンセを使ったと思うんです。それまでももちろんソフトの音源はあったんですけど、普通の楽器の代わりとして使うことが多かったんですね。今だったらもうちょっと作りやすいサウンドでしょうけど、当時はどうやって作ろうかってパラメータをこねくり回した覚えがあります（笑）。それで10秒という枠に収まるように変化させていくということで、いろいろと試行錯誤した記憶がありますね。

八木　よく聴くといろいろな音が入っていますもんね。

齊藤　隠し味的なサンプリングとかを後ろで小さく鳴らしたりはしていましたね。それは普通に市販されている素材だったりもしたんですけど、エフェクトをかけて原型をとどめないくらいにしたり。世界観としてそういうものをイメージしていたんでしょうね。すごく混沌としている部分もあったじゃないですか？

八木　なにかが背後にいる管理社会で監視社会、全体主義の話で、その混沌の中で物語が進んでいく。だからそういう雰囲気が欲しかったのでとてもよかったです。

齊藤　最初に参考例で『ブレードランナー』とかを示していただいて、そこから実際の映像を見たときに「これは普通の劇伴の雰囲気とはまた違うんじゃないかな」と思って。今だとそういう感じのサウンドって映画紹介なんかでも使われていますし、専用の音源も「シネマ系サウンド」みたいな感じでずいぶん出ているんです。でも当時はそういうものはなかったので、結構早くから手をつけた形になったのかなっていうのはありますね。でもそれは混沌とした世界観が画から伝わってきた部分が大きかったので、それでイメージしていろいろな要素を組み合わせることができたのかなという気がしますね。

八木　他にも「愛のテーマ」みたいなものもあったし、セブンXが戦うところやエージェントの曲など、いろいろな曲を書いていただきました。

齊藤　曲のアイデアを菰口くんとなんとなく出したときに、「これは戦闘シーンに向いているね」とか話し合いながら作った曲もありました。その一方で静かな曲、「愛のテーマ」的なものとなると正統派の映画音楽系の趣向で作っていったと思うんですよね。これは混沌としているものではなくてフィルムスコアという感じで。あとは未来感となったときには、ちょっとフューチャージャズみたいなものも作った記憶があるんです。あれは一応ジャズなんだけどバックの音はすべて電子楽器で作られていて、アバンギャルド系が得意な友達にサックスだけを入れてもらったりしています。そんな感じで、いろいろなアイデアを次から次へと試していきましたね。だからその場面とか画を見た上で音をつけていくというか……生楽器を使う頻度は比較的少ない方だったので、思い立ったアイデアをすぐその場で足したり引いたりというようなことはやっていたと思いますね。

八木　もともと劇伴というのはオーケストラなどの生楽器で作っていて、このころはまだ生もありましたけど結構打ち込みが多くなっていた時期ですね。でも制作現場では「やっぱり生（演奏）がいいよね」というのがあって、それはいい側面もあるんですけど、僕はテクノを好きな人だったので打ち込みでも全然気にならないというか、むしろ好き（笑）。もちろんクラシックも大好きですけど、『SEVEN X』の世界は思いっきりシンセサイザーとか打ち込みとかノイズでやっていただいたら面白いんじゃないかなと思っていて。それは苦肉の策じゃなくて、あえてということなんですけど。

齊藤　そうすることによって割とタイムロスがない形ですぐに実験的なことも含めて試せますし、その結果をそのまま劇伴に反映させるということもできたんですね。

ソフトシンセ、ソフトサンプラーも含めて基本はロジックで作業

八木　ちなみに当時DAWはなにをお使いでしたか？

齊藤　この10数年、DAWはずっとロジックプロを使っています。そういえばあのときは、画に合わせてそのときの

感覚でいろいろな足し算・引き算の繰り返しだったんだと思います。だからなのか、普段はあまり使わないようなソフトシンセを結構使った記憶があって。持っていても手を出さなかったような音源がこのときすごく役に立ったと思います。

八木　そこにあるアナログの名機たちは使われたんですか？

齊藤　使っていないですね（笑）。『SEVEN X』はほぼロジックプロ純正のソフトシンセでやっています。それから市販のサンプルをロジックで加工したりもしていますし、自分で集めたいろいろなサンプル……例えば別なレコーディングのときにドラマーにパーツを1つずつたたいてもらったりして、そういうオリジナルのライブラリーを使ったりもしています。だからソフトサンプラーも含めて基本はロジックで作業していましたね。アナログのシンセってなんだかんだ言ってやっぱりちょっと温かみがあるんです。だから当時は、無機質な感じにする場合にはソフトシンセという感じでしたね。今はソフトシンセでもアナログライクなサウンドを出せますけど、そこはまだ一線があったというか。

八木　デジタルな感じがいいですよね。無機的な音が『SEVEN X』的にはぴったりで。

齊藤　普通のサンプルとかでも結構エフェクトをかけてわざと有機的な部分を削ったりとか、あとは本来だったら生楽器だろうっていうようなものをあえて電子的なもので鳴らしてみたりとか。そういうことも試していましたね。例えばベース音にサイン波を使ったりもしていて、これは今ではよく使われる手法ですけどね（笑）。確かジャズの曲では、そういうような音でベースラインを作ったはずです。

八木　ギターの菰口さんとの共同作業はどのようなものでしたか？

齊藤　そういうのはスタジオではなく事務所の作業場に来てもらって、という感じですね。彼の方でも基本的なアイ

クラブ「デルフィ」（六本木クラブ「コア」）での撮影風景。美術と照明と音楽の力で、未来的でインターナショナルな空間となった。第１話「DREAM」

デアを作ってくることがあったので、そういったものをメインのパソコンに移植して、そこからいろいろ手を加えていったりして。あとはMIDIデータで持ってくることもあったので、そうするとそこから音色をいろいろ変えてみたりというような作業があって、そこにギターを重ねてというような流れだったと思います。

八木　菰口さんはギター以外に打ち込みなどもされたんですね。

齊藤　たぶんハードウェアのシーケンサーを使っていたんじゃないですかね。そのデータをもらうこともあったし、譜面で来る場合もあったしという感じで。譜面で来た場合はそれを打ち込んでいって、そこから音色を選びながらという感じですね。で、ロジックではある程度ミックスまで仕上げてしまって、最終的にはそれをスタジオに持ち込んでミックスダウンするという形でした。

八木　そういう形でたくさん曲を作っていただきましたけど、印象に残っていることはありますか。

齊藤　やっぱり無国籍テクノですね。今でも4つ打ちを聴いているとあれが頭の中を流れることがありますから（笑）。もちろんオープニングの曲……あれは効果音に近いですけどすごくインパクトがありましたし、『セブン』のテーマをさりげなくあしらった曲なんかも思い出深いです。そういえば最近あらためてCDを聴いてみたんですけど、「今、こういうのをすぐ作れるかな?」と思っちゃったんですよね。というのは、自分の中にはない要素がいっぱい入っているように聞こえて「当時はどういう趣向で作っていたんだろうな?」って。

八木　降ってくるものがあったんでしょうね。

齊藤　ホンと画にインスパイアされたっていうのはあるんですけど、それに触発されてこういったものを作ったというのがあらためて驚きでしたね。そういった意味では、トータルの作業自体として当時できることをいろいろやったんだなっていうことですよね。曲としてはどうしてもテクノがらみということであれが頭に残っていますけど（笑）。

『SEVEN X』という作品は唯一無二の世界観を持っていた

八木　あの曲は僕もすごく気に入っています。12インチでリリースしたいですよね。あと「自分の中にないもの」という話はすごく面白く聞いたんですけど、われわれも物語を作るときには自分の中にはないようなものをいろいろ探るわけです。その上で齊藤さんが映像からインスパイアされて音楽を作ってくださって、それが映像につくことでさらに映像がよくなるわけじゃないですか。だからとてもいい関係でしたよね。あの中近東系の無国籍テクノだって、もしユーロビートだったらクラブ空間が全然別なものに見えてしまうわけですから。

齊藤　それだと未来的にはならないですよね（笑）。

八木　かなりマズイというか明らかに失敗ですよね。じゃあジャズだったらどうかというと、「まあそういう場所ってありますよね」という感じになってしまう。でもわれわれは無国籍にしたいから、エキストラにも何人か外国人の人がいるわけです。男性が3人で、1人は作家のノーマン・イングランドさん。女性はシェリー・スゥエニーさんという女優で『ゴジラ』シリーズとか『ウルトラマンマックス』にも出ているんですけど、後ろの方にいるからほとんど分からなくてもったいない（笑）。でも、そうやってなるべく『SEVEN X』の世界観を表現しているんです。まあテクノの話ばかりしているみたいですけど、セブンXが戦うシーンの音楽もかっこいいですよね。

齊藤　その辺は菰口くんの力量が大きいですよね。

八木　確かにあれはギターもかっこいいです。それから弦も入っていますよね。

齊藤　弦のパートはサンプリングのオーケストラ音源を使いつつも、そこに何本か生楽器を重ねていくっていうことをしていますね。それによってサンプリングの弦のアンサンブルがぐっとリアルに聞こえてくるということがあって、その手法は結構使っています。生で入れたのはバイオリンとチェロだったと思いますね。でも生楽器を録ったのはその弦とさっき言ったサックスくらいで、あとは1曲だけパーカッションを入れた記憶があるんです。未来的なものって言いながらなぜかパーカッションなんですけど（笑）。でもそのままストレートには使っていないかもしれませんね。なにか広がりを持たせる一要素として入れてもらったんだと思います。生楽器はそんなところですかね。あとはギターも生楽器ですけど、相当デジタル処理されたサウンドではあるのでちょっと別扱いというか。

八木　このときはトータルで70曲くらいは作っていただきました。サントラCDに入っているだけで34曲ですから。

齊藤　人によっては「これが曲か？」みたいなものも含めてですけどね（笑）。でも普通に音符にするもの以外もあったので、その辺は楽しく作っていたんじゃないかなと思います。

八木　では最後に齊藤さんにとっての『ＳＥＶＥＮ Ｘ』をまとめていただけますか？

齊藤　本当にいろいろなものを試して作っていた音楽だったので、自分がかかわった仕事を全部並べていっても、『ＳＥＶＥＮ Ｘ』だけは全く別のものに聞こえると思うんですよね。「これ、同じ人が作っているの？」っていうくらいの感じで（笑）。だからある意味ではすごく特殊な体験だったのかなって思いますね。そういう体験をさせてくれた『ＳＥＶＥＮ Ｘ』という作品はやっぱり唯一無二の世界観を持っていたのだと思います。

八木　ありがとうございます。『ＳＥＶＥＮ Ｘ』はとても幸せな音楽と映像の融合だったんじゃないかと思いますし、齊藤さんの音楽が『ＳＥＶＥＮ Ｘ』の世界観を広げてくれたので感謝しています。そのおかげで、作品として音も映像も独創的なものになったんじゃないでしょうか。

Ikuko Shimanuki | Script Supervisor

Yoshihito Takahashi | Cameraman

Saisuke Sato | Lighting Engineer

島貫育子 ＋ 高橋義仁 ＋ 佐藤才輔

スクリプターと撮照が明かす現場の日々

衣装合わせから仕上げまでに立ち会うスクリプター、そして撮影現場には常に必要なカメラマン、照明技師は作品との関係性が深く、監督を除けば最も現場をよく知るスタッフたちだと言えるだろう。そんな重責を担ったスクリプターの島貫育子氏、カメラマンの高橋義仁氏、照明技師の佐藤才輔氏に、『ＵＬＴＲＡＳＥＶＥＮ Ｘ』の活力がみなぎる現場について語っていただいた。

東宝ビルトの通路を飾って近未来に

八木　『ＵＬＴＲＡＳＥＶＥＮ Ｘ』は『ウルトラセブン』の放映40周年記念ということで、『セブン』を見ていた大人にも見てもらいたいし、深夜帯だから若い世代も開拓したいということで始まった企画です。

佐藤　『セブン』の40周年記念だったんだ、全然知らなかった（笑）。

島貫　私もいま初めて知った（笑）。

八木　でも台本には「『ウルトラセブン』40周年記念」ってちゃんと書いてありますよ（笑）。

島貫　ああ、本当だ。懐かしいなあ。取っておけばよかった。私の台本には「早く帰りたい」とか「眠い」とかいっぱい呟きが書いてあったと思う。

八木　島貫さんは八木組でしたよね？　眠かったんですね……（笑）。

島貫　だって、だいたい夜だったじゃない。

八木　確かに設定として夜が多い作品ですから。ナイターが多くて才輔さんは大変だったと思います。

島貫　いま見るとよく飾り込んでいて、どこがセットでどこがロケセットか分からないよね。

八木　でも低予算なのでいわゆるセットっていうものはあまりなくて。最初の第1～2話でエレアとジンが立っている白い部屋とか、最初にジンが目覚める部屋とか。それからセットじゃないけど近未来の通路があって……。

高橋　あれはスタジオとスタジオの間だったよね？

八木　東宝ビルトの2st、3st、1st横の通路を飾りましたね。

島貫　モニターみたいのを置いて電飾で飾っていたよね。

高橋　それで水をまいてね。

島貫　3人が走り込んで行くと、「ああ、5stの入り口！」とか思いながら見直したけど（笑）。あとは最終2話の廃墟が印象的だったな。

八木　廃墟は2つあって、1つは木更津ですね。

高橋　木更津は皆さんがよく行くところだよね。もう1つはホテルみたいな建物で……。

八木　あれは栃木の佐野でした。確か山の方でしたよね。

島貫　茂みの中に入っていくようなところで。「ここ、入れるのかな？」なんて心配した記憶がある。

八木　あそこは廃墟だったけど、入っていくと豪華なローマ風の浴場とかあってすごかったですよね。
佐藤　入口がそうだったね。で、撮影は2階の方でやっていた。
高橋　あらためて見て、あれは面白い建物だったね。
八木　外観も使っていますからね。

『ウルトラ』的にはHDでやった最初の作品

高橋　でも『SEVEN X』ではずいぶんいろいろなところに行っているよね。
島貫　しかもちゃんと飾り込んでいるしね。
八木　並行世界で、それから近未来という舞台設定にしているじゃないですか。雰囲気をちょっと変えましょうというのがあって。で、第1〜2話に入る前にちょうどこのメンバーで相談したと思うんですけど。ブラックプロミストのフィルターを入れてということは義仁さんと話して、じゃあ何番くらいがいいのかとかそういうお話させていただきましたよね。
高橋　今回は深夜ドラマだから大人っぽいことをしたいっていうので、フィルターをどうするとか、色をどうするとかずいぶん考えたし、第1〜2話がやっぱり一番大変だった。どういう方向性にして、その世界観をどうするかというのはすごく考えたよね。
八木　『ウルトラ』的にはHDでやった最初のテレビシリーズでもあるので、HDのシャープな映像をどうフワッと雰囲気のあるものにさせるかっていうことで義仁さんとはフィルターの相談をして。照明も才輔さんの独特なライティングがあって。光源をフレームの中に入れてみたりとか。夜のシーンとかナイターが多いですけど、暗いだけじゃなくてどこかポイントで当たったりしてメリハリがありましたよね。

島貫　ドリンクサーバーがあって、後ろからライトを当てて部屋の中のポイントにするというのもあったよね。ああいうのは美術さんと相談するの？

佐藤　相談は全然していない（笑）。

島貫　あるからやっちゃうのかな。

佐藤　まあ、あんまり深くは考えていないっていうか……。単純にこういうのが好きだから、基本的にこういうのしかやらないもん（笑）。

八木　初日の最初のカットはビルト5ｓｔでフォグを焚いてジェットファンで風を送って、義仁さんがジブで構えてカメラが役者に寄っていくというカットでした。どこかの倉庫っていう設定で、入ってみたら無人の部屋でそこにパソコンかなにかが置いてあって操作するっていう。

佐藤　ディフュージョンを焚いてビームを出してね、それは覚えている。でもそれは夜でしょう。その前はなにをやっていたのかな？

八木　お祓いですね。

島貫　そのあとにいきなり撮影だったんだよね。

佐藤　回想シーンの白い部屋が初日だっていうイメージが強いんだけど、初日じゃなかったのか。

八木　その白い部屋とビルトの部屋の2つで『ＳＥＶＥＮ Ｘ』の方向性とスタイルが完成したと思うんです。白い部屋はこの企画の始まりからあった重要なイメージで、これは「逆光でシルエットで」と言ったんだと思うんですけど、才輔さんがこういう風にやってくれて、バッチリ、イメージ通りでした。思い出したんですけど「ＲＥＤ ＭＯＯＮ」

のときに恵比寿のカフェで撮っていて、僕は特に「入れてください」とは言っていないのにフレームの中にライトが入っていたことがあって。「監督、こういうの好きでしょう」って（笑）。だから阿吽の呼吸でやってくださっていましたね。

アクション監督、小池達朗との出会い

島貫　衣装合わせのときには、『マトリックス』みたいな感じでロングコートがフワッと広がるような衣装でいきたいっていう話をしていたよね。

八木　（与座）重理久とトム（脇崎智史）は手足も長いし、普通にアクションをするとかっこよくヒラッとなるんですよね。

高橋　アクション監督の小池（達朗）さんはそれを狙って手をつけてくれていたよね？　だからそれをわざと俯瞰で撮ったりもしている。

佐藤　小池さんは面白い人だったね、初めてだったけど。「えー！」と思うくらいあそこのチームはすごかった。面食らっちゃったよね（笑）。

高橋　小池さんのチームは本当にたたいたりぶつかったりするし、床にもたたきつけられるでしょう。でもわれわれはマットを敷いたりして、そのマットが映らないように撮るという癖があるじゃない。だから「バーン！」ってアクションをやっているのに、思わずカメラがすっと避けちゃうわけ。それで小池さんに「そこを映してくれないと困ります！」って言われて（笑）。ああ、それはそうだな、ごめんごめんって。あれは驚きましたね。

八木　われわれだったら、地面に落ちるようなシーンはカットを割りましたから。でも鈴木（健二）組でセブンXが

背中から落ちるようなシーンでも、普通にコンクリートの地面に落ちていますからね。
島貫　容赦なかったね。
高橋　今までだと、そこは映してはいけないところだった。
佐藤　ロケーションでも、どこでも吊っちゃうんだよね。それで吊って引っ張っちゃう。
島貫　やり慣れていたよね。
高橋　すぐセットできちゃったから。あと、ジャンプするのに使う薄い板みたいな装置があったじゃない。あれに乗ると人の背丈を超えるくらい飛べるというもので、あれもびっくりした。すごかったな。

CGチームの尽力

高橋　最初に出てくる水の中のジンはうまくいったよね。
八木　あれはグリーンバック前での吊りでしたよね。
高橋　それで合成もすごく綺麗にできていて。あのときのCGチームは本当によくやってくれたよね。ミニチュアのセットを使わないから、合成の背景用に写真をいっぱい撮ってたね。ナイターが多いから昼間にアタリをつけて暗くなるのを待って。
八木　義仁さんも撮ってくれていましたよね。
高橋　スカイラインくらいを狙って撮るんだけど、いろいろなときに撮っているからみんな空の色が違うわけ。それを全部同じ空に統一してくれて、そこからマスクを切って合成してくれて。すごくよくできていたな。第1話なんかでも、とっても綺麗だったしね。

旧東京ガス跡地で「CODE NAME “R”」撮影打ち合わせ中のスタッフ。カメラ右が高橋義仁カメラマン。写真左から２人目が島貫育子スクリプター。その隣が新井毅カメラマン

「DIAMOND “S”」の撮影中のスタッフ。センターが照明の佐藤才輔技師

八木　すごく綺麗で違和感もないし。カットによっては建物にもモニターがある。
島貫　モニターの世界はCGの人たちが「ここにも入れられる！」っていう感じで入れてくれたの？
八木　エキストラ的なものはCGの人たちが楽しんで「ここにも入れられる」って作ってくれたんです。あと、第1話でジンのクルマが走ってくる横に、化粧品のコマーシャルで「つややか、マックス」なんて書いてあったりして。これは『ウルトラマンマックス』からきているんですけど（笑）、そんな感じで遊びながら作ってくれました。CGは合成もあって大変だったと思いますけど、そんなことまでしてくれて感謝です。
島貫　いつ行ってもいたから。みんな寝ないでやっていたもんね（笑）。
八木　最終回の最後の方でモニターとか要塞とかいろいろなものが爆発するシーンでも、あれはそういうのを作ってくださいと言ったんじゃなくて。モニターの中に映る用に彼らが自主的に作ってくれた画があって、それがいいので本編映像として使ったりもしています。エンディングで使っている映像も、もともとは第1話のクラブで流す用に作ったもので。それで作ってくれたのがよかったから、この方針で1分半くらい作ってくださいって言ってエンディングにしたりとか。だからいろいろな人が理解してくれてやってくれているって感じですね。
高橋　今までのウルトラマンシリーズにしばられないところがよかったのかもね。少々やってもいいやって（笑）。
島貫　八木組だし許してくれるだろうって（笑）。
八木　少々っていうか、皆さんたくさんやってくださったと思います。
島貫　それを喜んでくれるからやりやすいんじゃない？
八木　思い切りやってくれているから楽しかったですよ。

お台場や汐留が近未来感のベース

高橋　夜にレインボーブリッジで実景を撮っているときに監督はいたんだっけ？　引き画でパンしたりするやつ。未来世界の光景としてよく使われているものですけど。

八木　お台場のやつですよね。もちろん行っています。

高橋　あのときはお台場のモノレールを撮ったり、近未来っぽく見えそうなものを一生懸命探していっぱい撮っていた。それでレイボーブリッジをずっと歩いていって、あの長い橋を歩いていったんだよね（笑）。

八木　ああ、歩いていきましたよね。『ＳＥＶＥＮ Ｘ』はよく『ブレードランナー』ということを言われますけど、『アルファヴィル』なんですよね。『アルファヴィル』では合成は1カットもないけど、１９６０年代中盤のパリを映すだけで未来の感じがすごく表現されている。そういうことができないかなと思って。で、お台場でちょっとシルエット目とかでモノレールを撮っていただいて使っているんです。あれは不思議な未来っぽい感じになっていますよね。もちろん空中浮遊モニターが映っていればＳＦなんだけど、そうじゃなくてあの雰囲気そのままでなにもしないけどＳＦに見えるっていうのはやってみたかったんです。

高橋　そういう意味では日テレの前もよく出てくるよね。

八木　日テレの前の空中回廊も第2話で撮ったところですね。

高橋　だいたいあの辺で世界観が決まってくるみたいな感じじゃない？

八木　あの空中回廊は横のアクリル板の壁を全部ＣＧチームが合成しているんですよね。『アルファヴィル』は古い建物があるパリを撮影しているけど未来に見える。一方でわれわれはお台場とか汐留なんかを撮って近未来感を出そうとした。だから第1～2話ではすごく試行錯誤をしましたよね。

高橋　どうすればそういう世界になるかっていうのは考えたよね。あとはIMAGICAで、テスト撮影したものをいろいろな色で作ってみてもらって。それでどれがいいかね、なんていうこともしました。『ウルトラ』の普通のテレビシリーズのときは、フィルムの粒子が出ているとか、色を転がしてちょっと汚くしているというのをすごく嫌うんだけどね。やると怒られちゃうから。

島貫　作品の味だからとか狙いだからっていうのは通じないわけね。

高橋　こちらは狙いでそういうことをやってみたいんだけど、「いや、『ウルトラ』はそういうもんじゃない」って言われちゃう。だから通常はクリアにしないといけないんだよね。でも『SEVEN X』のときには「あ、これはやってもいいんだ」って思って（笑）。

島貫　許してくれたんだ。

八木　それが狙いでしたし（笑）。

ロケ地が多かった「RED MOON」

八木　「RED MOON」を撮影したときはちょうど月蝕だったんですよ。

島貫　鎌倉のお屋敷かなんかで撮影したよね。トイレが小さかったのしか覚えていないけど（笑）。

高橋　鎌倉は1日だったっけ?

八木　2日間行っています。門の前とか、庭でまひると望の2人がいるシーンを2階から撮ったりして。それから、ジン、ケイ、エス、朔のシーン。あとは室内のまひる、そしてナイターのアクションと盛りだくさんでした。

高橋　これもいろいろなところに行ったよね。池のある公園もずいぶん探したしさ。

島貫　堀内（正美）さんの説明セリフがすごく長くてずっと撮影していたのを覚えている。水にからんだ説明をするんだけど。

高橋　あれはよく使う病院だよね。浴風会かな。

八木　メイキングを見ていたら堀内さんが「本当らしく聞こえるからキャスティングされた」と言っていて（笑）。でも『ウルトラ』にはそういう人が必要なんですよね。

高橋　あの洞窟はどこだっけ？

八木　最後に獣人とセブンXが追いかけっこをするところですね。あれは埼玉の吉見百穴です。

佐藤　百穴なんて行ったっけ？（笑）。

高橋　洞窟の中だからライティングはしているでしょう（笑）。

八木　裸電球みたいなものがありましたけど、もちろんそれを点けるわけにはいかないですから（笑）。

佐藤　そうか、行ったのか。あんまり行きたくない場所なんだけど記憶にないな（笑）。

島貫　機材を全部運ばないといけないし、足場も悪いし大変だからね。

八木　中は迷路みたいになっているし、あんまり楽しい気分にはならないですよね。でも撮影するといい画が撮れるところです。しかし「RED MOON」では本当にいろいろ行っていて、逆にグラスメモリアが置いてあるのは六本木ど真ん中の公園ですしね。

高橋　獣人が池に入るシーンは府中の公園でナイターで撮ったけど、それは府中しか入れさせてくれなかったから。メインの池はどこだったっけ？

八木　あれは肥後細川庭園ですね。「こんなところでやっちゃっていいのか？」っていうような。

高橋　そういう意味では、見返したら制作担当もたくさんタイトルされていたね。だからいろいろなところに行っていて、やっぱり大変だったのかなって思った。

島貫　頭を下げまくっていたんだろうね（笑）。

八木　それこそ鎌倉の華頂宮邸は、太田さんの脚本がよかったから借りられたんですよね。いいお話ですねって言われたそうです。何でも貸すというわけではない場所なので。

高橋　ああいう話はあの場所で撮影できなかったらなかなか成立しないよね。飾ってやったりしてもちょっと違うしさ。

八木　本物という意味で、その辺のロケセットでやったら全然違ったでしょうね。あれは鏡台をちょっと持っていくくらいで、逆にほとんど飾らないでライティングとか雰囲気でやっているじゃないですか。

島貫　窓枠とかはそのままでかっこいいもんね。

八木　『SEVEN X』では他にもいろいろ行きましたけど、近未来とかちょっとダークな雰囲気ということで六本木近辺も多かったですよね。「RED MOON」の公園も奥の方に高層ビルが見えますし。

15年後の『ULTRASEVEN X』

高橋　でも、あらためて見返してみてやっぱり面白いなと思いましたね。

島貫　私も最近見たけど、いま見ても面白いよね。

高橋　いろいろな話があるし、監督もいろいろだし。自分はアタマとケツと梶（研吾）さんの回だけだけど、他の話も面白いなあって思いました。

八木　鈴木組、小中（和哉）組のカメラは新井（毅）さんですね。でも15年経つと結構客観的に見られるという面もありますよね。あと、雰囲気は暗いけど結構ハッピーエンドじゃないですか。だから安心して見られるっていうか。

島貫　私は『電光超人グリッドマン』（93 - 94）くらいから円谷プロダクションとのお付き合いがあるから、佐川（和夫）監督がいてピアノ線で飛行機を飛ばしたりとか、そういうところから見ているじゃない？　だからアナログな技みたいなのは手作り感があってすごく好きなんだけど、でももちろんCGを否定するわけではなくて。そういうさまざまな技術をどうやって使うかは監督次第だし、それが演出ということだと思うから。例えば八木組なら八木組らしい演出というものがあるし。

八木　ありがとうございます。でも島貫さんにはスクリプターとして最初から最後まで見ていただいて感謝しかありません。最初にお会いしたのは『ティガ』のときで、僕はカチンコの入らない助監督でしたから（笑）。

島貫　当時はみんなペエペエだったよね。「みんな」なんて言ったらいけないかな？（笑）。まあ、スクリプターって衣装合わせなんかの準備の段階から始まって仕上げの最後まで付けるから、作品を最後まで見ることができる。ただシリーズものだと全話を担当できるわけではないので、そういう意味では撮影部さんや照明部さんとは違うんだけど。

高橋　でもこれは2人体制でやっていたから時間はあったんでしょう。

八木　だからカラコレとかもやっていただきましたし、合成も見てもらいました。

島貫　仕上げまでできましたからね。

八木　では最後に、あらためて『SEVEN X』がどういう作品だったかを聞かせていただけますか？

島貫　まずはウルトラマンシリーズに携われたことに感謝です。特撮現場でのさまざまな経験を通して思いの柔軟性を持てたこと、これは今でも私の財産です。普通のドラマのスクリプターには体験できないさまざまな経験を、たぶんたくさんできたんだと思います。その時のつながり、絆が今でも連なっていることもとてもうれしいことです。今回はお声をかけていただいて、あらためて見直して「ずいぶんと素敵な作品に参加していたんだな、私～」と再認識できました。本当に感謝です。八木監督、ありがとうございました。

高橋　会社から予算やスケジュールはずいぶん厳しく言われましたが、それに臆することなく「新しい作品、今までとは違う作品を作るんだ」と張り切って知恵を絞って楽しんで撮影しました。今回の座談会に参加させていただいて、あらためて『ＳＥＶＥＮ Ｘ』はたくさんの挑戦をした作品だったんだなと再確認できました。

佐藤　今日は気持ちをあまり言葉にできずにすみませんでした。でもいま思うに、『ＳＥＶＥＮ Ｘ』は自分にとって照明の集大成という作品になったような気がします。癖はありますが、どうしてもあざとくなってしまうのです。でもこのシリーズにはハマったのではないのでしょうか。

八木　皆さん、ありがとうございます。僕は助監督時代からお世話になっていますが、平成ウルトラを牽引してきた先輩方の力と才能が『ＳＥＶＥＮ Ｘ』には惜しみなく注がれていたからこそ、『ＳＥＶＥＮ Ｘ』は地に足の付いた『ウルトラ』の傑作になったと思います。本当にありがとうございました。

小池達朗 ＋ 新上博巳

Tatsuro Koike | Stunt Coordinator
Hiromi Shinjo | Stuntman

スーツアクターの実力がそのヒーローの実力であってはいけない

アクション監督を務めた小池達朗氏と、スーツアクターとしてウルトラセブンXを演じた新上博巳氏。2人は若き日をともに同門のスタントマンとして過ごし、10数年のブランクを経て『ULTRASEVEN X』の現場で再び邂逅した。その信頼関係は厚く、阿吽のコンビネーションが本作のアクションのレベルアップに大きな貢献を果たしているのは一目瞭然だ。オンラインでのリラックスした対話の様子をお届けしよう。

最強のウルトラセブンが決まるまで

八木　『ULTRASEVEN X』の新しさという点では、アクション監督で小池さんに入っていただいて、新上さんにはスーツアクターをお願いすることができたのはとても大きかったと思っています。その詳細はじっくり伺っていきたいと思いますが、まずは『SEVEN X』までのお2人のキャリアをお聞かせください。

新上　僕はスタントマンになりたくて、18歳のとき、1988年に倉田アクションクラブに入りました。そこで小池さんとも出会ったんですね。小池さんは、歳は同じだけど早くからやられていたので4年先輩で。それでしばらくしてから倉田アクションクラブを辞めて、ほぼ同じころに小池さんも辞められて。僕はそのままACファクトリーという劇団を1995年に旗揚げして今も続けているという感じです。

小池　僕も倉田アクションクラブの倉田保昭さんが師匠になるんですけど、14歳くらいからお世話になっていて。倉田先生のところには5年くらいいて、そのあとに辞めていろいろありつつ、23歳のときにアメリカに行っています。アメリカとニュージーランドを含めて12年ほどいたんですかね。それで日本に帰ってきて1～2年経ったときに、『SEVEN X』をやるというチャンスをいただけたという感じですかね。

八木　小池さんは『パワーレンジャー』をやられていたんですよね。

小池　アメリカではいろいろな作品をやらせていただいたんですけど、ニュージーに行ったのは『パワーレンジャー』の撮影のためでした。僕はワンシーズンで、8ヶ月くらい滞在したのかな。

八木　『SEVEN X』を始めるときに、小池さんの会社、アルファスタントのプロモーションビデオをみんなで見たんですよね。「これは新しい、ぜひお願いしたい」と思ったのはよく覚えています。

小池　八木さんとは八幡山の円谷プロで初めてお会いしたと思います。でも、もともとは新上さんから紹介していただいた形だと思うんですよね。それでビデオをご覧になったのかな？

新上　僕がやる・やらないで結構ダダをこねたっていうか（笑）。それで、やる条件としてのいろいろなことの中にアクション監督も含めてということも出てきて。それで「呼んでいただけるなら小池さんに」ということでした。

八木　『SEVEN X』をやるときには、最強のウルトラセブンをやるんだったら体のバランスがいい人が必要だと考えていたんです。初代ウルトラマンにあったような黄金比ですね。それで新上さんは背も高いし体つきもすごいですしバッチリだと思いました。でも、あれは中に入るのは大変でしたよね。

新上　実は『ウルトラマンガイア』のときに1回、佐川（和夫）監督の回で代わりに演じたことはあったんです。3回連続でガイアがバク転をするシーンだったんですけど、あのときにウルトラマンは1回演じていて、やっぱり他のスーツとは全然違うという感覚がありました。その感覚は覚えていたんですけど、今回はさらにプラスで顔にピッタリのマスクを作るという形になって。実際に出来上がったものも本当にピッタリで、かぶるのにも15分かかる、脱ぐにも15分かかるっていうものすごい状態だったことだけはすごく覚えています。閉所恐怖症じゃなくてもちょっと怖くなる、脱げないっていうのが本当に怖かったのを覚えていますね。

八木　「すごく孤独な感じがする」とおっしゃっていましたね。

新上　パッと脱げるものだと怖くないんですけど、すぐ脱げないっていうのは呼吸が苦しくなってくると怖さを生んじゃうんですよね。今までいろいろなスーツを着てきましたけど、セブンXは一番怖かったですね。

八木　本当に大変だったと思いますが、出来上がりの映像はバランスがすごくかっこよくて、しかもセブンXはシュッとしていますよね。あのフォルムは今までなかったものだと思います。

巨大感のあるセブンXと等身大のセブンX、それぞれのアクション

八木　小池さんとしてはアクションの方向性はいかがお考えでしたか？

小池　最強のウルトラ戦士という部分では、僕の中ではヒョードルという総合格闘技選手のイメージがあったんです。「世界最強の男」と言われたロシアの選手ですけど、動きなんかも彼をモチーフにしている部分もありましたし、新上さんにもそういう動きがマッチするんじゃないかっていうのもちょっと考えていて。あとはミニチュアではなく合成バックでセブンXを表現するという意味での巨大感……つまりハイスピードでの撮影にマッチしたものを意識し

て作ったという感じですかね。それから長いファイトシーンというのをできるような状況ではなかったので、それを逆手にとって当時流行っていた瞬殺とか秒殺という方向に持っていく。短いファイトの中でいろいろなことを表現するのは難しかったので、そういう風にするしかないなというアイデアでしたね。

八木　新上さんとしてはいかがでしたか？

新上　小池さんもいま言っていましたけど格闘技がブームだったので、パンチもキックも投げも含めてなるべくリアリティ重視というか、本物っぽく見えればいいなというのは意識していましたね。

八木　実際、パンチも蹴りも本当に強そうです。

新上　ブツを壊さない程度ですけど本当に蹴ったりしていますし（笑）。だから、やれる限りは本気でやっていたような気がしますね。

小池　もちろん僕も子どものころにウルトラマンシリーズを見ていて好きでしたが、『SEVEN X』ではちょっと違う方向性、新たな挑戦をするということだったじゃないですか。じゃあアクションも今までやっていないようなことをやってみたいなということで考えた部分もあります。あとはやっぱり、監督が言われていた最強のウルトラマンだとどういう戦い方をするのかなというのをベースに考えていましたね。それからエージェントが戦うところなんかはスピード感やテンポ感を重視していて、逆にセブンXのファイトではハイスピードをうまく使いつつ、巨大感と重厚さという部分で差別化を図っていこうと思っていました。

八木　人間の方は本当にキレキレでスピード感があって、階段から飛び降りながらアクションをしています。

小池　あのときはスネをぶつけていましたね。

八木　あれは脚本には階段とか書いていないですよね。

小池　アクションは面白いところでやった方がやっぱりいいじゃないですか。そういう面白いと思ったことができたという部分ですごくいい環境だったと思いますね。

八木　等身大のセブンXの戦いは結構現場でも激しかったですよね。例えば工場に行って吊ったりもしましたけど。

小池　巨大感のあるセブンXと等身大のセブンXで、まずはスピード感の違いを出そうというのがあったんですよね。だから等身大の方は素早く動けるようなイメージで。あの工場のシーンなんかは、当日現場に行ってアイデアを最後まで考えていて。そこでなにかが降ってきてアクションをその場で全部考えたみたいな感じでしたね。降ってきたからよかったですけど。

八木　アクションも降ってくるものなのですね。そうすると結構直感的なものというか。

小池　頭の中でいろいろシミュレーションして、面白いか面白くないかというのを延々考えるわけです。でもあのときは降ってきましたね。降ってこなかったらやれることはなにもなかったです（笑）。

新しいことやってやろうという雰囲気が現場全体にあった

八木　第1～2話では小池さんにはまずアクションをやっていただいて、その流れで「特撮の方もいかがですか？」というお話をさせていただきました。それで第1話の特撮の格闘のコンテも小池さんに作ってもらったじゃないですか。画コンテにするときは一緒に作りましたけど、やっぱり僕が今まで切ってきた特撮のコンテとは違って新しい。

小池　『ウルトラ』は初めてだったので、入る前にいろいろ見たり研究したりはしていました。巨大感というのをどうしたらいいか、かつなにか新しい発明をしないと面白くないなあというのがありましたから。あとは逆に「こういうことは既にやっているから同じことをやるのはよそう」とか、そういうことも考えましたね。

エージェント・アールの回想シーンでガンアクション指導中の小池達朗アクション監督。
第2話「CODE NAME “R”」

ガルキメスと戦うウルトラセブンX・新上博巳の圧倒的な左パンチ。第1話「DREAM」

八木　『SEVEN X』は全部グリーンバックでしたけど、やりやすいこととやりやすくないことっていうのがあったと思います。

小池　やっぱり、グリーンバックの方があああいうアクションはやりやすいですよね。逆にこの前、八木監督とミニチュアで特撮をやらせていただいた『AKARI』のときの方がアングルの制限がいっぱいあったりして、アクションに対してそのアングルだと効果的じゃなくなったりするんですよね。だからお互いにいいところ、悪いところっていうのがあって、アクションの部分もどうするかは使い分けなければいけないということですね。セブンXのあのアクションはミニチュアだとちょっと厳しかったでしょうね。グリーンバックで行なう撮影だから、ああいう新しいスタイルができたのではないかなと思います。

八木　グリーンバックだからキャラクターが回転するのも完全な円で綺麗に動けるし、ミニチュアだったら引けないくらいのサイズまで引けて上も映せるし。コントロールがいろいろできましたよね。ワイヤーで芝居をするのも新上さんだと綺麗に決まるし、お2人のグリーンバックでの活躍によって全体も頑張れたという気がするんですよね。セブンXの合成が初めてあがったのを見たときは、「これは新しいのになる!」って思いましたから。

小池　僕も円谷プロでやるのは初めてだったので、いい意味でも悪い意味でも違ったものになっちゃうだろうなとは思っていました。

八木　今まで培ってきたアクションを否定するというわけではもちろんないですけど、世界観からして新しくしようとしているところなのでアクションも新しいことをやりたかった。そこは本当に成功しましたね。

小池　スタッフの皆さんもすごく熱意があって、カメラマンを含めていいものを撮ろう、新しいことやろうという人たちが集まっていましたよね。だからみんな面白がってやっていたと思います。

八木　新しいことやってやろうという雰囲気が現場全体にあって、それがいい形になりました。

新上　第1話に関しては僕はもう完全にマスクですね。初めてかぶって皆さんの前に出てっていうところで、マスクに慣れるのに時間がかかったっていうのがまずあって。しかもその前のウルトラマンが中村（浩二）さんだったり清水（一哉）さんだったりして、いわゆる同門の先輩がやられているから比べられるんだろうなっていうのもありつつ。それにさらにウルトラマンをやるプレッシャーをちょっと感じながらではありました。でも、それこそ第1話を見たときに全然違うもの、全然違うスタイルのウルトラマンになっていたのでうれしかったですね。あれは本当に小池さんと八木監督のおかげだなと思いました。

小池　でも新上さんがいなかったらああいう発想にはなっていなかったと思います。やっぱり細くて格闘技とかの素養がない人だと、最強のウルトラマンにはちょっと違うかなと路線変更していたかもしれないですから。

八木　ちょっとした立ち姿って重要じゃないですか。セブンXはそれが本当に強そうなんですよね、ドシッとしてぃて。あれはやっぱり本物の強さかなと思っていました。だから、新上さんにはセブンXという新しくてかっこいいウルトラマンを作っていただきました。第1~2話に限っても素晴らしいカットがたくさんあるのですが、その中でも「特にここは」というのは？

新上　それはパンチじゃないですか？　それこそ、小池さんが求めているのはそこだろうなというのは分かっていたので。手数ではなくて、ああいうパンチのパワーを出すのはすごく意識したところで、死守しないといけないところだったと思っています。

小池　それに関して言うと、セブンXが飛び立つところには「音速の壁」を入れてほしいというのはCGの早川（哲司）さんにお願いしていて。だから本当は、パンチを打つときもそういうエフェクトを入れてほしいなというのは思っていたんです。そうしたらちゃんと入れてくれました（笑）。だからあそこは印象に残っていますね。アクションに関しては、「特にここは」というのは自分ではちょっと分からないですね。もちろん印象に残っているのはいっぱいあるんですけど、全部が全部頑張って撮ったんで……みたいなことになってしまいます。

八木　自分の組だと最終回で、敵のグラキエスを1回上の方にガーッと連れていってバーンと落とすというのがあって。僕はああいうのは考えつかなかったんですけど、スピード感もあるし面白いなと思いました。

小池　でも監督が世界観を含めていっぱいヒントをくれますし、半分くらいは監督が考えられていると思うんです。実際、アクションが独立して存在するわけではないですし、ドラマの部分からヒントをもらって融合するというんでしょうか。そういう感じで僕はちょっと肉付けをしていくというか、足し算をしていくので、後出しジャンケンのような感じではありました（笑）。

八木　素晴らしい足し算で作品を豊かにしていただきました。

セブンXの感情表現

八木　新上さんはさきほどパンチの話をされていましたけど、お芝居的にもいろいろやっていただいたと思うんです。例えば「RED MOON」だったら撃ちたくないんだけど撃たなければならないところとか、セブンXは感情表現が重要じゃないですか。第2話でも、目の前でアールが撃たれてしまったところはそうですよね。

新上　もちろんどう映っているかは考えているんですけど、普通にお芝居をしようとは思っていましたね。だからスーツ芝居ではなくて、普通に芝居をしていたんだなと思います。顔が動くとか動かないとかっていうよりはもう、普段のままの気持ちをなるべく出していたような気がしますね。なんていうか、極端な動きではないというか……。それこそマスクが小さかった分だけ微妙な動きでもある程度は見せることができたので、なるべくオーバー芝居はしないようにしていましたね。

八木　『ウルトラ』だと分かりやすいようにオーバーアクションをすることも多いわけですけど、『SEVEN X』ではそういうスタイルではない繊細な感情表現をしていただいたと思っています。

新上　ムダな動きはしないというのは考えていましたね。ただ、動かないと怖いですけどね（笑）。表情が見えないからじっとしているのが一番怖いので、じっとする勇気っていうのもあるんです。でも『SEVEN X』ではじっとしていても成立する場合が多かったですね。

八木　やっぱりじっとしている存在感ですかね。それは強さの表現でもありますから。

新上　普通だと怖くて絶対動いちゃうんですけど、このときは我慢するのがすごく大事なような気がしました。

八木　企画側としてはいろいろ模索している中で、新上さんのお芝居が本当にぴったりとハマってよかったです。最終回でもケイとエスを地面に下ろすっていうシーンがあったじゃないですか？

新上　あれは難しかったですね。

八木　とても気持ちが伝わってくるお芝居でした。でも、フレームの関係もあって結構かがんでもらわないといけないし、すごく大変だったと思うんです。最初はあのアングルでは顔が入らなくて、でもちょっと頑張ってやっていただいたんですよね（笑）。

新上　それに、人を握っている手というのが難しかったですね。「グー」なんだけど、どれくらいの感触なんだろうっていうのをすごく考えたのは思い出しました。

八木　そのあと、ラストでみんなを見つめているところは、動かないで立っているだけで「いる感じ」がするというか。不思議ですけどね。当時、小池さん新上さんではどんなことを話し合われたのでしょうか？

小池　「こういう感じでやりたい」という話はもちろんしましたし、あとは僕がアメリカでやっていて覚えた新しい技術なんかもちょっと学んでいただいたんじゃないかなとは思います。ただ、新上さんはイコールでセブンXなわけだから、新上さんがやりやすいアクションや思いをうまく表現できたらなということも考えていましたね。これはエージェントでも同じで、それぞれの人間の能力、できることを極力引き出したという感じですかね。だから全体的には出し惜しみせずっていうことでした。

新上　僕は『ＳＥＶＥＮ Ｘ』をやる前に東宝系のヒーローもので3〜4年くらいやっていたので、正直なところ自信があったんです。特撮のシステムとかに関しても分かっているつもりでしたし。でもそれを、小池さんと初めて本格的に長く仕事をすることによってことごとく覆されたというか（笑）。だから新たな経験をできましたし、それを含めて小池さんに来ていただいてよかったなと思っています。もともと「呼んでいただけるなら小池さんに」という話をしたのも、そのまま上の人がいないと今までの経験の範囲内でやっちゃう気がしていたからなんです。そこに小池さんが来てくれたことで、自分の中の知識や経験を1ランクも2ランクも上げてもらえたというのがありますし。ただ、小池さんは僕ができることを選んでくれたとは言うんですけど、実際には僕がギリギリできること以上を求めていて（笑）。

八木　実力を見極めてちょっと上のことを要求されていた。

新上　あと現場では時間内に撮り終えるために、ワイヤーの部分はワイヤーのスタントマンを入れて、格闘の部分は格闘で僕が入ってというシステムでやっていたんですよ。その方が効率はいいですから。でもそれは今までの『ウルトラ』のスタイルには合わないというか、「なんで吊られているのが新上じゃないんだ？」みたいな話になったことがあるんですね。そのときに小池さんが「僕は新上のプロモーションビデオを撮っているんじゃないんです。『ULTRASEVEN X』を撮っているんです」と言ったんです。これは僕の中の名言なんですけど、まさしくその通りだなって(笑)。あれで僕も目が覚めましたし、やっぱりスーツアクターの実力がそのヒーローの実力であってはいけないということなんですよね。だからセブンXには僕のスキル以上のものがなきゃいけないし、それはすべての特撮ものにも言えるようなことじゃないかな、という気がしました。

小池　もともと僕らスタントマンは、役者が全部やれていたら必要ないわけです。危険なこととかを代わりにやるというのは、基本的には劇中に出てくるキャラクターを作るためにやっているわけですよね。ですからもちろん役者さんのためにやるという面もありながら、一番は役者さんがそのキャラクターになるためのことをやっている。そういう考えなんです。あとは効率ですよね。それに新上でずっとやるっていう部分では物理的な体力とかもたぶん保たなかったので、そういったことを含めての発言だったとは思うんですけど。

『SEVEN X』の前は10数年会っていなかった

八木　お2人はすごくよいコンビネーションでしたが、小池さんが渡米中は連絡を取り合っていたのですか?

小池　『SEVEN X』の前は10数年会っていなかったんじゃないですかね。僕としても、その間に新上さんがどれくらいの実力をつけていたのか分からなかったので、やっているうちにだんだん見えてくるものがありました。できること・できないこともだんだん分かってきましたし、動きを見ていればこういうのが得意だなというのも分かるので。見事にさっき新上さんからパンチという話がありましたけど、やっぱりセブンXというものを演じてあれだけ強いパンチを表現できる、ああいうパンチを出せる人というのはなかなか日本にはいないと思います。それを実現していただいたというのにはすごく感謝しています。

八木　鈴木組では結構高いところからセブンXと星人が落ちたりするじゃないですか。ああいうのもカットを割らずに撮っていて、しかも下は普通にコンクリートですからすごいですよね。

小池　僕も星人の中に入ってスタントをした経験があるので分かるんですけど、あれを着ればなんでもできます。ただセブンXの方はスーツ地が薄いんですよね。だからもちろんパッドを入れているんですけど、あれは監督に「え？」って言ってもらいたいがためにやっていました（笑）。

新上　ちなみにあれは僕じゃないんですよ（笑）。パッドを入れないといけなかったので、僕より細い人じゃないとダメだったんです。しかも本当はあのあとに星人もウルトラマンも立ち上がって戦うところまでをワンカットでやろうとしたんですよ、小池さんは。ただ、落ちたときにワイヤーが引っかかってそこでカットになっちゃったんです。だから本当はもっとものすごいワンシーンを作ろうとしていたような気がします。

八木　冒険していますよね。

小池　アメリカから帰ってきて1～2年くらいのときで、まだ大人の事情とかもあまり関係なかったのでいろいろなことができたというのもあります（笑）。あとは台本を読んでチャンスがあるところだったらもうアクションをバンバン入れて、なにかしらすごいことをやりたいなとは思っていたので。

八木　鈴木組はすごかったです。一番アクションが多かったんじゃないですかね。

小池　確か台本上もそうだったんじゃないですかね。ただ鈴木監督は、アクションの話をしたときに「もっとやろう！」って後押しをすごくしてくれてやりやすかったですね。素晴らしい監督でした。でも監督に「もっとやろう！」と言われるとこっちもプレッシャーで、本当に頑張らないとなっていうのもやっぱりありました。

八木　そういえば『ＳＥＶＥＮ Ｘ』で10数年ぶりに再会されたということですが、それは倉田アクションクラブ以来ということなんですか？

新上　小池さんがアメリカに行って、僕が劇団を始めてっていうところだったので、そこからは一切会ってなかったんです。

八木　そのあとはお互いにお仕事を一緒にしていないけど、新上さんは「小池さんと」とおっしゃった。それはすごい信頼関係ですよね。

新上　小池さんがアメリカに行く前にはずっと親しくしてもらっていたので。それ以降は全然連絡を取っていなかったんですけど、日本に帰って来られたときに食事に誘ってもらってからまた付き合いが始まったっていう感じですね。だから小池さんと本格的に一緒にやったのは『ＳＥＶＥＮ Ｘ』なんですよね。

小池　そのあとは他の映画でも手伝ってもらったりしています。

新上　小池さんに「飯食いに行こう」って言われてついて行ったら衣装合わせだったということもありました（笑）。『ウルヴァリン：ＳＡＭＵＲＡＩ』（13）ではハリウッドにまで連れて行ってもらって、ヒュー・ジャックマンともからませていただきましたし。オーストラリアへの移動はファーストクラスでしたし、現場はトレーラー付きで最高でした（笑）。

小池　あのとき僕は日本でのスタントコーディネーターで、オーストラリアは誘われてはいたんですけどスケジュール的に合わなくて行けなかったんです。

新上　現場に行くとハリウッドのスタントマンたちが「タツロー！」「タツロー！」ってみんな握手を求めに来るんですよ。だから、この人は本当に有名なんだっていうのはそこで分かりましたけど（笑）。でも八木監督は小池さんの印象はどうなんですか？

八木　自分が描きたい世界をさらによく作ってくれるということと、とても柔らかくて発想が自由な人だなっていう印象ですね。

新上　確かに柔らかいですけど、日本の殺陣師の人みたいに拳で言うことを聞かせるっていう形じゃなくて、普通に柔らかくしゃべって人を誘導していくところがあるじゃないですか。

小池　それはディスっているの？（笑）。

新上　そんなことはないですけど、頭の回転が早いというか早すぎるというか。

八木　でもそれは重要なことですよね。こちらの意図をよく理解して、それをさらに広げてくださる方かなと僕は思っています。だから最新作の『ＡＫＡＲＩ』でも一緒にやっていますしね。冒険を一緒にできる方です。では最後に、『ＳＥＶＥＮ Ｘ』について一言ずつお願いいたします。

新上　今回あらためて見てみたんですけど、アクションがちょうど自分の中でも乗っている時期だったのですごく印象に残っている部分も含めて、いま見ても出来がいいなというのは自画自賛じゃないですけど思いました。自分としては脂が乗っているいい時期にこういう作品で記録が残っているということはうれしいですね。あとはそれこそ環境は本当に楽しかったので、もう少し長く……1年くらいはやりたかったなと思いました。

小池　従来の子ども向け作品とは違うフォーマットならではの新しい挑戦でしたよね。そして表プロデューサー、八木監督も、そういうチャレンジングな作品に対して僕みたいな人間をキャスティングして本当に自由にやらせていただいたことに感謝しています。それに報えたのかどうかは分かりませんが、皆さんにはぜひ今あらためて見ていただいて「こんな作品があるんだよ」というのを広めていただきたいなと思います。

『ULTRASEVEN X』の公式ポスタービジュアル。新上博巳氏の存在感が際立つセブンXの勇姿

早川哲司 Tetsuji Hayakawa | Computer Graphics ＋ 上田和彦 Kazuhiko Ueda | Computer Graphics ＋ 小嶋律史 Norifumi Kojima | Computer Graphics ＋ 島田友晴 Tomoharu Shimada | Computer Graphics

歴史ある円谷CGチームの経験を生かした集大成

ミニチュアを使用しない『ULTRASEVEN X』において、早川哲司氏が率いる総勢20名近くを数える円谷CGI-ROOM（通称円谷CGチーム）が果たした役割はとても大きなものだった。ウルトラマンシリーズにおいてCGがどのように導入されていったのかの歴史も含め、早川（スーパーバイザー）、上田和彦（グラフィック）、小嶋律史（ディレクター）、島田友晴（デザイナー）の各氏にその詳細を語っていただこう。

「円谷英二さんが今いたらやっぱりCGを使っただろう」

八木　まずは『ウルトラセブン』の続編をやるということで、皆さんはどんなことをお考えになりましたか？

早川　やっぱり『ウルトラQ』『ウルトラマン』『セブン』の3部作があるから今につながっていると思うんです。そういう意味では『セブン』を題材にするのは相当ハードルが高いなと（笑）。視聴者の方々の期待にこたえないといけないわけですからね。でもそれはプレッシャーではあったけど、楽しみというか、ワクワクする気持ちも同時にありましたね。

上田　僕は主にモニターワークをやらせていただいたんですけど、深夜枠なので子どもを意識しないで作れるというところを楽しみにしていた覚えがあります。大人な雰囲気があったので、デザインに一切妥協をせずに面白いことができるんじゃないかということで。そういう意味では変に分かりやすくしようとか、妥協をすることなくやったなという思い出があります。いろいろチャレンジできたので楽しかったです。

島田　僕は『ウルトラマンメビウス』では途中からの参加だったので、一から作品に参加するというのがまずうれしいというのがあって。確かにプレッシャーはあったんですけど、意外と合わせるものは光線くらいだったので、いま自分ができることをやっていこうという感じでした。あとは『セブン』の続編が深夜に放送するというので、あのころは深夜の特撮作品も増えていたから面白い流れだなっていうのもありましたね。

小嶋　僕は子どものころからウルトラマンシリーズでは『ウルトラセブン』が一番好きだったんですけど、まず続編っていうのは想像がつかないぞって（笑）。ただその辺は、新しいものとしてやる感じで受け止めていました。あと『ウルトラマンネクサス』からずっと参加していて、特撮好きな人からは「CGはああだこうだ」みたいに結構たたかれていたので、そういうことはあまり気にしなくなっていましたね。きっとコアなファンはどうせまたたたくだろうということで、深夜帯で新しいものを作るのは面白そうだなっていう方に目が向いていました。

八木　特撮好きなファンがCGをどう受け取るかというのは、『ウルトラマンティガ』が始まったころからあった問題ですね。『ティガ』では（監修の）高野宏一さんがCGの可能性にすごく期待を寄せていたんですけど、高野さんとしては「円谷英二監督が今いたらやっぱりCGを使っただろう」というお考えだったわけです。というのは、円谷英二さんは特撮を追求したのではなくて、新しい映像表現を追求した方ですからね。

早川　それは僕もずっと思っていたことですね。

八木　だってオックスベリー社のオプチカルプリンターを買っちゃったという有名な逸話も、オプチカルプリンターというのは合成機なわけで、ミニチュア実写特撮だけでなくて映像の無限の表現力の可能性を追求された方ですからね。そういうこともあって『ティガ』のときに特に高野さんが、ウルトラマンが飛んでいく姿をCGで表現したいということで何度もやったんですけど、実はあまり上手くいかなくて。でも、あのころからそういう挑戦を続けてきたから円谷プロのCGが進化してきたということはあるんですよね。

早川　日本のテレビシリーズでCGを使ったドラマ作品は、『ティガ』がほぼ最初なんですよね。細かく言えば『闇のパープル・アイ』という雛形あきこさん主演のドラマの変身シーンでCGが使われていますが、それが同じ1996年。遅れること数ヶ月で『ティガ』がスタートしています。だから1年間のテレビシリーズで本格的にCG（デジタル合成）を使ったのは『ティガ』が初めてだと言えると思いますし、そういう意味ではまさに円谷イズムなんですよね。

八木　円谷イズムというのは『ULTRASEVEN X』までずっとつながっていますけど、それは新しい表現を追求することですから。『ティガ』は高野さんがプロデューサー／監修で立って特撮ももちろんバッチリやったけど、そこに新しい表現としてCGを大々的に入れた。常に新しい映像に挑戦してきたということですね。

「君もウルトラマンを作らないか！　技術は求めない。やる気・体力・根性のみ求む！」

八木　早川さんはいつごろ円谷ＣＧチームに入られたんでしたっけ？

早川　僕は『ウルトラマンダイナ』の終盤からですけど、当時の事情はいろいろ聞いていて。やっぱりいろいろ大変だったみたいです。『ウルトラマンティガ』や『ウルトラマンダイナ』ではすべてが初めての試みだったため、いろいろな問題が発生してＣＧを担当したメンバーの方たちが何度か変更になり、最終的には小山（信行）プロデューサーが『ウルトラマンガイア』の制作に入るに当たり『ティガ』の時のメインスタッフであった森（正吾）さんを呼び戻し、専門学校を卒業したばっかりの新人を集めて円谷ＣＧチームをスタートさせたんです。１９９８年の3月ですかね、そのタイミングで僕は入りました。たまたまサラリーマンを辞めて専門学校に行っていて、卒業するタイミングで学校に募集がかかっていたんです。今でも覚えていますけど、募集文は「君もウルトラマンを作らないか！技術は求めない。やる気・体力・根性のみ求む！」というものでした。

八木　なんというか、今ではいろいろあり得ない募集文ですね（笑）。

早川　でも、まさにその通りの現場だった（笑）。だから『ガイア』が終わったときには、結果的に社会人の経験があった僕と祖父江（成則）さんしか残らなかったんです。専門学校からあがってすぐの子には厳しい環境だったと思います。休みは1年に10日もなかったですし、計3ヶ月くらいはスタジオに泊まり込んでいたと思います。

八木　僕も助監督だった『ティガ』『ダイナ』のころは年末年始に休んだくらいでした。当時の円谷プロには洗濯機があって、もうその時点でおかしいんですけど（笑）。要は住んでいたわけですね。それで『ウルトラマンガイア』「天使降臨」で監督になったときに、早川さんと「八木ドリフト」というのを作った。僕が戦闘機の旋回を説明しながら「ビューンって行ってギュン！って行くんです」って言ったら、「じゃあそこでバックファイアを入れましょうか？」と提案してくれたんですよね。それから別カットですが、ドビシの大群を避けて空中回転しながら飛行し攻撃するとかそういうのも考えて、あれは一緒に作りましたよね。『ガイア』で特技監督をやるときは、新しい表現をするとしたらCGだと明確に思っていました。ミニチュアは本当に素晴らしいんだけど、あれじゃできないカット割りにしようとしたんですね。

早川　ただ、当時はCGで表現したいこととできることの乖離が大きかったんです。質感を出すための技術はまだ確立されていなかったですし、さらに言えばマシンパワーも足りなかった。だから当時は、3DのCGに関してはライブカット（ライブラリー用）以外使えなかったんですよね。それがだんだんマシンスペックも上がってきて、質感もこなれてきて。『ウルトラマンコスモス』のころには、もうかなり野心的に使っていたと思います。

上田　僕らのチームになってからは同じメンバーで何年もやっていたので、技術も含めていろいろなものが蓄積していったというのもありますね。同じ難しいことをやるのでも、そこにかかる時間がだんだん短縮できるようになったんです。

八木　それはこちらも一緒で、これまでの蓄積があるからお願いもしやすいんですよね。擬音で説明しても分かってもらえますし（笑）。

上田　監督さんの好みとか特性なんかも、付き合いが長いと段々分かってきますからね。

早川　やっぱり、八木さんが好みそうなタイミングとかケレン味というのはありますから。ただ実写系CG畑の方はナチュラルでリアルにというのがベースにあるので、どうしても超えられない壁があると思うんです。アニメーションも、そんなあり得ない動きはしないだろうっていうことで。でも本来だったらそんな風な動きはしないはずなんだけど、画的にかっこよければいいというところで嘘をついたり、ちょっと目をつぶって見た目やタイミングのよさを追求して作っていたかなという思いはあります。

八木　特撮班のスタッフも「いや、そういう風には飛ばないですよ」「そういうホバリングは不自然です」と言うんです。でも『ウルトラ』は近未来の話だし、今から考えればドローンなんかがその後にいっぱい出てきたわけじゃないですか。だからリアルを追求するのはもちろんいいんですけど、イメージの世界ですからこういう作品についてはやっちゃっていいと思うんです。というか、むしろそれが必要なんです。

上田　今は人の動きをモーションキャプチャーで撮ってCGに組み込むんですけど、じゃあそれをそのまま当てはめたら使えるかというと、実はそうではないんです。入れたあとに、ちゃんとキャラクターの動きに合わせて全部の動きを修正していくわけですね。つまりそのままではダメで、アニメーションとして面白い動きを作る必要があるということなんですよ。

八木　『ウルトラ』の特撮の撮影は30コマがベースだけど、僕はだいたい32コマとか33コマでちょっとスローで撮影しました。現実のスピードではフィクションにならない。要はCGも演出が重要で、皆さんそれを考えてやってくれていましたよね。

早川　監督に言われたことをただやるだけでは、ゴールにたどり着けないことが多いんですよね。

八木　皆さんはデータ化して細かく演出してくれているんでしょうけど、こっちは「ギューン」とか「バーン」って言っているだけなんですよね（笑）。

早川　うちのチームは作品を重ねるごとに少しずつ人が増えていって、チームがだんだん完成していったという経緯があります。そのとき皆さんにお願いしていたのは、「まずは監督のリクエストに対してこたえる」というのが1つ。さらに、「もしできるなら各自で味付けをしてください」と言っていました。より面白い表現ができるならぜひお願いしたい。でも、まずは自分が作りたいものを押し殺してでも監督の望むものを作って、プラスアルファは「こういうテイクもございます」という形で提示する。そういうことはお願いしていた覚えがあります。

上田　気をつけないと、知らないうちに自分が暴走していることもありますから。よくよく流れで見たら「自分のカットだけ浮いてない？」ってなるので（笑）。

小嶋　だからまずは最低限、オーダー通りのものを作らないといけない。それは言われていましたね。

『SEVEN X』のころはCG表現がまさに過渡期だった

八木　経験の積み重ねで円谷のCGチームのクオリティがどんどん上がっていったのは、僕自身の印象そのままですね。だから一緒にやっていて充実感があったし、単に合成してなにかを動かしているだけではなくて、それこそプラスアルファが『SEVEN X』でもいっぱいあったじゃないですか。

上田　『SEVEN X』のころはCG表現がまさに過渡期だったんですよね。『ティガ』から始まったものが『SEVEN X』の辺りでだいぶ成熟してきて、そこから質感とかリアルな方向にもう1段階上がっていった。それが『シン・ゴジラ』（16）や『シン・ウルトラマン』（22）につながっていくという感じですね。あと円谷のCGチームがよかったのは、シリーズを重ねるごとに現場のスタッフとの連携もだんだん取れるようになっていって。それで昔だったら「なんだよ、この抜きづらいグリーンバック素材は!!」なんて思っていたのが（笑）、現場の事情も分かってきたから「これはちょっと一発頑張ってやろう」みたいな気にもなる。その逆もまたしかりで、最初は「クソCG」なんて言っていた現場の人が、「お、いいじゃん」って言ってくれるようになる。そこは早川さんがだいぶ苦労されていたんですけど現場との距離が近づいてきた。

小嶋　それこそグレーのボールとか格子模様のアタリとか、そういうのも現場で撮れるようになって。

上田　ちょっと前だったら「現場が全然言うことを聞いてくれない」っていうのがあったんだけど、早川さんがずっと現場とやり取りをしてくれて。後半はだいぶ距離が近かったですよね。CG班と現場の距離が近づけば近づくほど、あの短い期間でクオリティを上げられるようになるんですよ。それはお互いにいいことじゃないですか。

早川　最初は現場の技師さんは「なにしに来たん、お前？」みたいな感じでまさに邪魔者な感じでした。やっぱり特撮班の方からしたら、CGというのは仕事を奪う新しい技術だという感覚があったと思うんです。だからそうそう簡単には受け入れられない。でも続けていけばだんだん変わってきて、「お前も大変だな」ってなるんです（笑）。

八木　現場はみんな口下手だし、最初はとっつきにくいですから。でも実際はみんないい人ですよね。

早川　一生懸命撮影現場に張り付いてお手伝いしたりしていると、「じゃあ撮っておいてやるよ」ってなってくるんですよね。「参考」を撮るにしても「じゃあ、照明を当てておいてやるよ」って。

上田　合成をするに当たっても、現場の「参考」写真があるかないかで仕上がりにはずいぶん影響を与えますからね。それを元に光の当たり具合とか影の落ち具合を見ることができるので、それのありなしは全然違うんです。でも現場の方も大変ですから、昔なら「そんなの撮っている余裕はないよ！」なんて言われていた。それが「じゃあ撮っておくか」って言ってくれるようになったのは大きかったですね。

早川　当時はミニチュアもあってCGもあって、両方を使っていたんですね。で、本来なら「ここはCG」となったらミニチュアは撮らないでもいいじゃないですか。でも現場のライティングでミニチュアを撮っておくだけで、そこに合わせたものを作れたりするんです。

上田　特に飛行機とかはフォトリアルにしたいわけではなくて、ミニチュアに合わせてほしいと言われていたからなおさらですよね。ミニチュアにどれくらいのハイライトが立っているのか、あるいは影が落ちているのか。それはすごく知りたいところなんです。

八木　そういう「参考」を渡さないと逆に全然分からないということですよね。でもそういったことが、『ティガ』から始まってだんだんいい方向に向かっていった。

早川　結果を出すと現場も「あ、これやるとこういう画ができるんだ。じゃあ次もこういう素材を撮っておこう」という流れになって、僕たちも現場の事情を知ると「ここからはウチでなんとかしよう」となったりするじゃないですか。それでお互いの協力体制が生まれてくるというか。

八木　実際、撮影現場の人たちからすると、自分たちだけでやりきれない部分をちょっと助けてもらったりという面もありますよね。

早川　だから現場にいるとだんだん皆さんの視線が集まってくることがあるんですよ。

八木　「なんとかなる?」っていうことで（笑）。

早川　撮影時間が押してくると、「あとこれはCGでなんとかなんないかな……」というオーラが醸される（笑）。でも僕は僕でスタッフのことを考えると、「う〜ん、ここまでは撮っておいてほしいな」というのがある。そんなことは意識していましたね。

『SEVEN X』では写実的な表現を求められた

八木　そうやってどんどん成熟していって、いよいよ『SEVEN X』ということになります。

早川　『メビウス』くらいまでは、特撮の世界観にCGを落とし込んでなじませていくという形でした。あくまでも『ウルトラマン』では特撮の画があって、その世界観にCGが合わせていくということですね。もちろん主張はしますけど、その中で違和感を持たせないようにしようっていうのが大前提だったんです。

八木　「ミニチュア合わせ」ということですね。

早川　スーツに合わせ、ミニチュアに合わせるというのがスタート。もちろん本編の映像では本編の実写に合わせます。でも『SEVEN X』では写実的な表現を求められたので、むしろ新しいチャレンジができました。これは技術的にも経験値的にも、あとは機材とかの環境要因もあって『SEVEN X』以前にはできなかったことなんです。2000年代前半のマシンパワーでは作れなかったことをできたので、タイミングがよかったということもあったと思います。

八木　「ミニチュア合わせ」どころか今回はミニチュアを使わないわけですから。これは予算のこともあって特撮班を立てないということだったんですけど、僕はむしろポジティブにとらえていました。企画内容として戦うのは夜が多いだろうし、そうすると夜の実景には電飾の入っているウルトラセブンXが映えるだろう。しかも商品化が関係ないからデザイン部分も冒険することができる。そういう方向性で新しい画を作ることを考えたときに、CGにはとても期待したんです。

上田　特撮がないという制限があったおかげでCG的にはいろいろチャレンジすることができましたね。というか、チャレンジをしなくてはいけなくなったというか（笑）。

八木　ミニチュアがないというのはネガティブな話ではなくて、この映像表現でどこまで追求できるかということなんですね。モニターが浮遊している管理社会であるということは企画の当初から決めていた。そして何か新しい表現をって考えたときに、でっかい顔が浮いているというのを考えたんです（笑）。でもそういうのって考えるのは簡単だけど、じゃあ実際どう形にしましょうかというときに早川さんたちに委ねるものは非常に多かったですね。それですごくいい方向にできたんじゃないかと思っています。

早川　本当にタイミングだったと思います。スタッフのスキルも上がり、皆さんそれぞれに任せられるようになっていたというのも大きかった。それまでだったら、ウチでは仕切りきれなかったかもしれないですから。

2007年当時、グラフィックに一番凝っていた作品

八木　早川さんのおっしゃったプラスアルファというところでは、例えば第1話の本編ロケをやっていて、六本木のクラブで奥のモニターに空撮の映像が現場出しで映っているじゃないですか。あれは色とかノイズが入っていて、さらに文字も入っていてかっこよかった。あまりにいいので、「これを伸ばしてエンディングで使いたい」っていう話をしたんですよね。

上田　空撮素材は確か円谷プロのライブラリーですよね。そういう空撮の素材はいっぱいもらって、それをつないでオーバーラップさせてかっこいいのにしてみました。でも、まさかあれがエンディングに使われるとは思わなかったですけど。

八木　スタイリッシュでエレガントでしたね。

上田　当時、モニターグラフィックスにハマっていたんですね。ああいうのをやりたくてしょうがなかった（笑）。

早川　ウルトラマンシリーズは作戦画面が多かったので、『コスモス』から上田さんに来てもらったんですね。もともとデザインが得意だったので、「モニターグラフィックス専任でやってください」とお願いして。それが積み重なって『メビウス』では影絵を全部作ったりデザインワークもできるようになって、しかも本人的にはもともと大人寄りの作品を好きだったので『ＳＥＶＥＮ Ｘ』がうまくハマった。このときは彼のよさが全開になったと思います。

八木　『ＳＥＶＥＮ Ｘ』ではＶＣ（ビデオシーバー）とかも全部そうですよね。「ああいう色合いでやってくれ」みたいな話まではしていないんだけど、作品の世界観にとっても合うデザインでした。

上田　八木さんとは世代も一緒だし、見てきたものも一緒だから好みが分かるんです。だから「これ、絶対に八木さんが好きなやつだ」って思って作りました（笑）。

八木　細かく打ち合わせもしていないのにいいものがあがってきて、しかも今までの『ウルトラ』とは色合いが違うでしょう。動きも色も全部かっこよかったですね。

早川　彼はウルトラマンシリーズでは自分のやりたいことを抑えて、分かりやすくしていたというのもあるんです。

上田　それでもちょっとずつ自分の色を入れるようにはしていて。それが『メビウス』でいったん頂点に達するんです。だけどやっぱり、子どもにも分かりやすくというのは頭の中に必ずありました。でも『ＳＥＶＥＮ Ｘ』のときは、「ああ、それはもう考えなくていいんだな」って（笑）。

早川　２００７年当時、グラフィックに一番凝っていた作品だと思いますね。

上田　下に付いてもらっていたスタッフにも、最初は僕のわがままをいっぱい聞いてもらったんですね。線の太さとかフォントまで全部指定して、「この通りにやってくれ！」って。だからだいぶ嫌な思いもさせたと思うんですけど、何年か一緒にやっていたら僕の癖をだんだん分かってくれるようになって。「こういう感じでやって」と言えば、かっこいいものがあがるようになってきて。そのチームがそのまま『ＳＥＶＥＮ Ｘ』に行っていますから。

３Ｄの街並みと動いている背景があったから世界観がリアルに

八木　オープニングはいかがですか？　あれは重要なところだから最初にいろいろ話をしたのを覚えていて、「今回はモノトーンで」ということでお願いをしました。

小嶋　シリーズを通して水がポイントということだったので、水を使ってなにかできないかということで考えました。確か円谷プロのライブラリーで水がふわーって降ってくる感じのものがあったので、これでなにかできないかなって。あとはロゴが他のウルトラマンシリーズに比べて繊細な感じなので、あんまり「ザン！」っていう感じじゃないだろうなというのもありました。それで「どうしようかな？」ってずっと考えていたら、そしがや温泉21の湯船に浸かっているときにいろいろ思いついたっていうか（笑）。当時自分の中で流行っていた、1つの素材をRGBに分解して時間をズラすとか、そういうのも使いつつ作りましたね。あと、文字はなんとなく水に消えてくみたいにできたらいいかなっていうので思いついた。それで3種類出してどれか1つを選んでいただこうと思ったら、監督さんごとで好みが違ったのか全部使っていただいたという。だから「あ、こっちも使っている」って（笑）。あれはうれしかったです。文字は一緒ですけど水の落ち方がそれぞれ違うんですよね。

八木　並行世界の接点が水になっているというのもあるし、水の中で男が沈んでいるというイメージから始まるので『SEVEN X』はまさに水なんですよ。あとは実景合成ですよね。これは今までもやっていたことですけど、モニターが普及しているという設定で、ビルにモニターが埋め込まれているものもあるじゃないですか。つまり背景は静止画ではなく動画ということです。

上田　モニターに映るCMはウチのスタッフに作ってもらいましたね。全部で7～8本は作ったかな？　いろいろなコマーシャル的なものをたくさん作って街中に配置して、その中にはプロパガンダ映像もある。

早川　だからレンダリングが重かったんですよ（笑）。当時のスペックだと「回らない！」って。

八木　やっぱり動いていますからね。でも、あれがあるのとないのでは大きく違うんですよね。見方によってはちょっとした味付けかもしれませんが、じゃあ あれがなかった場合はどうなのかと考えるとただの現実の風景になってしまう。だから非常に重要なんです。

上田　現在のVFXに近づいた感じがありますよね。

八木　セブンXの登場のトラックインなんかは3Dの街になっています。「3Dでお願いします」というような技術的な指定はしていないはずですけど、あの辺の判断はどうだったんですか？

早川　マッチムーブができる「boujou」というソフトウェアが導入されて、それを使ってみようということからあいう画になったんだと思います。カメラの動きを計算して抽出したものを3Dソフトに落とし込んで同じ動きをさせられるようになったので、カメラワークと同じように背景のビルも動いてパースが変わる画を作れるようになったんです。

八木　あの3Dの街並みと動いている背景があったから世界観がリアルになりましたね。

早川　技術の進歩のタイミングもあるんですよね。作りたい画があったとして、そのタイミングで技術的に対応できるかどうかが大事になるので。マッチムーブは『メビウス』のときに使い始めたのかな？

上田　そうですね。ちょっとずつ使いだして、みんなスキルが習熟していったタイミングで。

早川　ただ余裕がないと使えなかったりするので、ちょうどあのタイミングで使えたということですね。

島田　検証もしながら使っていた感じですからね。

化粧品のCMでの経験が生かされたセブンXの合成

八木　空中浮遊モニターも『SEVEN X』の世界観をよく表していますけど、これは技術的には全部3Dですか？

上田　あれは顔の簡易モデルを作って、そこに撮影した写真を貼り付けているんです。あとは合成でいかにそれっぽく見えるようにするか。

早川　ホログラムっぽくしているし発光もさせている。

八木　微妙に小さい文字が入っていたりして、そういうところもかっこいいです。

上田　意味はないけどテキストがアニメーションしていたりするんですよ、僕のやつって。

島田　僕は上田さんのああいう「おかず足し」が大好きなんです。画面が切り替わるときなんかは、いろいろなものがサッと時間差で流れていく。それがすごくかっこいい。『メビウス』のモニターとかも本当に大好きで（笑）。

上田　こういうのを長年やっていると「おかずライブラリー」がいっぱいできてくるんです。

早川　画面の出方とか消え方とか、いま見てもうまいですよね。上田さんは映画が好きで蓄積がたくさんあったから、こういうところで表現が発芽したというか。

八木　そういうちょっとしたテクニックが実は一番重要ですよね。

上田　僕はもともと特撮ありきではなかったんですね。普通に映画とかアニメとかが好きだので、そっちに負けないものを作りたいなというのはありましたね。

八木　そういう意味ではみんなで特撮を超えたようなものを模索してもらっていたというか。

早川　チャレンジできましたよね。最初のころは皆さんには「こうしてください」っていう具体的な指示が多かったんですけど、最終的には「こんなことをしたいのでお願いします」ということでお任せして。それで各自がいい画を仕上げてくださった。得意そうなカットをお願いすることがもちろん多かったですけど、逆にやっていないことだけどチャレンジしてみてくださいとか。そういう感じでお願いしていました。

島田　僕はセブンXの合成が主でしたね。

早川　キービジュアルになっている、第2話での見上げた顔のアップは彼が仕上げています。テストで合成してくれて、「ああ、こういう質感でいきましょう」っていうやりとりをしているはずです。

島田　あれはなんで作ったんでしょうね？　僕が勝手にやったんですかね。着合わせ（スーツの試着）のときの写真を見せてもらって、それが実際の夜の街にいたらどうなるだろうっていうのを勝手に合成して青い感じとかも足している。

小嶋　発光感なんかも足していますよね。

島田　やっぱり眼とかビームランプのところは光っていないとね。でも発光し過ぎても変ですから。

早川　それを八木さんに見てもらって「これはいいね」となって目指す方向性が決まったんですね。

八木　全体的にふわっとさせているじゃないですか。

島田　もともと僕はCMのオンライン編集をやっていて、化粧品のCMなんかで「ほわっとさせる」というのをよくやっていたんですね。ハイライトの部分がふわっとなっている感じというか。だから光線だとかそういう技術はないんですけど、質感みたいなものを作るのはやっていたのでそれがたまたま生きたというか。

八木　それはすごく重要で、本編の撮影でも色テストをして方向性を試行錯誤してブラックプロミストフィルターを入れたりといろいろしています。ライティングでも光源を画面の中に入れてみたりとか。

早川　だからなるべく「生」っぽくならないようにはしてもらいました。

島田　でも暗くするだけだとやはり乖離したままなので、そこにうっすらぼかしたのをかますだけでパッと決まったりすることがある。全然難しいことではないんですけど、CMでの経験が意外に役に立ったっていうか。

上田　でも勘所を押さえてないとね。

島田　そうですね。やり過ぎちゃうとヘンテコになっちゃうから。僕は業界のCG雑誌に載った「円谷の隊員募集！」という早川さんが作った告知を見て入ったんですけど、その早川さんも同じような告知を見て入ったのを今日知ってびっくりしました（笑）。

難しかった回転するアイスラッガーの表現

八木　『SEVEN X』ではアクション監督に小池（達朗）さんをお迎えしてワイヤーアクションを大胆に導入しました。

早川　今でこそ普通に使っていますけど、テレビシリーズであそこまで派手なワイヤーアクションってやっていなかったですよね。

小嶋　そのワイヤーを消さないといけないのが大変だった。

八木　ミニチュア特撮のピアノ線と違って、あれは現場で消すということを前提にしていないから太いんですよね。

上田　だから全部デジタルで消しているんですけど、当時はそれが結構難しかった。

島田　ひたすら塗っていましたね（笑）。

小嶋　小池さんがあのときに入ってアクションのアイデアをいろいろ出してくださってかっこよくなったんだけど、その分こっちの作業も多くなっていたんですよね。

上田　ハリウッドだと消す専門のチームがいるんですけどね。

早川　他にやらないといけないカットがいっぱいあるのに、それで人を取られてしまったのは辛かったですね。

上田　セブンXは等身大のときが多いじゃないですか。そうするとアクションが激しくないと、どうしても着ぐるみが勝っちゃうということもあって。だから小池さんのアクションはよかったけど、消すのが大変だった（笑）。

早川　小嶋さんには重いパンチを強調していただきましたよね。

小嶋　空気、波動ですね。

早川　本編のアクションに刺激されたというか、あれに負けない画を作らないとダメだと思ったんですよ。あそこまで本編がキレのあるアクションをしている以上、重いし速いというのを表現したいというのはありました。そしてウルトラセブンといえばアイスラッガーですけど、セブンXのあれは全部小嶋さんです。

小嶋　あれは「切れない」という設定だったんですけど、じゃあぶつかったときの衝撃はある方がいいのかどうか。そんなところから考えていきましたね。本当にぶつかったっぽくするのがいいのか、その辺で迷ってモーションを付けていた記憶があります。だからバーンって当たってちょっと揺れるのかな。途中からは突き抜けるという表現を使えたので、そこは等速で行っちゃえばいいかなということで。

島田　当たると戻ってくるしね（笑）。

小嶋　等速に近い方が鋭さは出るんですけど、衝撃を考えるとちょっとワンクッションあった方がいいのかなとか、その辺で模索していた気がします。

八木　光線だったらいくらでもスピードを出せますけど、これは形のあるものだからスピードにも限界があって難しかったと思います。

上田　しかも回転しているじゃないですか。でも単純に回して飛ばしてもそれっぽく見えなかったんですよね。変な回し方をすると、「グルングルングルーン」ってなっちゃって動きがスムーズにならなかった。だからどこを軸にす

ウルトラセブン X 背景の街は3Dモデリングされたビル。カメラはセブン Xへトラックインするので、立体感が存分に表現されました。第1話「DREAM」

るかというのは、みんなでああでもないこうでもないって結構考えたんじゃなかったかな。

小嶋　ああ、やっていたかも（笑）。それでアイスラッガーのちょっと外側を中心にして、でもあまり大きな円だと「グルングルン」となってしまうからそこそこ小さい径で回さないとって。あとは、逆回転に見えないようにするのも気をつけていたところですね。形もブーメランのようでブーメランではないので難しかった気がします。

早川　そもそもオリジナルは回っていないですからね（笑）。

八木　オリジナルは作画の光線みたいなものですからね（笑）。

早川　あと細かい話ではありますけど、第1話でセブンXがズバッと飛んでいくシーンとかラストで回帰するシーンがありますけど、ああいったものはグリーンバックを使って飛ばす集大成ですね。テレビシリーズではあそこまで速く飛ばすと「もうちょっと分かりやすいスピードに！」って怒られたんですけど、八木さんはそれを許容してくださる監督でした。それで3割増しくらいで、アメコミ的な表現をあえて狙って飛ばしたいっていう思いがありました。

上田　ザック・スナイダー的というか（笑）。

八木　『マトリックス』なんかでもやっていますもんね。

上田　それで煙だけがふわっと残ってっていうやつですね。

最終回はCGチームも総力戦だった

八木　そういうわけでCGは非常に重要だったわけですけど、最終回では本当に大活躍でした。

早川　1話50カットくらいが基本ベースだったんですけど、最終回だけ100カット以上あったんですよ。「でも最終回だから仕方ないですよね」っていう話をしていて。だからCGチームも総力戦だったと思います。ただ補足しますとCGチームの全員がかかわれたわけではなくて、並行して『ウルトラギャラクシー大怪獣バトル』という特撮メインの作品も動いていたんですね。この2作品の立ち上げとエンディングが重なってしまっていた。だから何人かはそっちに移ってもらって残った人間でやろうっていうことで、その代わりいつも作画エフェクトを制作してもらっている日本エフェクトセンターさん以外の外注をちょっと増やしてもらったんです。それこそ鹿角剛さんのスタジオバックホーンさんにはグラキエスのモデルを作ってもらったりしています。

小嶋　それでこっちで骨とかを入れて、でっかいのは自分が動かしていて、ちっちゃいのは川口（智久）くんにやってもらってという感じでした。

早川　今回彼に問い合わせをしたら、「最後の巣窟なんかは死ぬ思いでやりました」というメールが来ました（笑）。

小嶋　アイスラッガーを飛ばすのはこっちでやって、最後の爆発は森（裕二）くんにも手伝ってもらって。あれはたぶん最終チェックが終わってからの作業でしたよね。

早川　ギリギリのギリギリで仕上げたカットだったと思います。

小嶋　爆発の数も多かったからレンダリングもすごく時間がかかりましたしね。

八木　そんな大変な状況だけど、さらに、モニター画面用に街の爆発とかも作ってもらいましたよね。そのクオリティがすごく高いから普通に爆発として使っていたりもしています。

小嶋　爆発の炎の色にもルールがありましたよね。

八木　赤は使わないという話はしていますね。青い炎とか緑の炎。寒色系。並行世界の表現です。だからグラキエス側が緑でメカが青で、怪獣とか宇宙人が緑だったのかな。

上田　作品のトーンは全体にシアンのイメージですよね。それで劇中のセブンXにもシアンが乗っている。

八木　赤いままだといつものセブンですから、シアンが乗っているのは重要なところです。それから最終回で火の玉が出てきますけど、あれがちょっとオレンジっぽいのはセブンの世界から来ているものだからということで。だから暖色系の色はあまり使っていないはずです。

早川　最初のビル爆発が赤系ですけど、あれはやっぱり赤だからこその迫力がありましたね。

八木　あれはエレアが仕掛けた普通のビル爆破だから赤でいいということ。しかしいろいろお話を伺って、やはり『SEVEN X』でCGをフィーチャーできたのは正解だったなとあらためて思います。最後に、『SEVEN X』という作品についていま思うことを伺えますか？

早川　業界の方の視聴率が結構高くて、オンエアしているときに知り合いから「早川くん、見たよ！」と言われることが多かったですね。あとは数年後にある会社に行ったときに「僕、深夜のウルトラセブンを見ていました」と言われたりして、業界の方も注目していた作品だったんだなと驚いたということが1つあります。それから自分にとっての『SEVEN X』って、実は円谷のCGチーム最後の作品に近い仕事だったんです。ですから『ダイナ』から参加して11年、その積み重ねというか集大成的な作品となりました。あとテレビシリーズは『メビウス』で終わって、じゃあCGチームはどうするかというところで、存続させるために独立採算という道を選んだんですね。それで独自に営業をかけて、円谷にいながら仮面ライダーの映画『仮面ライダーTHE NEXT』（07）に参加するというエポックメイキングなこともあったりして。そういったタイミングだったので、自分たちだけで独立してやっていかないといけないというプレッシャーの中で作った作品という面もあります。不安ももちろんありましたが、最終的にはスタッフの皆さんが成長していたので無事に終えられた。だから自分にとっては非常に充実感のある作品だったと思います。しかもこういうリアルなアプローチは普通のドラマや映画の仕事と通じるところがあるので、このときの経験が今のわれわれにつながっているところは大なんです。もしあのときこの仕事をしていなかったら、ここまでスムーズにやってこられなかったかもしれない。そう思うと僕にとっては非常に重要な作品だったなってあらためて思いました。

上田　この作品では事前にイメージを聞きたかったので、本編打ち合せとか美術打ち合せという撮影前のプロセスからかかわらせてもらっていて。あとはデザインワークをやらせてもらったりとか、かなり深くかかわらせてもらっているんですね。そういう意味ではやっぱり思い入れが強いです。しかも早川さんが言ったように別の仕事で何年後かにご一緒した方から「あれ見てたよ！」って言ってもらってびっくりしたり。しかもちょっと見ていたとかではなく、ちゃんと見ていらっしゃったんですよね。なので、あのときやったことはよかったんだなって思っています。あとこの作品ではモニターだけではなくて実写合成も結構本格的にやっていて、その経験が今やっているコンポジットと呼ばれる職種への道にも間違いなくつながっているんです。だから僕にとっては重要な作品ですね。

島田　僕は子どものときからずっと特撮が好きだったんですけど、そういう仕事には就けないでCMの仕事をやっていて。それが『メビウス』が縁で円谷CGチームに入って、最初からかかわることができた作品ということで思い出深いです。僕にとってはきっかけになった『メビウス』、一からかかわれた『SEVEN X』、そして『大怪獣バトル』が大事な作品になっています。そして形は変わりましたけど、今もウルトラマンシリーズには参加できているのでこのときの経験は確実に生きている。本当に大事な作品ですね。

小嶋　子どものときから『ウルトラセブン』が一番好きで、まさか自分がアイスラッガーを飛ばすとは……っていうのはありました（笑）。あとはずっと面倒を見ていただいていた板野（一郎）さんが抜けてしまってというところで、どうすればいいんだろうというのを常に思いながら接していた作品ですね。迷いながらやっていた記憶があります。

早川　『メビウス』までは板野さんというアニメーションスーパーバイザーがいて面倒を見てくださったんですけど、もう自分たちだけでやっていかないといけないということになったんです。だからチームとして独り立ちできた作品かもしれないですね。そういう意味では、あのまま続けていたらあのチームでまだ新しい作品をやれていたのかもしれない。

上田　板野さんが抜けたのは免許皆伝っていうことで（笑）。

早川　自分たちでやっていかないとねっていうことでね。

八木　僕も最後の作品になりましたけど、そういう意味では『ティガ』で始まった技術の革新の総決算が『ＳＥＶＥＮ Ｘ』だったと思っています。ストーリー、キャスト、音楽……なにからなにまですべてがその方向を向いていて、ＣＧがそれを強力にバックアップしてくれた。これは歴史のある円谷ＣＧチームだったからこそだと思います。技術的な総決算で最後まで冒険した。そういう意味で円谷英二イズムを体現した作品になりました。本当にありがとうございました。

PART 5
ウルトラセブン編

YURIKO HISHIMI
ひし美ゆり子
KOHJI MORITSUGU
森次晃嗣

ひし美ゆり子

Yuriko Hishimi | Actor

2人が白い服を着て笑い合っているあの一瞬はハッピーなのよね

言わずと知れた『ウルトラセブン』で友里アンヌを演じたひし美ゆり子（当時は菱見百合子）氏は、『ULTRASEVEN X』では満を持して最終章で登場している。オリジナルキャストの登場によって『SEVEN X』の並行世界という設定はより強固となり、続編としての正当性もいや増すことになった。驚異的な記憶力の持ち主でもある氏に、両『セブン』について語っていただいた。

ワイアール星人を麻酔銃で撃ったのが初日

ひし美　私の携帯って「昔の懐かしい写真」が毎日出てくるのよね。そうしたら、この間ちょうど八木くんと一緒に撮った写真が偶然出てきて。ツイッターにもアップしたんだけど見た？

八木　はい、見ました。すごいタイミングですよね。

ひし美　タイミングがいいからびっくりしちゃった。誰かに携帯を読まれてるんじゃないかって感じよね（笑）。

八木　作家の朱川湊人さんと一緒に食事した日の写真ですよね。そんな感じでひし美さんとは普段からお酒を飲んだり楽しくお話をさせていただいていますけど、今回はあらためて『ULTRASEVEN X』のことや『ウルトラセブン』のことを伺えたらということで。

ひし美　それはいいんだけど、いまだに「八木くん」なんて呼んじゃってごめんね（笑）。

八木　「八木くん」でもちろん大丈夫です。いつもの感じでひし美さんの楽しいお話をお聞きできたらと思います。

ひし美　私はパラレルワールドのことはよく分かってないんだけど、もしミス東京セニョリータのコンテストであのまま帰っていたらと思うと不思議な感じがするのよね。もう途中で帰ろうと思って帰りかけたんだけど、入るときには見えていなかった山積みのお土産が目に入っちゃって。「あれ、これはもらわなくちゃもったいない」というので戻ったら山本嘉次郎監督にスカウトされたのよ。だからそれもパラレルワールドなのかなと思って。

八木　そのときひし美さんが戻られなかったら、準ミス東京になっていなくて東宝にも入っていないですもんね。

ひし美　そうそう。全然違う世界に行ってたと思うの。あのときは「ダイアモンドに目がくらみ」じゃないけど（笑）、お土産に目がくらんで、「やっぱりもらって帰ろう」と思って我慢してまた戻ったのよ。電車賃を使って行ったんだからと思ってね。

八木　この世界としてはひし美さんが戻ってきてくださってよかったですよね。それで『ウルトラセブン』という名作がああいう形で出来上がったわけですから。しかも『ウルトラセブン』のアンヌ隊員は代役なんですよね。

ひし美　あの当時は映画の方がまだ価値が高かったの。だから豊浦（美子）さんは映画に出たいと思って『セブン』を降板されたのよね。

八木　そういう意味では、あのときにひし美さんがアンヌ隊員になっていなかった場合の女優としてのパラレルワールドも考えられます。だからいろいろな可能性があって面白いですね。

ひし美　でも、もともと私は女優にはなりたくなかったの。小学校くらいのときから、立たされて教科書を読ませる朗読が苦手で足が震えちゃうんだから。ミス東京セニョリータのときも、セリフの紙を渡されたから逃げたのよ（笑）。あのコンテストは、次のメキシコオリンピックに東（龍太郎）都知事のメッセージと市川崑監督の『東京オリンピック』という映画を持っていく親善使節を募集したわけ。だから女優の募集じゃなかったのにセリフを書いた紙みたいなのを渡されて、「ああやだ、私は人前じゃ絶対しゃべれないから」と思って。それで芸術座のホールまで逃げるように出ていったんだから。でも「参加賞だけでももらわなきゃ」って。それで戻ったのよね。

八木　しかも山本嘉次郎監督にその場でスカウトされたというのはすごいですよね。

ひし美　「今度はスチール撮影で東宝に来てください」と言われたのが3人で。私は「えー？」って思ったんだけど、姉に話したら「私が付いていってあげるから」って。あのときは私の写真をいっぱい撮っている石月美徳さんが撮ったのよね。そうしたら見事に私1人だけが受かっちゃって。

八木　それでレッスンなどをして東宝の女優になられたということですね。

ひし美　同期生は若原啓子さん、牧れいさんなど33人いて、その中の6人が映画の契約、テレビが数人、残りは舞台の人。で、私は映画部だったの。

八木　それで『セブン』が始まるところでキャスティングされたわけですね。

ひし美　撮影所の演技課の人が「円谷プロに行くように」って私に言って。それで行ったのよ。私は後から代わりに入ったからもう撮影は始まっていて、まずはアンヌの隊員服を着ている写真を撮って。あれは昭和42年7月14日で、金曜日だったのを覚えている。で、翌週の月曜日からメディカルセンターとかを撮り始めたのよね。

八木　メディカルセンターだとワイアール星人ですかね。最初、メディカルセンターで撃ちましたよね。

ひし美　「緑の恐怖」ね。ワイアール星人（の同族に変貌させられた人間生物X）を麻酔銃で撃ったのが初日よ。

八木　そのスケジュールだとアンヌ隊員の役づくりとかはどうされたんですか？

ひし美　もう、役づくりなんて全然なし。台本をそのまま、私がゆり子としてしゃべっただけ。

八木　自分のキャラクターでやられたということですね。きっとそれが魅力的だったんでしょう。

ひし美　IQとか高そうな女性なのに、私が隣のお姉ちゃん的な芝居をしたから逆に子どもには親しまれたんじゃないのかな？　才媛だからといって下手に才媛っぽい役づくりなんてやっていたらよくなかったのよ。だから地でやっただけ。役づくりなんてできないもん。

八木　素晴らしいですね。でも才媛とかキャリアのある人がみんな堅苦しい顔をしているかというと、そういうわけでもないじゃないですか。ひし美さんが素敵なアンヌ隊員を演じたことによって、見ている子どもたちが男の子も女の子も「なんてかっこいい女性隊員なんだ！」と思ったはずですよ。僕自身もそう思いましたから。でも、あそこが初日の撮影だったんですね。

ひし美　髪の毛をアップに結っていて下ろすシーンとかね。あれ、実はつながってないのよ（笑）。だからその日はワイアール星人とピット星人のメディカルセンターばっかり撮ったのよね。

八木　東宝ビルト（当時は東京美術センター、通称美セン）のメディカルセンターのセット撮影をまとめたということですね。あのころのビルトにもサロンってあったんですか？

ひし美　サロンはなかったわね。美センの前にはラーメン屋さんが一軒あっただけかな。

八木　そうするとそこに食べに行く感じですか？

ひし美　食べに行ったような気もするけど、初日はどこに行ったか覚えてないわね（笑）。その後は車を持った人が出してくれて、レストランに行ったりはしていたけど。ロケバスを出してもらって食事に行ったりもしていたかな。食べに行ったのは成城学園駅周辺が多かったような気がする。椿とかさ。

八木　とんかつ屋さんですね。高野宏一さんに「うまいとんかつを食いに行く」って連れていってもらいました。他に食べに行ったところで覚えているところはありますか？

ひし美　撮影が終わった後に飲んだりしたのはファニーとAZね。ここには（円谷）一さんとか金城（哲夫）さん、満田穧さんとか、そういう人たちが来てたわね。助監督とかは片付けとかいろいろあったりするから来れなくて。金城さんはファニーによく来てたわね。AZでも話を作ったりしたんでしょう？

八木　そういうとき、金城さんや満田さんはどういうお話をされていたんですか？

ひし美　仕事の話というよりはもっとくだけた感じよね。でも私がいないときにはそういう話をしていたかも分からない。私も毎回行くわけじゃないし。あと行ったのは焼き鳥のたかはしとか……。あそこは美味しいでしょう。

八木　たかはしは美味しいです。

役者にカメラを意識させない実相寺監督、気さくになんでも聞けた満田監督

八木　『セブン』では、個人的には実相寺（昭雄）監督と満田監督の作品に好きなものが多いんです。例えば「狙われた街」では喫茶店にいるところとか、川崎のアパートの外で待っているところなど印象的なシーンがありますけど、撮影で覚えていらっしゃることはありますか？

ひし美　実相寺監督は望遠でアップを撮るから、演じているこっちとしては気が付かないの。望遠でぐっと寄ったりするから。近くでじっとやられると緊張するけど、遠くから「よーい、スタート！」っていう感じだったわね。それ

で私やダンの顔に寄ったりして、だから見事なのよ。役者にカメラを意識させないわけだから。これは、この間亡くなった冷泉（公裕）さんも言っていたわね。冷泉さんは私と同い歳だったんだけど。

八木　「円盤が来た」のフクシンくんですね。

ひし美　「緊張するだろうから遠くから撮ってるので、好きなことをしゃべってていいよ」って言われたって。

八木　冷泉さんも緊張したんですね。でも実相寺監督は本当に人のことをよく見てらっしゃいますし、優しいところがありますよね。

ひし美　本当にそうなのよ。

八木　ひし美さんはもちろん女優さんですけど、すごい緊張されるじゃないですか。

ひし美　うん、緊張する。

八木　『SEVEN X』でも『超ウルトラ8兄弟』でもしゃべるのは緊張するとおっしゃっていて、困られていた印象があります。

ひし美　だからミス東京セニョリータのコンテストも帰りたくなったのよ。お土産をもらって帰らなきゃと思って、震えながらセリフをしゃべったのを覚えてる。お母さんと電話でしゃべるシーンみたいのをやったんだけど、「お母さーん、なんとかかんとか」みたいなことを言ってさ（笑）。

八木　ひし美さんは本当に記憶力が抜群ですよね。

ひし美　そういうインパクトがあったことは覚えているのよね。

八木　『セブン』では満田監督がアンヌというキャラクターを確立していったんじゃないかと思うんですけど、例えば「ノンマルトの使者」では最終回を前にダンとデートをしたりしていますよね。

ひし美　満田監督は一番気さくになんでも聞けたのよね。他の監督は監督というだけで怖かったの。でも満田さんだけは違ったから、「満田さん、台本に『才媛』って書いてありますけど、才媛ってどういう意味ですか?」なんて聞いたりして（笑）。そうしたら「アンヌみたいなことだよ!」って言って教えてくれないから、家に帰って辞書で調べたら「ああ、嫌味を言われたな」って。

八木　満田さんらしいですね。でも嫌味じゃないと思いますよ。満田さんも優しい方ですから。

ひし美　そう、断然優しかった。だって最初に会ったときはまだ29歳だったのよ。それで8月にファニーで誕生日会をやったのを覚えている。満田さんの誕生日は8月20日よね。

八木　やはり記憶力がすごいですね。満田さんは当時、「もうこういう作品を作ることはないんだろうな」と思いながら『セブン』の最終回を作っていたそうです。もうお別れというか、最後というか、そういう思いも込めて作られたということで。

ひし美　それだけ力が入ってたのよ。だから最高のものを作ったじゃない。満田さんは最初からいつも一生懸命だったから。まだ若い、29歳から30歳にかけての作品だったしね。

重理久さんが親切で、湖畔は足場が悪いからエスコートしてくれた

八木　では『SEVEN X』のことを伺っていきたいと思いますが、『SEVEN X』はあの素晴らしい『ウルトラセブン』の並行世界として始まっているんです。並行世界ですから『セブン』の直接の続編ではなく、どこかで分岐しているんですよね。ただ全くの別人というわけでもなくて、本人の中の可能性の1つとして「ダンがアンヌのところに帰ってきた世界」というのを描いたつもりです。だからあのときには白い服を着ていただいたじゃないですか。

湖にたたずむ美女、アンヌ（ひし美ゆり子）。これは現実か、幻想か。可能性の世界で幸福をつかんだ

ひし美　なんか結婚式みたいな感じだったよね。

八木　でもその後はやっぱりとても語れないというか、結婚式を本当に挙げて地球に住むのかどうかは分からない。

ひし美　その後はもう想像の世界だからね。でもあの一瞬はハッピーなのよね。２人が白い服を着て笑い合っているわけだから。

八木　あのときはひし美さんが白い衣装を3着くらい用意してくださって、衣装合わせで選びましたよね。

ひし美　そうそう、慌てて3～4着買っていったのよ。

八木　それで「どれがいいかしら？」という感じで選びました。

ひし美　あのときは本栖湖にロケに行って、すごく長く待たされたのも記憶にあるんだけど（笑）。（与座）重理久さんが親切で、湖畔は足場が悪いからエスコートしてくれたのよね。

八木　確かにあそこは傾斜もありましたし、砂利だから足場はすごく悪かったですね。

ひし美　若いイケメンにエスコートしてもらって、あの親切さは忘れられないわね。森次（晃嗣）さんなんか知らん顔だったけど（笑）。

八木　そんなことはなかったと思いますけど（笑）。

ひし美　そういえば助監督さんが千円札の裏側と富士山を見比べて「同じだ！」って言っていたのを覚えてるな。

八木　『ウルトラセブン』のウルトラ警備隊の基地があるのが（富士山を近くに望む湖のほとりにある）二子山で、本栖湖の辺りでも撮影されているんですよね。だからそれに合わせて本栖湖に行っているということなんですけど。

ひし美　確かあのロケの後は、八木くんと重理久の3人で重理久の誕生日をお祝いしたんじゃなかったかしら？

八木　予定表を見ますと、ひし美さんの本栖湖ロケは8月22日ですね。だから次の日が重理久の誕生日だったんです。

ひし美　だからロケバスを途中で降ろしてもらって飲みにいって、12時を過ぎてから「おめでとう！」なんて言って祝ったのよね。
八木　ひし美さんは記憶力が本当にいいですよね。ちなみに22日は朝から本栖湖に行っていてまる1日撮っていますね。先にジンとエレア、ケイとエスを撮って、それからひし美さんと森次さんだったんですね。東京だったら時間差での集合になりますけど、本栖湖まで一緒に行くからすごくお待ちいただいたということです。
ひし美　みんなでロケバスで行ったのよね。でも森次さんは自分のクルマを運転して行っていたの。このときはスモークを焚いたんだっけ？
八木　これはスモークじゃなくてフォギーのフィルターをかけていますね。
ひし美　ああ、そうなのね。昔はいつもスモークでやってたから（笑）。
八木　結構風が強い日のロケだったのでスモークは使わなかったんです。でもこのとき、奥の湖の方は実際に霧がちょっと出ていたと思います。
ひし美　8月のど真ん中だけどちょっと寒かったのかな。
八木　気温はそれほど低くなかったですけど、風が強くて結構寒かった気がしますね。
ひし美　そういえば重理久は台湾に行ったきり？　向こうで会ったこともあるんだけど。
八木　そうですね、今も台湾で頑張っています。でも日本に戻ってきたら飲もうっていう話をしているので、ひし美さんもぜひ一緒に。でも今日は楽しい話をいっぱいありがとうございました。
ひし美　私はざっくばらんだから、まとまらない話でごめんね（笑）。でも、またいつでも電話してちょうだい。やっぱり、こうやって話をすると楽しいわね。

現場の張り詰めた空気まで伝わる伝説の名シーンの撮影風景。満田稭監督の演出が冴え渡る。『ウルトラセブン』最終回「史上最大の侵略」

解説不要の伝説の名シーン。映像も演技も音楽もすべてが素晴らしい傑作

森次晃嗣

Kohji Moritsugu | Actor

本家本元のダンとアンヌが最後に出て画面的にも締めているのかな

『ウルトラセブン』でモロボシ・ダン役を演じた森次晃嗣氏はいかにも特別な存在だ。その稀有な存在感がオリジナル『セブン』の魅力の大きな源泉となったことは疑うべくもない。そんな森次氏が『ULTRASEVEN X』に出演したことで、作品の世界観はゆるぎのないものになったと言えるだろう。『セブン』のこと、『SEVEN X』のことを、レジェンドに伺うことができた。

僕は現実に風来坊だったの（笑）

八木　森次さんと初めてお仕事をさせていただいたのは、平成ウルトラセブンの「太陽エネルギー作戦」という作品でした。続く「地球星人の大地」でも助監督をさせていただきまして、その後に『ULTRASEVEN X』にもご出演いただいたわけですけれど。せっかくなので今日は俳優になる前のお話から伺えたらと思っています。森次さんは最初デザイナー志望だったそうですね。

森次　絵とか字が好きだったから、なにができるかって考えた場合にそういう道に行くのが意外と向いているのかなと考えていた部分はあったね。ただ現実と夢とは違うじゃん。東京に出てくる前は札幌にいて、友達が手伝っている喫茶店でアルバイトをしていたの、それが現実だね。で、札幌も大したことないなっていう思いがあって、東京に行くっていう夢がどんどんどんどん膨らんでいった。それである日東京に出てきたわけ。でも親戚がいるわけじゃない、知り合いがいるわけじゃなくて、自分勝手にポンと出てきた。それで1週間かそこら、新宿の木賃宿みたいなところに泊まってウロウロしていたんだよね。なんで新宿かというと、そのころは東京といえば新宿ということしか頭になかったの。

八木　1960年代初頭ですから、新宿が最先端の街だった時代ですよね。

森次　でも1週間もしたら金もだんだんなくなってくるし、アルバイト先を探そうという頭になって募集がかかっている新宿界隈の店に一軒一軒当たって面接してもらってさ。だけど保証人みたいな人間がいないから、使う方もちょっと考えちゃうんだよね。それでどうしようかなと思っていたら、コマ劇場（現・新宿東宝ビル）の近くにジャズビレッジっていうモダンジャズをレコードで聴かせる店があって、その店の前に花輪がたくさん出ていたの。ああ、これは今日か明日開店の店なのかなっていう感じがして、夕方に行って「使ってください」って言ったわけ。そうしたらちょうどマスターがいて、なにも聞かずに二つ返事でその日の夕方からアルバイトをさせてもらった。なにしろ店の上に寝るところはあるからということで、「下はGパンでいいよ、ワイシャツも蝶ネクタイもあるから着替えて降りてこい」って。それから2年かそこらは住み込みのアルバイトでいたのかな。その時期にいろいろな人と出会って、いろいろな考え方もできるようになって、役者を目指そうかなという考えにもなってきた。それが新宿時代だね。

八木　知り合いもいないし、仕事の当てもなく単身上京されたわけですね。まさに風来坊のモロボシ・ダンです。

森次　僕は現実に風来坊だったの（笑）。全く無謀だったね。で、その店にちょこちょこ来ていたのが黒部（進）ちゃん。夕方になるとよく来ていたんだけど、後で分かったのは渋谷の駅前で靴磨きをやっていたということ。それで東宝のプロデューサーに声をかけられて東宝に入るようになったらしい。でもジャズビレッジによく来ていたころは役者はやっていなかった。最初に会ったときは変わった人だなと思ったよ。日本人じゃないのかな、プエルトリコとか南米の人なのかなと思ったけど（笑）。とにかく個性的な人だった。二瓶（正也）ちゃんはもう東宝に入っていて、お客さんで来たのは時々だね。もう最初からあんな感じだった。

八木　新宿という最先端の土地で、ジャズ喫茶という最先端のお店に『ウルトラ』関係者が集っていたわけですね。

森次　店も独特の作りでね。簡素で板張りみたいな感じで、豪華じゃないんだけど若者が集っていた。そういうわけで2年くらい新宿にいたら新宿の嫌な部分も見えてきたし、ちょっと土地を変えてみようかなって。それで大阪に行ったんです。知り合った人がたまたま関西テレビのディレクターで、その先生が今東光プロモーションを旗揚げするっていうのを手伝いに行ったんだよね。そのときにテレビ映画とかを制作している会社にも連れていってもらったりして、それからですよね。だから東京に帰ってきたら「ある程度ちゃんとした基礎を覚えなきゃいけないな」と思って電通がやっていたテレビタレントセンターに半年くらい通ったりして。それでコツコツやっていて、何年かしたら『ウルトラセブン』でしょう。そういう意味じゃ意外とラッキーだったのかな。

『セブン』の面白さは脚本家の力だと思います

八木　『セブン』に参加されたのはどういう流れだったのでしょうか?

森次　国際放映でレギュラーをやっていた時代があるんだけど、そのセット撮影のときに円谷プロの演技課の新野（悟）さんが見に来ていたんだよね。「誰を見に来ているのかな?」なんて思っていたら、実は俺を観察していたみたいで。でもそもそも、『セブン』のモロボシ・ダンをやる人は流れとしては東宝なんだよ。ただ東宝にはそういう人がいなかった。それでいろいろ募集をかけたんだけど、納得できる人はいなかったんじゃない？ そういう中で「森次っていうのがいる。なんか宇宙人みたいな感じだから見てこいよ」なんて言われたらしい（笑）。新野さんも東宝の流れの人で、もともとは役者出身でね。後には『太陽にほえろ』のプロデューサーをやっている。まあそんなことで、終わりの方の撮影をやっていた『ウルトラマン』の現場を見に行ったこともあって。最終的には円谷プロに行って、円谷英二さんほか脚本家、監督連中と会っているんだよね。それでその日にＯＫになったのかな。「森次でいこう」って。

八木 オーディションではなくキャスティングということですね。

森次 オーディションはやってもいなかったんじゃないのかな。やっぱり新野さんが偉いよね。見る目があったんだよ。「ああ、これはモロボシ・ダンにぴったりだな」って思ったんじゃないのかな。で、僕が最初に円谷プロに行ったときにはアンヌは豊浦美子さんに決まっていたんですね。写真も見せてもらって「ああ、この方なのか」なんて思っていたら、何日か後に1人のシーンのロケが終わって円谷プロに行ったらアンヌが違う人になっていた（笑）。違う人が隊員服を着て出てきたから、「あれ？ どうしたんだ？」ってびっくりしてね。あのころは東宝が結構主導権を握っていて、演技課から行けって言われるらしいんだね。黒部ちゃんもそうだったらしいけど、「円谷プロに行け」って言われて（笑）。それでひし美（ゆり子）くんはアンヌになったんです。あの日はポインターの前で2人が隊員服を着て写真を撮ったけど、あれはいまだに使われているよね。

八木 それがひし美さんとの『セブン』での初対面だったのでしょうか？

森次 初対面だったね。僕は何日か1人でロケをしていたんだけど、アンヌはその日が初めてだったからね。でも、

そんな作品が55年も続いているんだからすごいよね。素晴らしいと思う。だから僕にとって『ウルトラセブン』はある意味ではデビューであって、ある意味では財産であって、いろいろなことを教えてもらった作品だね。55年経ってもいまだに消えずに過去の作品になっていないということが不思議でしょうがない。

八木 やっぱりスタッフ、キャストの皆さんがよかったんでしょうね。

森次 みんなが燃えていて、いい作品を作ろうという団結力があって、それでブワーッと盛り上がっていた時期ですね。掘っ立て小屋みたいな円谷プロで一心不乱にやっていたスタッフ、それはやっぱりすさまじかったよ。いわゆる子ども番組を作っているという考え方をしている人はいなかったもん。なにしろ特撮でいいものを作ろうという発想だね。円谷プロとしても黄金期だったんじゃない？　『ウルトラマン』でできなかったことを『セブン』でやろうということでね。僕が思うにはやっぱり30分で完結する脚本家の力、これはすごい。やっぱり『セブン』の面白さは脚本家の力だと思いますよ。しかもそれを監督が面白く撮るわけだからね。だから実相寺（昭雄）さんなんかはピッタリなんだよ。レギュラーはみんないつ来るのかなって楽しみにしていたんだから。

八木 現場にもそういう期待感があったんですね。

森次 実相寺さんが来たらいつもの監督とはなんかちょっと違うんだね。カメラなんかも、今回はどこから撮るんだろうかっていう期待感もあるわけ。なにもこんなところから撮ることないのに、もっと分かりやすく撮ればいいのにとは思うけど（笑）。あの人はやっぱり映像がすごいよね。だから監督の中にもそういう面白さを持った人がいて、実相寺作品は残るもんね。でもそれは特撮だからできたんだよ。女優を魚眼レンズで撮るなんてことは普通じゃあり得ないことだからね。

八木 森次さんは「狙われた街」でちゃぶ台を挟んでメトロン星人と対話しましたよね。

森次　あれだって実相寺さんのイメージですよ。「ちゃぶ台持ってこい!」って言ってね。誰が探してきたのか知らないけど(笑)、京浜工業地帯のボロいアパートでのロケセット。これだって当時は「なにこれ?」って思ったもん。それが有名なシーンになっているわけでしょう。やっぱり実相寺監督ですよ。

ダンに対するアンヌの淡い思いは満田さんが大事に撮っていた

八木　森次さんは「第四惑星の悪夢」が思い出に残っているとおっしゃっていますよね。

森次　話として面白いよね。ソガと僕が不時着した場所が、人間が奴隷になっている星だったっていうことだから。

八木　怪獣は出てこないですし、最後はセブンがあのロボットの都市をぶっ壊して帰ってくるという回です(笑)。

森次　あれはなんだったんだ、幻だったのか。そういう話で終わるわけ。だから発想が面白いんだよね。実相寺組は特撮自体も違うんだから。メトロン星人の回では、夕焼けの空でパーって飛び上がったらカチャってストップモーションでしょう。あれは綺麗だったよね。

八木　『セブン』の中でも僕は実相寺監督作品が特に大好きですね。

森次　ああいう画を撮る人って他にいなかったもん。作戦室だって普通に撮ればいいんだけど、なんでか受話器と電話機本体の間から俺の目を撮るなんていうことをしたりしてね。しかも静止して撮るわけじゃないんだよ。動いてだから、何回やったことか。だから実相寺さんのときは大変だったことは大変。でも、面白い画を撮るんだろうなという感覚はあったよね。

八木　『セブン』では満田(穧)監督の神戸編や最終回も印象に残っています。『セブン』の中では満田監督作品も特に好きなんです。撮り方は直球ですけれど。

森次　ダンとアンヌの関係みたいなもの、ダンに対するアンヌの淡い思いは満田さんが大事に撮っていたわけだよね。それが最終回につながっていく。金城（哲夫）さんと満田さんは仲良しだったからね。だから最終回も金城さんが書いている。金城さんは面白いんだよね。伊豆かなんかで撮ったやつもそうでしょう？

八木　「ノンマルトの使者」ですね。

森次　やっぱり金城さんのホンの力はすごいよね。最終回も前後編で本当にまとまっていたから。それでダンとアンヌのシーンなんか、みんなでベニヤに家庭用のアルミホイルを張ってね（笑）。フレームに入るだけの小っちゃいベニヤを作って、それにみんなでアルミホイルを張ったんだから。それでライティングするとピカピカ光る、その画が非常によかったんだよね。そんな発想は出てこないでしょう。

八木　傑作ですよね。ご著書『ダン』では「夕景で何度か試したけどうまい画が撮れなかった」と書かれています。

森次　本当は大きな太陽が真ん中にあって、そこで2人が向き合うというのを撮りたかったわけ。でも、そんなところがあるわけないじゃない。だからあのベニヤの方でよかったんだよ。それで撮影したのは建築現場みたいなところだったな。材料置き場かなんかだったのかな。

八木　アルミホイルだと軽いから、風を送ったりすればなびくんでしょうね。

森次　あの発想はすごいでしょう。たぶん満田さんだったと思うけどCGがない時代だから頭で考えるんだよ。そこからすごい発想が出てくるんだよね。で、「俺は人間じゃないんだ」って白状する。あれはキリヤマ隊長に白状したってドラマにはならないわけじゃない。そこは満田監督ですよ。淡い部分を満田さんの回で撮ってきて最終回へつなげたわけだからやっぱりすごい。それで「たとえウルトラセブンでもダンはダンじゃない」ってアンヌが言うわけ。そういう1つ1つのセリフがいいなあと思いますね。だからアンヌに白状するのが、やっぱりドラマチック。これをキリヤマ隊長に言ったら「ああ、そうだったの？」みたいなもんでしょう。

八木　「分かった」なんて流されたりして（笑）。

森次　上司への報告みたいになっちゃう（笑）。これじゃドラマにならないよ。でも「たとえウルトラセブンでもダンはダンじゃない」って本当にいいセリフだよね。最終回は金城さんがいいホンを書いてくれて。だから最後のお別れのシーンはみんな忘れないんだよ。たとえ特撮でもやっぱりドラマがないとダメ。特撮力っていうのはすごくあるけど、やっぱりドラマの内容、力は大きい。流れがあるからね。それはキリヤマ隊長に言ったってダメだよ（笑）。

八木　間違えてフルハシに言ったりしたら大変なことになったかもしれないですよね（笑）。

森次　「ああ、そうだったの？」って、それじゃダメだよね。

八木　満田監督は『セブン』の後半は「もうこういうものは撮ることはないだろうな」ということで、お別れというか、最後だと思って撮っていたそうですね。そういう万感の思いみたいなものもそこに入っているんですよね。

森次　それはそうだろうね。僕だってこれが終わってから特撮作品のお誘いがいろいろきたけど、全部断っているんだよ。自分の中でも、絶対これ以上はないと思ったからね。だったらまた同じようなやつをやるのではなく、役者としても他のラインに行きたいよね。

元気で生きていることがファンに対するお返し、愛情かな

八木　『セブン』の貴重なお話をたくさんありがとうございます。一方で『SEVEN X』は『セブン』の放映40周年ということで作り始めて、最初はセブンの続編という案もあったんですけど、やっぱりなかなか難しいということで。それで並行世界という設定を考えてご出演いただきました。

森次　『ULTRASEVEN X』は最終回だけ出たんだよね。実は（与座）重理久とはあの前に一緒に仕事をしていて。（竹内）力ちゃんのシリーズもの『ムラマサ』に俺が出ていて、彼もレギュラーで出ていたんだよね（ERIKU名義）。6本撮ったのかな。だから顔は知っていたし、俺たちは「エリク、エリク」って呼んでいたんだよね。だから「ああ、彼がやるんだ」と思って。

八木　重理久はもともと竹内力さんの事務所にいて、出演時は夏木陽介さんの事務所にいたんですよね。それで衣装はRIKIプロに協力してもらったりしているんです。

森次　それで『SEVEN X』の最終回にダンとアンヌで出てくれっていうことだったけど、最初はちょっとわけが分からなかった（笑）。それは『セブン』だから無関係じゃないんだろうけど、なんでダンとアンヌが最後に出るのかなって。まあ、いま考えれば面白い世界かなとは思うけど、当時はちょっと難しかったかもしれないね。でも、本家本元のダンとアンヌが最後に出て画面的にも締めているのかな。

八木　森次さんとひし美さんに出ていただいて、あの作品の世界は豊かになったと思うんです。映像としてセリフはありませんでしたけれども、森次さんにはセブンの声をやっていただいたじゃないですか。ジンとエレアが水に沈んでいくところで「君たちの祈りは通じた」と言うわけですが、あれをスリーエススタジオで録音させていただいているときに、「ああ、これで『セブン』になった！」と思ったんです。あれはあったかもしれない可能性の未来の1つで、もしかしたらああいうことになったかもしれないということなんですけど。

森次　ああいう世界観も今だったらみんな分かるんじゃないの？　当時はちょっと難しかったのかもしれないけど。

八木　MCUのマルチバースですとか、アカデミー賞作品賞を獲った『エブリシング・エブリウェア・オール・アット・ワンス』のパラレルワールドですとか、今は並行世界ネタが楽しまれていますからね。最後のシーンは本栖湖で撮影しました。

森次 あのワンカットのためにわざわざロケに行ったんだから（笑）。どこかの小屋を借りて白い衣装を着てね。それで「本栖湖の周りを歩いてください」って。すごいよね、ワンカットだけで本栖湖だよ（笑）。

八木 『ウルトラセブン』も本栖湖で撮影をしているので、やっぱり本栖湖で撮りたかったんですよね。それから、並行世界との接点を水にしていたということもありました。

森次 監督としてはもちろん本栖湖に行く意味があったんでしょう。西湖じゃダメだってこだわっていたよね。

八木 はい、とても神秘的な雰囲気を感じたんです。「地球星人の大地」も本栖湖でしたっけ？

森次 フルハシとすれ違いに会ってというシーンもあってあれはあれでよかったよね。実際、あの辺はよくロケに行っているんだよ。西湖はエレキングでしょう。だから最初が西湖だったということだね。「湖のひみつ」と「緑の恐怖」の2本持ちだったから、1人で西湖でのカットバックをどんどん撮っていたわけだから。

八木 アンヌは決まっていないし、怪獣もいないわけですからね。あのころの撮影でも目線棒を使ったのですか？

森次 そう、釣り竿みたいな長い棒に赤いのを付けて助監督が「これが怪獣の目線です！」って（笑）。そのカットバックばっかりだったから、見ている人からしたら「なにをやってるんだろう」っていう感じだったろうね。爆薬なんかもさ、「三味線」っていう板の上に釘を何本か刺したものがあって、そこに電極棒を接触させて電気が流れるっていう原始的な方法だよ。

八木 でも今でも「三味線」は使っているんですよ。例えば日本だけではなくて、海外スタッフとのハイブリッドで作った新作の『ＡＫＡＲＩ』という作品でもそれは全く同じでした。本当だったらコンピュータープログラムでできそうなものですけどね。

湖を歩く男、ダン（森次晃嗣）。彼は世界の救世主。これは並行世界の……。
可能性の世界で再び地球を救った

森次　今でもあれをやっているの？（笑）。

八木　『ＡＫＡＲＩ』のときは爆破カットを20倍で撮影しましたから、１秒が20秒になるんです。だからちょっとしたタイミングの違いでも大きく結果がズレてしまうので、本来だったらコンピューターなんかで制御すべきなんでしょうけど。でも、職人技の世界です。やっぱり「三味線」の味（臨場感）がいいんですよね。

森次　「なにこれ？」って思ったから「三味線」は鮮明に覚えているね。

八木　しかし『セブン』は湖の撮影で始まって、『ＳＥＶＥＮ Ｘ』は湖の撮影で終わったわけですね。それはとても感慨深いものがあります。では最後に森次さんの『セブン』への思いを聞かせていただけますか？

森次　55年経って、僕の人生は半分以上がモロボシ・ダンになっているからね。しかもかかわった方では亡くなっている方も多いし、そういう意味では生きている人がこれを守っていかなきゃいけないなっていう気持ちもある。ただやっぱり、みんなの力があって初めて55年残る作品を作ったんだなっていう思いがすごくしていますね。１つ１つ丁寧に、原始的な方法でも一生懸命やろうとするスタッフがいて、だからこそ出来上がった作品だと思います。そしてモロボシ・ダンをやった僕としては、森次晃嗣以上にモロボシ・ダンになっているんじゃないの？　もちろん、なにをやってもモロボシ・ダンで済まされるから嫌なときもあったけどね。そういう時期もあったけど、これだけ長くみんなに愛される作品になっているというのはやっぱり素直にうれしい。だから自分が長生きすることがファンに対する愛情かなとは思います。僕が死んだらこんな話はできないわけだから。元気で生きていることがファンに対するお返し、愛情かな。そういう気がしますね。

『ULTRASEVEN X』の最終カットを撮影準備するスタッフ、そしてジン（余座重理久）。第11話「AQUA PROJECT」、東宝ビルト2st前

『ULTRASEVEN X』の最終カットがOKになってクランクアップした瞬間。左からエージェント・ケイ（脇崎智史）、監督・八木毅、エージェント・ジン（余座重理久）。第11話「AQUA PROJECT」、東宝ビルト2st前

放送リスト

話数	サブタイトル	脚本	監督	放送日
第1話	DREAM	小林雄次	八木毅	2007年10月5日
第2話	CODE NAME"R"	太田愛	八木毅	2007年10月12日
第3話	HOPELESS	福田卓郎	鈴木健二	2007年10月19日
第4話	DIAMOND"S"	太田愛	鈴木健二	2007年10月26日
第5話	PEACE MAKER	金子二郎	鈴木健二	2007年11月2日
第6話	TRAVELER	小林雄次	梶研吾	2007年11月9日
第7話	YOUR SONG	林壮太郎	梶研吾	2007年11月16日
第8話	BLOOD MESSAGE	長谷川圭一	小中和哉	2007年11月23日
第9話	RED MOON	太田愛	八木毅	2007年11月30日
第10話	MEMORIES	小林雄次	小中和哉	2007年12月7日
第11話	AQUA PROJECT	小林雄次	八木毅	2007年12月14日
第12話	NEW WORLD	小林雄次	八木毅	2007年12月21日

Staff List

監修・製作
円谷一夫

製作統括
大岡新一

企画
江藤直行、平山博志、林朋夫、岡崎剛之

プロデューサー
表有希子、近貞博、山西太平、岩佐芳弘

企画協力
渋谷浩康

制作プロデューサー
小山信行

音楽プロデューサー
玉川静

音楽ディレクター
田靡秀樹

音楽
斎藤高広

フィーチャリング
菰口雄矢

第７話挿入歌作詞
梶研吾

第７話挿入歌作曲
阿部将

撮影
高橋義仁、新井毅

撮影助手
西岡正樹、原伸也

照明
佐藤才輔

照明助手
泉谷しげる、海老澤守、施鍾萬

録音
廣木邦人

録音助手
山田卓爾、宮村猛司、大前亮、
平川勇介、芥日登美

美術
内田哲也、瀬下幸治

美術助手
小出憲、野々垣聡、田中涼

助監督
黒木浩介、櫻井宏明

監督助手
冨田卓、相良健一、天野隆太、尾林直紀

操演
上田健一

操演助手
川口謙司、大久保健、秀平良忠

技術強力
佐々木彰司

アクション
小池達朗

編集
矢船陽介、前蔦健治

編集助手
森津永

スクリプター
島貫育子、森永恭子

キャスティング
小島文夫

装飾
高橋光

装飾助手
渡辺伸明、赤星裕史、岩井雅治

衣装
宮崎みずほ

ヘアメイク
岡野千江子、岩崎杏子

ヘアメイク助手
森千裕、玉木睦美

ULTRASEVEN X 造形
原口智生、香西信介

ULTRASEVEN X デザイン・画コンテ
西澤安施

エイリアン造形
吉松学、橋本琢、田原俊

MD担当
堀川勝一

販促
佐藤雅明

車輌
野口茂樹、吉田和弘、不破聡、伊藤輝雄

制作担当
熊木白仁、中井光夫、菊池英次、戸村祥章

制作進行
山村宇史、鶴田幸伸

脚本
小林雄次、太田愛、福田卓郎、金子二郎、
林壮太郎、長谷川圭一

監督・シリーズ構成
八木毅

監督
鈴木健二、梶研吾、小中和哉

製作・著作
円谷プロダクション、中部日本放送、
ULTRASEVEN X PROJECT

主題歌「Another day comes」
作詞：K
作曲・歌：Pay money To my Pain

エイリアンデザイン
さとうけいいち

エイリアン・小道具デザイン
丸山浩

タイトル・小道具デザイン
佐藤さい子

エイリアン造形・キャラクターメンテナンス
宮川秀男、福井康之

KiDs

円谷CGI-ROOM

エフェクト・コーディネート
藤下忠男

エフェクト・アニメーター
吉澤一久、佐藤元

マットペインティング
有働武史、小田達哉

CGI協力
笹倉秀信、市川悟、柴田実久、
遠藤眞一郎、角矢亜希子、小林淳男、伊藤義夫、
高橋大介、新野真吾、渡辺健一

音響効果
古谷友二

選曲
池田地香子

整音
阿波良和

オペレーター
森田祐一

カラリスト
児島正博

仕上進行
平出千尋、土田真那斗

製作デスク
石渡牧子、土屋奈緒美

スチール
橋本賢司

番組宣伝
重松和世、橋本栄次、山田洋二

PROFILE in order of appearance

伴アンリ（ばん・あんり）

旧芸名　伴杏里（ばん・あんり）
1985年9月26日生まれ。神奈川県出身
12歳の時にスカウトされ、モデルとしての活動を開始。
2001年「リリイ・シュシュのすべて」（岩井俊二監督）にて映画デビュー。
2004年 大谷健太郎監督「約三十の嘘」
2008年 若松孝二監督「実録・連合赤軍 あさま山荘への道程」（重信房子役）、同年 八木毅監督「大決戦！超ウルトラ８兄弟」
2015年 園子温監督「新宿スワン」等に出演。
2007年 CBC制作・TBS系列放送「ULTRA SEVEN X」エージェント・エス役
2009年～2022年　テレビ朝日　西村京太郎トラベルミステリー「十津川警部補」久保田刑事役などに出演。

鈴木健二（すずき・けんじ）

1957年生まれ、茨城県出身。特撮作品へのかかわりは『西遊記』の助監督からで、その後は『ウルトラマン80』でも助監督を務める。映画『連合艦隊』にも助監督で参加。特撮監督としてのデビューは『モスラ3 キングギドラ来襲』で、以後は特撮、本編にかかわらず多くの作品に携わっている。

梶研吾（かじ・けんご）

数々のクリエイターの出身母体となった小池一夫劇画村塾を経て、漫画原作者としてデビュー。並行して、映画やドラマ、アニメ等の脚本や監督も多数手がける。原作担当の漫画『そば屋幻庵』は累計120万部超えのロングセラー更新中。神奈川工科大学でキャラクター学を中心とした教鞭もとる。現在、若手映像プロデューサーの発掘も兼ねた新企画が進行中。

小中和哉（こなか・かずや）

1963年生まれ。自主映画製作を経て、1986年「星空のむこうの国」で商業映画デビュー。「ウルトラマンゼアス2」（1997）以来、ウルトラマン映画、テレビシリーズに深く関わる。
代表作:映画「四月怪談」（1988）、「くまちゃん」（1993）、「ウルトラマンティガ&ダイナ」（1998）、「ウルトラマンティガ・ダイナ＆ガイア」（1999）、「ULTRAMAN」（2004）、「ウルトラマンメビウス&ウルトラ兄弟」（2006）、「七瀬ふたたび」（2010）、「赤々煉恋」（2013）、「VAMP」（2019）、「Single8」（2022）
テレビ「ウルトラマンダイナ」（1997）、「ウルトラマ

与座重理久（よざ・えりく）

1981年8月23日生まれ。身長183cm。
出演作品
日本作品:『ULTRASEVEN X』（主演）、『ミナミの帝王』（主演）、その他多数
台湾作品:『商魂』『Netflix華燈初上』『我是顧家南』『第二名的逆襲』『春梅』、その他CM等多数
中国作品:『南方烹調師』（主演、アンブロシアフィルムフェスティバル最優秀作品賞受賞作品）、『台湾往時』『長河落日』等、多数出演

加賀美早紀（かがみ・さき）

出身地：千葉県、血液型：A型、特技：剣道、リメイク、趣味：料理、電車やバスでの移動
映画：『プラトニック・セックス』（01年）-主演・門倉あおい（飯島愛）役、『首領の一族PART1、PART2』（07年）、『GIRL'S LIFE』（09年）、『天使の恋』（09年）-柴田奈緒子役、『島田陽子に会いたい』（10年）
テレビドラマ：『東京庭付き一戸建て』（02年）、『天才柳沢教授の生活』（02年）、『共犯者』（03年）、『スカイハイ』（03年）、『鬼嫁日記』（05年）、『新・人間交差点』（06年）、『ULTRASEVEN X』（07年）、『仮面ライダーキバ』（08年）、『インディゴの夜』（10年）、など
舞台：『夢の小箱』『BATTLE BUTLER』「FATALISM Ep.3『LAST MOMENT』」、他

脇崎智史（わきざき・ともひと）

1983年2月14日生まれ。東京都出身 A型。

俳優、モデルとしてテレビ、映画、CMで活躍しているほか、甲子園出場高校野球部出身で　根っからの野球好きが高じて、現在も草野球チームで時速130kmの直球を主体にチェンジアップ。デビュー以来、数多くのCMに出演し、ドラマは「ウォーターボーイズ」を皮切りに様々な作品に出演。映画は主演作の「蠢動-しゅんどう-」（ダラス国際映画祭・招待作品）をはじめ、「ハゲタカ」「タッチ」「タイヨウのうた」「ラストゲーム 最後の早慶戦」他、数々の作品に出演。ドラマ「ULTRASEVEN X」のケイ役がきっかけで、その後ドラマ「牙狼<GARO>-GOLD STORM-翔」にもレギュラー出演。現在放送中の東映スーパー戦隊シリーズ「暴太郎戦隊ドンブラザーズ」にもゲスト出演し、今後もずっとアクションもできる俳優でありたいと考えている。

ンネクサス」(2004)、「ケータイ刑事銭形海」(2007)、「南くんの恋人」(2015)、「いいね！光源氏くん」(2021)

福田卓郎（ふくだ・たくろう）

1961年愛媛県生まれ。脚本家、演出家、劇団Dotoo!(ドトォ！)主宰。

日本大学芸術学部在学中から映画、演劇活動を開始。1991年にシナリオライターとして、映画「就職戦線異状なし」でデビュー。以後、「トリック２」「富豪刑事」「警部補矢部謙三」「トクボウ　警察庁特殊防犯課」「噂の女」「おしりかじり虫」「ウルトラマンマックス」「ULTRASEVEN X」「Mr.マックスマン」「仮面ライダーゴースト」「仮面ライダーセイバー」など、映画・テレビ・ラジオ・舞台等を多数執筆。監督としても活動している。

金子二郎（かねこ・じろう）

生年月日:1962.08.21。出身:東京都渋谷区。都立調布南高校卒。最終学歴:東洋大学文学部英米文学科卒。職歴:労働組合職員を経て、脚本家に。2013年～千葉商科大学非常勤講師
映画:『Hydra』(18、11月劇場公開)　脚本／『青いソラ白い雲』(12)脚本／『ギャルバサラ -戦国時代は圏外です-』(11)脚本／『Girl's Box ラバーズ・ハイ』(08/監督:佐藤太)　脚本／『The iDol』(2006年)日本語脚本、他。テレビ・ネットドラマなど:『音で怪獣を描いた男　ゴジラ対伊福部昭』(14/NHK-BSプレミアム)／『let's天才てれびくん』(14/NHK Eテレ)／『ケータイ捜査官７』(08/テレビ東京　#17「遠い夏の空と」監督・鶴田法男　#25「網島家最大の危機」監督・金子修介　#38「誰かが 見ていた」監督・渡辺武)、他。ビデオ:『ヤンママトラッカー３』光石冨士郎監督(00年12月)　脚本／『仕事人サブ　ゴロツキ稼業』片岡修二監督　共同脚本／『ゼロウーマン７　最後の指令』(99、Vシネマ、監督:祭主恭嗣　主演:小野砂織)脚本、他。出演:『カマキリの夜』(18公開)出演　金井役／『戦慄怪奇ファイルコワすぎ　史上最恐の劇場版』(14公開)出演　物理学者斉藤役、他。ラジオドラマ、アニメ、ゲームの脚本も手掛ける。

林壮太郎（はやし・そうたろう）

1968年生まれ。

にっかつ芸術学院(現日活芸術学院)在学中に照明助手として、伊丹十三製作総指揮　黒澤清監督作『スウィートホーム』に参加。卒業後、照明からシナリオライターに転向し、脚本家≪石森史郎≫に師事。

デビュー作は、ネオドラマ・裕木奈江主演『Because I Love You』。その他の作品に『エコエコアザラク』『サムライプリンセス 外道姫』『ラビットホラー3D』『トラベラーズ次元警察』『ウルトラマンタイガ ニュージェネクライマックス』『アイドル事変』『アクションヒロイン チアフルーツ』『動物戦隊ジュウオウジャー・伝説大解放！ジュウオウイーグル覚醒！』『ウルトラヒーローズEXPO THE LIVE』など。

長谷川圭一（はせがわ・けいいち）

脚本家。1997年『ウルトラマンティガ』第22話で脚本家デビューし、その後『ウルトラマンダイナ』『ウルトラマンネクサス』『ウルトラマンギンガ』などの円谷プロダクション作品、『仮面ライダーＷ』『仮面ライダーセイバー』などの東映作品の脚本を担当する。TVアニメ作品では『ゲゲゲの鬼太郎(5期、6期)』『神撃のバハムート GENESIS』『SSSSグリッドマン』『SSSSダイナゼノン』などに参加している。

小林雄次（こばやし・ゆうじ）

脚本家・小説家
1979年、長野県生まれ。2002年にアニメ『サザエさん』で脚本家デビューを果たす。日大芸術学部映画学科、跡見学園女子大学、東京作家大学にて講師を務める。オンラインサロン「シナリオランド」オーナー。日本放送作家協会常務理事。
＜代表作＞
アニメ／『ふしぎ駄菓子屋 銭天堂』(構成)『美少女戦士セーラームーンCrystal』(構成)『プリキュア』シリーズ『デュエル・マスターズ』シリーズ『爆丸』シリーズ
特撮／『ウルトラマン』シリーズ(構成)『牙狼<GARO>』『宇宙刑事ギャバン THE MOVIE』『獣拳戦隊ゲキレンジャー』
TVドラマ／『ベイビーステップ』『オルトロスの犬』『監査法人』『中学生日記』
バラエティ／『天才てれびくんYOU』(構成)
舞台／『六番目の小夜子』
著書／『脚本家という生き方』『特撮ヒーロー番組のつくりかた』

太田愛（おおた・あい）

香川県生まれ。1997年『ウルトラマンティガ』で脚本家デビュー。平成ウルトラマンでは『ティガ』から2007年『ULTRASEVEN X』まで10シリーズで脚本を執筆。また、『TRICK2』『相棒』などのサスペンスドラマでも高い評価を得ており、17年に『相棒 劇場版IV』の脚本を担当。2012年、『犯罪者』で小説家デビュー。13年『幻夏』で日本推理作家協会賞(長編および連作短編集部門)候補となる。17年に『天上の葦』。20年に上梓した『彼らは世界にはなればなれに立っている』で第4回山中賞受賞。今年7月には最新作の長編『未明の砦』刊行予定となっている。

島貫育子（しまぬき・いくこ）
にっかつ芸術学院にて白鳥あかね氏に師事。卒業後、丹波哲郎さんの『大霊界２死んだら驚いた』特撮班を担当、プロデューサーをされていた宍倉徳子さんとの出会いで円谷映像初作品『ウルトラQ ザ・ムービー星の伝説』特撮班を担当。『超高層ハンティング』を経て、円谷プロダクション『電光超人グリッドマン』、その後平成ウルトラテレビシリーズ『ティガ』から『メビウス』を担当。『ULTRASEVEN X』を最後にスクリプターを引退。現在湘南にて田舎暮らしを満喫中。

高橋義仁（たかはし・よしひと）
1962年千葉県千葉市出身。横浜放送映画専門学院卒業後、光映新社入社。その後フリー撮影助手として大岡新一氏に師事。1993年円谷プロ「電光超人グリッドマン」でカメラマンデビュー。以後「平成ウルトラシリーズ」をはじめ数々の映画、TVドラマの撮影を担当。

佐藤才輔（さとう・さいすけ）
1960年秋田生まれ、1980年横浜放送映画専門学院卒、照明フリーで多数の作品に参加。円谷プロでは『電光超人グリッドマン』『ウルトラマンティガ』から『ULTRASEVEN X』まで参加。

小池達朗（こいけ・たつろう）
身長173cm、体重72kg。スタントコーディネーターとして『ブラックソルジャー』『シャドーフューリー』『ヘルドッグス』『ウルヴァリン:SAMURAI』『宮本から君へ』『ゴーストブック』といった作品やU2、ウータンクランのミュージックビデオ、PUMAやADIDASのCMを手掛ける。アクション監督としては『寄生獣』『砕け散るところ見せてあげる』『スマグラー』『アンフェア』などにかかわり、『タキシード』『ジャンパー』『スコーピオン・キング』『ラストサムライ』など多数の作品ではスタントを務めている。『龍が如く』シリーズにはアクションコーディネートで参加。空手（初段）、柔道（初段）。

新上博巳（しんじょう・ひろみ）
1970年1月13日生まれ。鳥取県出身。1988年にスタントマンに憧れ倉田アクションクラブに入門。

独立後、1995年に劇団ACファクトリーを旗揚げ。毎年シアターサンモールで脚本、演出の舞台公演をしながら、映画、テレビのスタントマン、アクション監督としても活動。

2003年から2005年に東宝製作『超精神シリーズ』で主役のスーツアクターを担当し、2006年『ライオン丸G』、2007年『ULTRA SEVEN X』のスーツアクター

表有希子（おもて・あきこ）
1997〜2017円谷プロ在籍。「ウルトラマンティガ」後半から制作経理として参加し、「ダイナ」「ガイア」まで担当。その後「ブースカ！ブースカ！！」「ウルトラマンコスモス」「ウルトラマンティガ外伝」や企業CM等でアシスタントプロデューサー兼制作経理を担当。2004年以降「ウルトラQ〜dark fantasy〜」「ミラーマンREFLEX」「ウルトラマンメビウス外伝 ヒカリサーガ」「ULTRASEVEN X」「生物彗星WoO」などでプロデューサーを担当。

内田哲也（うちだ・てつや）
1962年、埼玉県生まれ。

1982年より「鳥居塚美術研究所」の美術監督、鳥居塚誠一氏に師事、美術助手として現場に入る。

国際放映（現、TMCスタジオ）にて、主にTV時代劇を中心に現場修行の日々。

1989年、映画『はいすくーる仁義』で、デザイナーとしてデビュー。1996年、脚本家の長谷川圭一氏（当時は装飾部）から誘いがあり『ウルトラマンティガ』に参加、『ダイナ』『ガイア』と平成三部作を経て、『ウルトラQ dark fantasy』『ULTRASEVEN X』『怪奇大作戦セカンドファイル』『ウルトラマンマックス』『ウルトラマンメビウス』まで円谷作品の美術を担当。

2010年より、主に日本テレビのドラマ『Mother』『Woman』『妖怪人間ベム』『ゆとりですがなにか』等、映画『新居酒屋ゆーれい』『仮面学園』『神様のパズル』『夢十夜』『カイジ２』『今日から俺は!!』『メタモルフォーゼの縁側』等の美術を担当。

齊藤高広（さいとう・たかひろ）
1967年9月26日生まれ、仙台市出身。YMOに影響されキーボードを弾き始める。大学在学中よりキーボード奏者としてライブ、イベントなどに出演。その後、音楽制作への興味から92年渡米、レコーディングの基本を学んだ後, さらにボストン・バークリー音大にてサウンドプロダクション、作編曲を学ぶ。97年に帰国後、音楽教室の商品開発などを手掛ける一方でオリジナル・ファンク・ロックバンド、クラブジャズユニットなどに参加し様々なイベント等に出演。2005年にgirls on the run を結成しCDデビュー、グループの楽曲が複数のTV番組などに使用される。2006年に円谷作品『生物彗星WoO』のエンディング曲を担当した後、同じく円谷作品の『ミラーマンREFLEX』『怪奇大作戦セカンドファイル』『ULTRASEVEN X』の劇伴を担当。現在は演奏活動の他、アレンジャー、エンジニアとして様々な楽曲制作に関わる。

島田友晴（しまだ・ともはる）

1973年5月生まれ。東京都出身。武蔵野美術大学造形学部映像学科卒業。CM編集の会社を経て、2006年より円谷CGI-Roomに参加。

『ウルトラマンメビウス』『ULTRASEVEN X』『ウルトラギャラクシー大怪獣バトル』などで合成作業を担当。フリーになった後、現在は林デジタル工務店にて、放映中のウルトラシリーズに参加中。

ひし美ゆり子（ひしみ・ゆりこ）

1947年東京生まれ。1965年東宝ニュータレント6期生となり、翌年映画デビュー。1967年テレビ番組『ウルトラセブン』にアンヌ隊員として出演。今なお多くのファンを持つ。著書に『セブン　セブンーわたしの恋人ウルトラセブン』『アンヌ今昔物語』『万華鏡の女　女優ひし美ゆり子』『ダンとアンヌとウルトラセブン〜森次晃嗣・ひし美ゆり子　2人が語る見どころガイド〜』など。

森次晃嗣（もりつぐ・こうじ）

1943年3月15日生まれ。うお座、北海道出身、血液型はO型。身長176㎝、体重75kg。

1967年には『ウルトラセブン』のモロボシ・ダン役でブレイク。その後、現代劇から時代劇まで、テレビ作品、映画などに幅広く出演。ダンディーな役から3枚目の役柄まで幅広く演じる俳優として、ドラマ・映画・舞台に多数の作品で活躍中。現在は俳優業の傍ら、鵠沼海岸でカフェテリア「JOLI CHAPEAU（ジョリー・シャポー）」を経営。北海道出身のため、温暖な海に近い地に憧れて、上京後、30年以上にわたり藤沢市に在住。


を演じる。

2012年からの映画『ベルセルク 黄金時代篇』三部作でアクション監督、ガッツのモーションアクターを担当。2013年にはハリウッド映画『ウルヴァリン:SAMURAI』にスタントマンとして参加。

早川哲司（はやかわ・てつじ）

愛知県岡崎市出身　名古屋芸術大学デザイン学科を卒業後、株式会社バンダイにて女児・幼児玩具の企画開発などの業務に従事。その後、同社を退職しデジタルハリウッドにてCGを学び、1998年円谷プロで立ち上げたCGチームに参加。「ウルトラマンダイナ」ではアシスタントとして、「ウルトラマンガイア」以降の同社制作のテレビシリーズにCGデザイナーとして参加。「ウルトラマンネクサス」「ウルトラマンマックス」ではCGディレクターとして参加し、「ウルトラマンメビウス」「ウルトラセブンX」「大怪獣バトル」ではCGIスーパーバイザーとして参加する。2002年に新たに円谷CGIルームを設立する際には中心メンバーとして参画し、2006年以降から同スタジオの代表を務める。2008年円谷プロを離職したのち2009年に合同会社PAGODAを設立。以来、様々な映像作品のCGI・VFX制作に参加している。

上田和彦（うえだ・かずひこ）

1967年　石川県出身。地元の高校卒業後、映画の勉強のため上京するも見事に挫折。その後、知人のCGデザイナーから映画「ウルトラマンコスモス・ファーストコンタクト」のモニタグラフィックス制作に誘われたことからこの仕事を始める。以降、TVシリーズ「ウルトラマンコスモス」「ウルトラマンネクサス」「ウルトラマンマックス」「ウルトラマンメビウス」「ウルトラセブンX」「大怪獣バトル」などのモニタグラフィックスのデザイン、アニメーション、コンポ担当として参加。「ウルトラマンメビウス」ではエピソードタイトルの影絵を制作。2008年円谷プロを離れフリーとなり、合同会社PAGODAにて数々の実写映画作品、ドラマシリーズ、CGアニメ作品にコンポジッターとして参加。現在もコンポジッターとして活動中。

小嶋律史（こじま・のりふみ）

横浜市出身。中央大学法学部政治学科卒業。デジタルハリウッド卒業。ウルトラマンシリーズの作品では『ウルトラマンコスモス2 THE BLUE PLANET』などに参加。

『ウルトラマンネクサス』より円谷プロダクションCGIルームに参加し、『ウルトラギャラクシー大怪獣バトル』まで主にモーションなどを担当。

© 円谷プロ

NEW WORLDを見つめる4人。
いつかまた未来にこの世界で
お会いしましょう。

ULTRASEVEN X
15年目の証言録

2023年5月20日　第1版1刷発行

編著	八木毅
協力	円谷プロダクション、星光一
発行人	松本大輔
編集人	野口広之
デザイン／DTP	木村由紀（MdN Design）
カバーCG制作	早川哲司、島田友晴
担当編集	山口一光
発行	立東舎
発売	株式会社リットーミュージック 〒101-0051 東京都千代田区神田神保町一丁目105番地
印刷・製本	シナノ書籍印刷株式会社

【本書の内容に関するお問い合わせ先】
info@rittor-music.co.jp
本書の内容に関するご質問は、Eメールのみでお受けしております。お送りいただくメールの件名に「ULTRASEVEN X 15年目の証言録」と記載してお送りください。ご質問の内容によりましては、しばらく時間をいただくことがございます。なお、電話やFAX、郵便でのご質問、本書記載内容の範囲を超えるご質問につきましてはお答えできませんので、あらかじめご了承ください。

【乱丁・落丁などのお問い合わせ】
service@rittor-music.co.jp

Printed in Japan　ISBN 978-4-8456-3868-0
定価2,970円（本体2,700円+税10%）